# NCS 항공객실서비스

## 이륙 후 서비스부터 착륙 후 업무

***Introduction to Airlines Services Based on NCS: from Take Off Services to Duties after Landing***

**Lee Soo Kyoung**



ISBN-13: 978-89-6218-523-2

**Cengage Learning Korea Ltd.**
14F YTN Newsquare 76 Sangamsan-ro
Mapo-gu Seoul 03926 Korea
Tel: (82) 2 330 7000
Fax: (82) 2 330 7001

Cengage Learning is a leading provider of customized learning solutions with office locations around the globe, including Singapore, the United Kingdom, Australia, Mexico, Brazil, and Japan.
Locate your local office at: **www.cengage.com**

Cengage Learning products are represented in Canada by Nelson Education, Ltd.

To learn more about Cengage Learning Solutions, visit **www.cengageasia.com**

Every effort has been made to trace all sources and copyright holders of news articles, figures and information in this book before publication, but if any have been inadvertently overlooked, the publisher will ensure that full credit is given at the earliest opportunity.

Printed in Korea
Print Number: 01 Print Year: 2021

# Introduction to Airlines Services Based on NCS

## from Take Off Services to Duties after Landing

# NCS 항공객실서비스

## 이륙 후 서비스부터 착륙 후 업무

이수경 지음

Andover • Melbourne • Mexico City • Stamford, CT • Toronto • Hong Kong • New Delhi • Seoul • Singapore • Tokyo

저자 | **이수경**

이화여자대학교 독어독문학 학사
이화여자대학교 교육공학 석사
인하대학교 경영학 박사
California State University Long Beach TESOL 수료

대한항공 사무장
대한항공 객실훈련원: 신입훈련 및 최상위 클래스 훈련 전문강사
대한항공 서비스계획팀: 대한항공 서비스 매뉴얼 개정 TF 담당
대한항공 객실승무원 진급시험 출제위원

아세아항공직업전문학교 항공운항과 교수 역임
인하공업전문대학 항공운항과 외래교수 역임
현재 중부대학교 항공서비스학전공 교수

## NCS 항공객실서비스
## 이륙 후 서비스부터 착륙 후 업무

초판 1쇄 인쇄 | 2021년 8월 23일
초판 1쇄 발행 | 2021년 8월 30일

지은이 | 이수경
발행인 | 송성헌
발행처 | 센게이지러닝코리아㈜
등록번호 | 제313-2007-000074호(2007.3.19.)
주 소 | 서울시 마포구 상암산로 76 YTN 뉴스퀘어 14층
전 화 | 02) 330-7000
이메일 | asia.infokorea@cengage.com
홈페이지 | www.cengage.co.kr

ISBN-13 | 978-89-6218-523-2

정가 24,000원

# 머리말

본서는 앞서 출간한 『NCS 항공객실서비스: 비행 준비부터 이륙 전 서비스』에 이어 항공기가 이륙하여 도착지에 착륙한 후 모든 업무가 종료된 시점까지 항공 객실 승무원이 수행해야 하는 업무에 대해 기술하였다.

각 챕터에는 해당 학습 내용에 상응하는 NCS 능력단위와 수행준거를 표시하여 참조하도록 하였으며, 챕터 1, 2, 3은 NCS 능력단위로 구분하지는 않으나 업무의 이해를 위해 필요한 내용으로 구성하였기에 능력단위 및 수행준거는 생략하였다.

본서는 『NCS 항공객실서비스: 비행 준비부터 이륙 전 서비스』와 구분하여 이륙 후반부 업무를 상세히 학습할 수 있고, 뿐만 아니라 전반부 업무에 대한 설명도 함께 수록하여 본서만으로도 항공 객실 업무 전반을 이해하는 데 무리가 없도록 내용을 구성하였다.

본서는 총 7개의 챕터로 구성되었다. 전반부 세 개의 챕터에는 항공 승무원이 알아야 할 전반적인 내용으로, 챕터 1. 항공기에 대한 이해, 챕터 2. 항공사에 대한 이해, 챕터 3. 객실 승무원과 업무에 대한 개요를 담았다. 그리고 후반부 세 개의 챕터에서는 비행 단계에 따른 실무와 관련한 내용으로, 챕터 4. 서비스 자세, 챕터 5. 이륙 후 비행 중 업무, 챕터 6. 착륙 전·후 업무를 다루었다. 마지막 챕터 7에서는 항공 승무원에게 가장 중요한 안전 업무에 대해 설명하였다.

**본서의 구체적인 특징을 살펴보면 다음과 같다.**

1. 이륙 전 업무를 포함하여 객실 승무원, 항공기, 항공사에 대한 이해까지 내용을 확장하여 항공 업무 전체를 파악하는 데 도움이 되도록 하였다.

2. 각 챕터 말미에 해당 챕터에서 다룬 핵심 내용을 정리할 수 있도록 퀴즈를 수록하여 효과적인 학습 도구가 되도록 하였다.
3. 학습 내용의 이해를 돕기 위해 되도록 다양한 사진과 일러스트를 삽입하여 생동감과 현장감을 살리고자 하였다. 그리고 기사 전문과 부연 설명을 위해 QR 코드를 삽입하여 색다른 학습 경험을 하도록 하였다.
4. 항공 객실 업무에 필수적이며 중요한 용어를 찾아보기에 수록하여 관련 내용을 빠르게 찾아볼 수 있도록 하였다.

## 감사의 말

마지막으로 세 번째로 출간 작업을 함께 해 주신 센게이지 관계자 모든 분께 감사드립니다. 모든 요청을 긍정적으로 수락해 주신 권오영 차장님과 많은 업무에도 전체를 세밀하게 살펴주신 김민정 대리님, 오타뿐만 아니라 가독성을 고려해 여러 아이디어를 내주신 김묘선 님과 권미향 님께도 감사드립니다.

# NCS 들어가기

## 1 NCS(국가직무능력표준)란 무엇인가?

### 정의

국가직무능력표준(National Competency Standards, NCS)이란 산업현장에서 직무를 수행하기 위해 요구되는 지식·기술·태도 등의 내용을 국가가 체계화한 것을 말한다.

### 도입배경

지금까지는 직업교육/훈련 및 자격제도가 산업현장과 일치하지 않아 인적 자원을 효율적으로 관리하는 데 어려움이 있었기에 국가직무능력표준을 중심으로 일-교육-훈련-자격을 연계하는 시스템을 활용하여 산업현장 직무 중심의 인적 자원 개발을 돕고, 능력중심의 사회를 구현하여 핵심 인프라를 구축해 나가고 고용과 평생 직업능력 개발 연계가 가능토록 하여 궁극적으로 국가 경쟁력을 향상하기 위하여 도입되었다.

### 연혁

2002년에 NCS 제도를 도입하여 2010년 고용부와 한국산업인력공단 주체로 NCS 명칭이 통일되고 개발주체가 일원화되었으며 교육부와 한국직업능력개발원에서는 NCS 연구와 교육과정 지원이 시작되었다. 2013년부터 '능력중심 사회를 위한 여건 조성'을 위해 핵심 국정과제로 확정되었다.

2019년 6월 1일「자격기본법」제5조, 같은 법 시행령 제6조 제1항에 따라 국가직무능력표준 개정 고시가 완료(고용노동부고시 제2019-29호)되었다.

## 분야별 훈련과정

현재(2019년) NCS 분야는 한국고용직업분류(Korean Employment Classification of Occupations, KECO) 등을 참고하여 분류하였으며 '대분류(24) → 중분류(79) → 소분류 (253) → 세분류(10,225개)'의 순으로 구성되어 있다.

구체적으로 살펴보면 1. 사업관리, 2. 경영/회계/사무, 3. 금융보험, ...... 12. 이용/숙박/ 여행/오락/스포츠 ...... 24. 농림/어업 등 총 24개 대분류와 이를 다시 중분류, 소분류, 세분류로 나누어 총 10,225개의 훈련과정으로 구분되어 있다.

이 중 항공객실서비스는 훈련과정 12. 이용/숙박/여행/오락/스포츠 분류 중 03. 관광/레저(중분류) - 01. 여행서비스(소분류) - 05. 항공객실서비스(세분류)에 속하며 NCS 학습모듈도 이를 기준으로 구성되어 있다.

**예시: 항공객실서비스-NCS 분야별 훈련과정 분류**

| 대분류 | 중분류 | 소분류 | 세분류 |
|---|---|---|---|
| 12. 이용/숙박/여행/오락/스포츠 | 03. 관광/레저 | 01. 여행서비스 | 05. 항공객실서비스 |

### 항공객실서비스 직무 이해

항공객실서비스란 객실의 안전관리, 승객 탑승 전 준비, 승객 탑승 서비스, 이륙 전 서비스, 비행 중 서비스, 착륙 전 서비스, 착륙 후 서비스, 승객 하기 후 관리, 응급환자 대처, 객실 승무 관리를 하는 일이다.

### 항공객실서비스 직무 능력단위별 능력단위 요소 이해

항공객실서비스 직무의 능력단위는 총 14개로 나뉘며 각 능력단위는 여러 개의 능력단위 요소로 다시 구분되어 있다.

- 능력단위: 특정 직무를 성공적으로 수행하기 위해 요구되는 능력을 교육훈련과 평가가 가능하도록 기능단위로 개발한 것을 말한다.
- 능력단위 요소: 해당 능력단위를 구성하는 중요한 핵심 하위능력을 말하며, 능력단위 내에서 수행하는 기능을 구체화한 것을 말한다.

## 수준체계

국가직무능력표준의 수준체계는 산업현장 직무의 수준을 체계화한 것으로, 총 8단계의 수준체계에 따라 능력단위 및 능력단위 요소별 수준을 분류한다.

| 수준 | 수준의 정의 |
|---|---|
| 1 | 구체적인 지시 및 철저한 감독하에 문자를 이해하고, 계산능력 등 기초적인 일반 지식을 사용하여 단순하고 반복적인 과업을 수행하는 수준 |
| 2 | 일반적인 지시 및 감독하에 해당 분야의 일반 지식을 사용하여 절차화되고 일상적인 과업을 수행하는 수준 |
| 3 | 제한된 권한 내에서 해당 분야의 기초이론 및 일반 지식을 사용하여 다소 복잡한 과업을 수행하는 수준 |
| 4 | 일반적인 권한 내에서 해당 분야의 이론 및 지식을 제한적으로 사용하여 복잡하고 다양한 과업을 수행하는 수준 |
| 5 | 포괄적인 권한 내에서 해당 분야의 이론 및 지식을 사용하여 매우 복잡하고 비일상적인 과업을 수행하고, 타인에게 해당 분야의 지식을 전달할 수 있는 수준 |
| 6 | 독립적인 권한 내에서 해당 분야의 이론 및 지식을 자유롭게 활용하고, 일반적인 숙련으로 다양한 과업을 수행하고, 타인에게 해당 분야의 지식 및 노하우를 전달할 수 있는 수준 |
| 7 | 해당 분야의 전문화된 이론 및 지식을 활용하여, 고도의 숙련으로 광범위한 작업을 수행할 수 있으며 타인의 결과에 대해 의무와 책임이 필요한 수준 |
| 8 | 해당 분야에 대한 최고도의 이론 및 지식을 활용하여 새로운 이론을 창조할 수 있고, 최고도의 숙련으로 광범위한 기술적 작업을 수행할 수 있으며 조직 및 업무 전반에 대한 권한과 책임이 부여된 수준 |

**예시: 항공 객실 서비스 직무 능력단위별 능력단위 요소**

| | 능력단위 | 능력단위 요소 | 수준 |
|---|---|---|---|
| 1 | 기내 안전관리<br>1203010501_15v2 | 1. 승객 탑승 전 안전 · 보안 점검하기<br>2. 항공기 이 · 착륙 전 안전 · 보안 관리하기<br>3. 비행 중 안전 · 보안 관리하기<br>4. 착륙 후 안전 · 보안 점검 · 관리<br>5. 비상사태 발생 시 대응하기<br>6. 상황별 안전안내 방송하기 | 3 |
| 2 | 승객 탑승 전 준비<br>1203010502_13v1 | 1. 기내 서비스 용품 점검하기<br>2. 서비스 설비 및 기물 점검하기<br>3. 특별 서비스 요청사항 점검하기 | 3 |
| 3 | 승객 탑승 및 이륙 전 서비스<br>1203010503_16v2 | 1. 탑승위치 대기하기<br>2. 탑승권 재확인하기<br>3. 좌석 안내하기<br>4. 수하물 정리 지원하기<br>5. 특수 고객 지원하기<br>6. 탑승 환영 안내 방송하기 | 3 |
| 4 | 비행 중 서비스<br>1203010504_13v1 | 1. 기내 음료 제공하기<br>2. 기내식 제공하기<br>3. 기내 오락물 제공하기<br>4. 면세품 판매하기<br>5. 객실 상태 점검하기 | 3 |

| | 능력단위 | 능력단위 요소 | 수준 |
|---|---|---|---|
| 5 | 착륙 전 서비스<br>1203010505_16v2 | 1. 입국서류 배포 및 작성 지원하기<br>2. 기내 용품 회수하기<br>3. 기내 서비스 용품 및 면세품 재고 확인하기<br>4. 목적지 도착 안내 방송하기 | 3 |
| 6 | 착륙 후 서비스<br>1203010506_16v2 | 1. 도착 안내 방송하기<br>2. 승객 하기 지원하기<br>3. 특수 고객 지원하기 | 3 |
| 7 | 승객 하기 후 관리<br>1203010507_13v1 | 1. 유실물 점검하기<br>2. 잔류 승객 점검하기<br>3. 기내 설비 점검하기<br>4. 기내 용품 인수 · 인계하기 | 3 |
| 8 | 응급환자 대처<br>1203010508_13v1 | 1. 응급환자 발생상황 파악 · 보고하기<br>2. 응급환자 초기 대응하기<br>3. 응급환자 후속 관리하기<br>4. 환자 대처 상황 기록하기 | 3 |
| 9 | 객실 승무 관리<br>1203010509_16v2 | 1. 객실 승무원별 근무 배정하기<br>2. 운항 객실 간 정보 공유하기<br>3. 불만 승객 관리하기<br>4. 출 · 도착 서류 작성 · 관리하기<br>5. 객실 서비스 관리하기 | 4 |
| 10 | 기내 음료 서비스<br>1203010510_16v1 | 1. 기내 음료 파악하기<br>2. 기내 음료 제공하기 | 2 |

| | 능력단위 | 능력단위 요소 | 수준 |
|---|---|---|---|
| 11 | 항공 서비스 업무 기본<br>1203010511_16v1 | 1. 항공 서비스 관련 서류 확인하기<br>2. 항공 여객정보 확인하기 | 2 |
| 12 | 항공 기내 방송 업무<br>1203010512_16v1 | 1. 항공 기내 방송 준비하기<br>2. 정상적 상황 방송하기<br>3. 비정상 상황 방송하기<br>4. 비상 상황 방송하기 | 3 |
| 13 | 고객만족 서비스<br>1203010513_16v1 | 1. 서비스 마인드 함양하기<br>2. 이미지 메이킹하기<br>3. 불만 고객 대처하기 | 3 |
| 14 | 항공 서비스 매너<br>1203010514_16v1 | 1. 기본 매너 갖추기<br>2. 항공 서비스 매너 관리하기 | 2 |

출처: NCS 홈페이지(www.ncs.go.kr)

CONTENTS

# 차례

## 6장 착륙 전 업무와 착륙 후 업무

## 7장 안전 업무

UNDERSTANDING OF AIRCRAFT

Chapter 1

# 항공기의 이해

**학습 목표**

I. 항공기 발달사를 이해할 수 있다.

II. 항공기 외부 구조를 파악할 수 있다.

III. 항공기 내부 구조를 파악할 수 있다.

Stephan Zirwes / Getty Images

# 1 항공기 발달사

항공기의 발달은 인간의 문명이 발달하는 과정과 함께 했으며, 오늘날 상용되고 있는 형태의 항공기 출현은 오랜 시간 동안 날고자 하는 인간의 욕망과 그것을 실현하고자 하는 도전정신과 상상력 그리고 기술의 끊임없는 시도와 발전이 있었기에 가능했다.

인간이 하늘을 날아가는 것을 갈망하고 비행할 수 있는 물체를 구현하고자 노력한 흔적을 살펴보면, 최초의 시도는 새의 날갯짓을 모방하여 만든 오니토퍼(Ornithoper)인 것으로 알려져 있다. Ornithoper란 그리스어로 새를 의미하는 'ornithos'와 날개를 의미하는 'pteron'의 합성어로, 15세기에 **레오나르도 다빈치**(Leonardo da Vinci, 1452~1519)는 새를 대상으로 공중에 뜨는 힘과 공기의 저항을 연구하여 오니토퍼 모형을 설계하고 실험했으며 여러 장의 오니토퍼 스케치를 남겼다. 이외에도 그는 나사의 원리를 이용한 헬리콥터 모형을 고안하여 실험한 것으로도 유명하다.

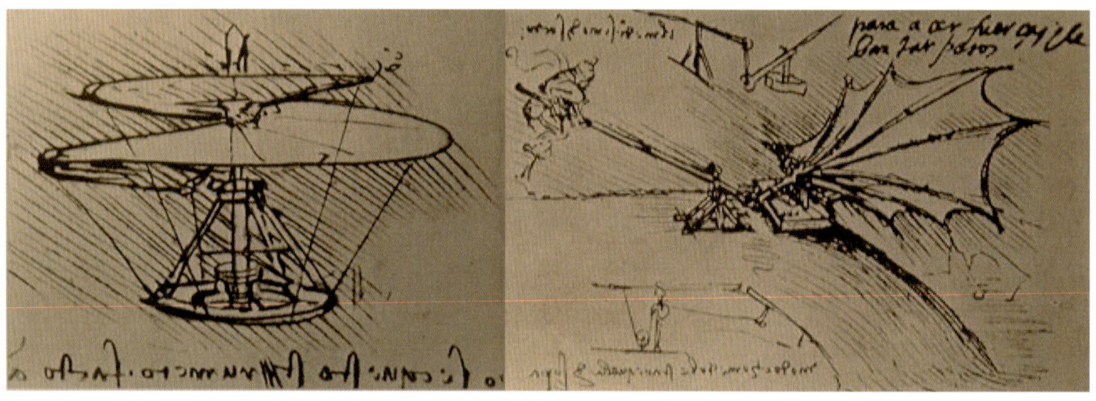

▲ 레오나르도의 오니토퍼 스케치

18세기에 이르러 하늘을 나는 물체를 발명하게 되었다. 프랑스의 발명가 **몽골피에 형제**가 종이와 헝겊으로 만든 주머니에 열을 가하면 주머니 안의 공기 밀도가 커지며 주머니가 공중으로 뜨는 것을 우연히 발견했고, 이 사건을 계기로 수없이 많은 실험 끝에 1782년에 최초로 열기구를 하늘로 띄우는 데 성공했다. 그리고 그다음 해인 1783년에는 베르사유궁전에서 루이 16세와 마리 앙투아네트 왕비가 지켜보는 가운데, 수탉과 오리 등 가축을 실은 열기구를 3km나 날려 보내는 데 성공했다.

▲ (좌) 동생 자크 에티엔느 몽골피에(Jacques-Étienne Montgolfier, 1745~1799)
(우) 형 조셉 미셸 몽골피에(Joseph-Michel Montgolfier, 1740~1810)
Lefteris Papaulakis / Shutterstock.com

이후 19세기에 드디어 인간이 조정을 하며 하늘을 나는 데 성공했다. 독일 기술자이자 '플라잉 맨'으로 알려진 **오토 릴리엔탈(Otto Lilienthal)**은 공기보다 더 무거운 물체는 하늘을 날 수 없다는 상식을 깨고 공기 역학을 응용하여 1891년 데르비처(Derwitzer) 글라이더를 개발했다. 무동력이긴 하지만 조종이 가능한 글라이더를 개발한 그는 첫 비행에 성공한 후 동력 비행을 위해 엔진까지 개발했지만, 1896년 사고로 사망하면서 동력 비행에 성공하지는 못했다. 그러나 비행 중 사고로 사망하기까지 수천 번의 실험을 통해 체계적인 비행 이론을 확립하여 현대 항공학을 개척한 인물로 평가받으며 '비행의 아버지(The Father of Flight)'로 불린다.

▲ 오토 릴리엔탈(Otto Lilienthal, 1848~1896)과 글라이더
Library of Congress, Washington, D.C. (digital id. ppmsca 02545)

▲ 데르비처(Derwitzer) 글라이더

▲ 라이트 플라이어 1호(Wright Flyer 1) (1903)

오토 릴리엔탈이 사망한 후 6년이 지난 1903년에 **라이트 형제(Wright brothers)**가 최초의 동력 비행에 성공했다. 라이트 형제는 오토 릴리엔탈의 공기 역학 연구의 영향을 받아 당시의 개발자들이 동력 비행을 성공시키기 위해서 엔진 개발에 집중했던 것과 달리 비행기가 하늘을 나는 데 필요한 형태를 고안하는 데 더 몰두했다고 한다.

▲ 형 윌버 라이트(Wilbur Wright, 1867~1912)

▲ 동생 오빌 라이트(Orville Wright, 1871~1948)

▲ 체플린(Zeppelin) (1909), 항공 운송의 효시

U.S. Department of the Navy. Bureau of Aeronautics. Naval Aircraft Factory, Philadelphia, Pennsylvania (USA), Public domain, via Wikimedia Commons

동력 비행이 가능해진 후 단순히 나는 것에서 한 단계 더 발전하여 항공 운송의 시대가 시작되었는데, 이는 수소 가스를 채워 하늘을 비행하는 물체인 에어십(Airship)이 발명되고 연이어 **루프트십(Luftship)**이 발명되어 대량으로 물건을 실어 나르는 것이 가능해졌기 때문이었다. 1937년에 에어십의 일종인 LZ 129호[루프트십바우 체플린 129(Luftschiffbau Zeppelin 129)]가 공중에서 알 수 없는 원인으로 폭파한 후 더 이상 체플린이 생산되지 않아 LZ 129호가 마지막 체플린이 되었다.

이후 **제트 엔진**이 개발되면서 오늘날의 소형 항공기가 상용화되고, Aisle이 2개인 대형 항공기, 2층이 있는 B747과 A380 항공기 등이 개발되었다.

**제트 여객기 이전 항공의 역사**

| 발명가 | 발명 기구 및 역사적 의의 |
|---|---|
| 레오나르도 다빈치 | 오니토퍼(Ornithoper) |
| 몽골피에 형제 | 열기구 |
| 오토 릴리엔탈 | 글라이더 |
| 라이트 형제 | 최초의 동력 비행 |
| 에어십(Airship) | 항공 운송의 효시 |

이후 나오는 **Quiz 1~5번**에서 관련 내용을 복습한다. 

# 2 항공기 이해

## 1) 항공기 외부 구조

항공기는 크게 조종실(Cockpit, Flight Deck)과 동체(Fuselage), 양쪽 주날개(Main Wing)와 꼬리날개(Tail Wing), 엔진(Engine)과 착륙장치(Landing Gear)로 구분된다. 꼬리날개는 수평 안정판(Horizontal Stabilizer)과 수직 안정판(Vertical Stabilizer)으로 나뉘며, 착륙장치는 노즈기어(Nose Gear)와 주 착륙장치(Main Landing Gear)로 구분된다.

**항공기 외부 구조 명칭**

| 구조의 명칭 | 세부 구조의 명칭 |
|---|---|
| 조종실(Cockpit, Flight Deck) | |
| 동체(Fuselage) | |
| 주날개(Main Wing) | |
| 꼬리날개(Tail Wing) | 수평 안정판(Horizontal Stabilizer) |
| | 수직 안정판(Vertical Stabilizer) |
| 엔진(Engine) | |
| 착륙장치(Landing Gear) | 노즈기어(Nose Gear) |
| | 주 착륙장치(Main Landing Gear) |

▲ 항공기 외부 구조 ❶ 조종실 ❷ 착륙장치 중 노즈기어 ❸ 엔진 ❹ 주 착륙장치 ❺ 주날개 ❻ 동체 ❼ 꼬리날개(수직 안정판과 수평 안정판)

Vytautas Kielaitis / Shutterstock.com

### (1) 조종실

운항 승무원이 항공기를 조종하는 장소인 조종실은 Flight Deck 혹은 Cockpit이라고 한다. 조종실은 운항하는 동안 안전을 위한 시야 확보를 최우선으로 고려해야 하기 때문에 항공기 동체의 최전방이나 최상부에 위치한다.

모든 기종의 최전방에 있으며 2층이 있는 항공기의 경우, B747 기종의 조종실은 2층, 즉 Upper Deck 최전방에 위치하고, A380 기종에서는 2층이 아닌 1층 최전방에 있다. 조종실 안에 장착된 좌석 구조는 항공기별로 차이가 있으나 자동 제어 시스템인 Autopilot 기술이 도입된 이후에는 2인 조종실이 증가하고 있다.

▲ B777 기종 조종실 내부

기장(PIC, Pilot in Command)과 부기장(Co-Pilot, Flight Officer)이 탑승하는 경우, 좌석의 우선순위(Priority)는 항공기가 진행하는 방향으로 왼편에 있으므로 기장이 왼편 좌석에, 부기장이 오른편 좌석에 탑승한다. 조종실 내 착석 위치를 보면, 항공기 진행 방향으로 좌측이 기장, 우측이 부기장 자리가 된다.

Cockpit에는 조종사를 위한 좌석과 물품 보관 장소, 각종 비상장비와 통신장비가 있다. 조종실 내 모든 음성이 녹음되어 사고 시 원인을 조사하기 위한 음성 녹음장치인 CVR(Cockpit Voice Recorder)과 비행에 대한 정보가 기록되는 장치인 FDR(Flight Data Recorder)이 항공기 후미 부분에 탑재되어 있다. 공항으로부터 일정 범위 내로 항공기가 진입하면 지상과 FAX 송수신도 가능하여 탑승하고 있는 승객들의 연결편 탑승 게이트 등을 사전에 안내하는 데 활용되기도 한다. 또한 PA(방송) 시스템이 있어 객실 내 승무원과 원활한 의사소통을 할 수 있으며 각종 기내 안내 방송을 실시할 수 있다.

*To Be More Professional Crews!*

### 항공기 블랙박스는 블랙이 아니다?

차량에 장착하는 블랙박스와 같은 기능을 하는 항공기 블랙박스(Black Box)는 음성 녹음장치 CVR(Cockpit Voice Recorder)과 비행 정보 기록장치인 FDR(Flight Data Recorder)을 합쳐서 일컫는 용어이다. 초기에는 조종실 내에 탑재했으나 사고 시 파손 등으로 제 기능을 하지 못하는 경우가 많아 현재는 동체 후미에 탑재하며, 사고 시 육안으로 식별이 용이하도록 하기 위해 검정색이 아닌 주황색으로 칠해져 있다.

**블랙박스(Black Box)**

- CVR(Cockpit Voice Recorder): 음성 녹음장치
- FDR(Flight Data Recorder): 비행 정보 기록장치

▲ FDR

Roman Belogorodov / Shutterstock.com

복합기록장치(Combination Recorders)인 FDR 및 CVR의 장착이 요구되는 기준은 항공기에 따라 상이하다. 그러나 최대 이륙 중량이 15,000kg을 초과하는 모든 항공 운송사업용 비행기에는 2개의 복합기록장치(FDR/CVR)를 장착해야 하고, 2개의 복합기록장치 중 하나는 조종석에 최대한 가까운 곳에 위치해야 하고, 다른 하나는 조종석과 최대한 먼 곳에 위치해야 한다.

### (2) 동체

항공기 동체는 Fuselage(퓨슬라지)로 불리며 승객의 이동을 목적으로 하는 여객기와 화물의 운송을 목적으로 하는 화물기에 따라 구조가 상이하다. 그러나 일반 여객기의 경우, 1층은 승객 좌석이 있는 Passenger Cabin이고, 그 아래 위탁 수화물을 싣는 공간은 Cargo Compartment로 하여 구분한다. Upper Deck이 있는 기종은 Main Deck, Upper Deck으로 1층과 2층을 구별한다.

- **Passenger Cabin**
  - Main Deck
  - Upper Deck
- **Cargo Compartment**

*To Be More Professional Crews!*

**여객기와 화물기**

B747-8F와 B747-8은 어떻게 다른가? 화물기(Freight)로 구조가 변경된 항공기는 이니셜 'F'를 삽입하여 B747-8F, B747-400F/ERF, B777F 등으로 표시하여 여객기와 구분한다.

### (3) 착륙장치

착륙장치는 랜딩기어(Landing Gear)라고도 하며 항공기가 이·착륙할 때와 지상 이동 시에 사용된다. 항공기가 순항 중일 때에는 접어 두고 착륙 시 펼쳐서 사용한다.

#### Nose Gear(노즈기어)

항공기 전방에 위치한 랜딩기어를 말하며, 항공기의 방향을 전환하고 기체의 균형을 유지하는 역할을 한다.

#### Main Landing Gear(메인 랜딩기어)

동체 중앙 하단부위의 좌우 양쪽에 장착된 랜딩기어를 말하며, 제동 작용을 포함하여 기체의 균형을 유지하고 착륙 시 충격을 흡수하는 역할 등을 한다.

*To Be More Professional Crews!*

### 기어와 바퀴

B747 항공기의 경우 기어는 5개이다. Nose Gear가 하나이고 Main Landing Gear는 좌측에 2개, 우측에 2개로 총 4개이다.

B747 항공기의 바퀴는 Nose Gear에 2개가 장착되어 있고, Main Landing Gear 1개당 4개의 바퀴가 달려 있어 B747 항공기의 바퀴는 총 18개이다.

*To Be More Professional Crews!*

### 세계에서 가장 큰 항공기 The Antonov An-225 Mriya

세계에서 가장 큰 항공기는 구소련의 항공기 제작사 안토노프가 1988년에 개발한 화물기인 The Antonov An-225 Mriya이다.

므리야(Mriya)는 '꿈'이란 뜻으로 대중에게 공개되기 직전에 붙여진 이름으로, 이 거대한 항공기는 소련의 우주 왕복선인 부란(Buran)과 그 추진 로켓 등을 동체 위에 싣고 발사 기지까지 공수하기 위해 개발되었다. The Antonov An-225는 날개 길이만 84미터가 넘으며 600톤의 화물을 수송할 수 있는 것으로 알려져 있는데, 장착된 바퀴의 개수는 노즈기어에 4개, 메인 랜딩기어 좌우에 각각 14개씩으로 총 32개이고, 엔진은 총 6개가 장착되어 있다.

▲ 부란을 운반하는 An-225 (1989)

Vasiliy Koba, CC BY-SA 4.0 〈https://creativecommons.org/licenses/by-sa/4.0〉, via Wikimedia Commons

▲ An-225에 장착된 Progress D-187 터보 엔진 6개 중 3개의 장착 모습
Liner / Shutterstock.com

▲ An-225의 Main Landing Gear
vadimmmus / Shutterstock.com

## (4) 엔진

항공기에 장착된 엔진의 수는 항공기별로 다르나 최근에는 항공기에 대부분 2개의 엔진을 장착하여 제작하는 추세이다. 장착된 엔진은 번호를 부여하여 식별하는데, 예를 들어 항공기 진행 방향을 기준으로 하여 주날개 왼쪽에서 시작하여 오른쪽 날개까지 장착된 엔진의 개수만큼 엔진 1번, 엔진 2번, 엔진 3번, 엔진 4번 등으로 부른다.

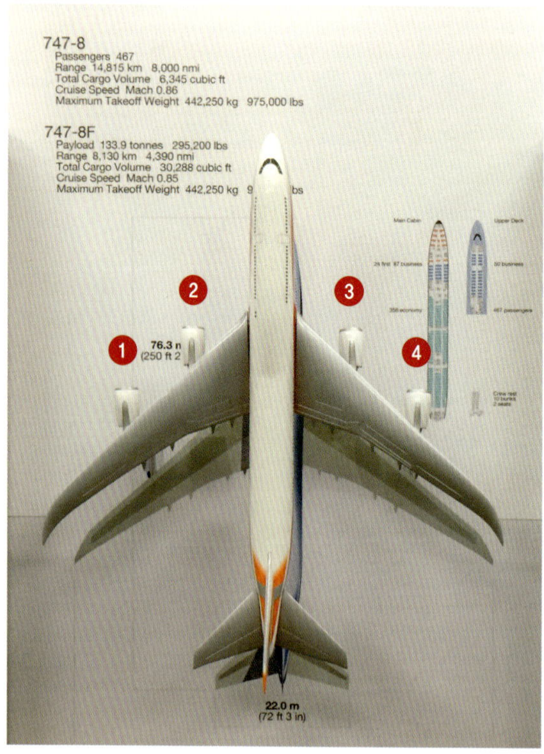


▲ B747 항공기 엔진과 식별 기준 ❶ 엔진 1 ❷ 엔진 2 ❸ 엔진 3 ❹ 엔진 4

*To Be More Professional Crews!*

### 국토교통부 운항기술기준에 의한 '엔진(Engine)'의 정의

엔진이란 항공기의 추진을 위해 사용되는 또는 사용되도록 만들어진 장치를 말한다. 프로펠러와 로터를 제외하고 최소한 그 기능 및 제어에 필요한 부품과 장비로 이루어진다.

주. 이 기준에서 사용하는 'power-unit' 및 'powerplant'는 모두 'engine'을 의미한다. 다만 APU(Auxiliary Power Unit: 보조동력장치)를 통해서 항공기의 추진력을 얻지는 않는다.

운항기술기준의 엔진의 정의에서 APU는 엔진에 포함하지 않고 있는데, APU(Auxiliary Power Unit)는 용어의 뜻 그대로 보조동력장치를 말한다. 이 장치는 항공기 추력을 만들지는 않으나 기내 조명 등 각종 전원, 엔진을 시동할 때 필요한 유압 및 냉·난방용 공기를 공급하는 데 사용된다.

APU를 사용하면 GPU(Ground Power Unit: 지상전원장치)를 사용하지 않고도 자율적으로 지상에서 필요한 전기를 공급할 수 있다. 지상에서 엔진이 가동하지 않더라도 APU에 의해 전기를 공급받기 때문이다.

APU는 일반적으로 항공기의 꼬리날개 부근에 있으며, 비행 중에 엔진 발전기가 고장 난 경우 추가 전력을 제공할 수도 있다.

▲ A350-900 항공기 APU 위치

**항공기 동력의 종류**

| 동력 | 특징 | 위치 |
|---|---|---|
| 엔진 | 추력 발생 | 항공기 |
| APU<br>(Auxiliary Power Unit) | 지상에서 전기 공급<br>엔진 시동 시 유압 제공<br>지상 냉 · 난방 | 항공기 |
| GPU<br>(Ground Power Unit) | 지상 전원공급장치로<br>APU 가동 불가 시 사용 | 지상에서 공급하는<br>전력공급장치(외부) |

▲ GPU를 통한 전력 공급

Longfin Media / Shutterstock.com

▲ GPU 장치의 예

*To Be More Professional Crews!*

## 엔진 제작사

엔진을 제작하는 주요 회사로는 미국의 제너럴 일렉트릭(General Electric), 프랫 앤 휘트니(Pratt & Whitney), 롤스로이스(Rolls Royce) 등이 있다.

제너럴 일렉트릭, 프랫 앤 휘트니 엔진을 장착한 항공기는 대한항공에서 대부분 운용하고 있으며, 롤스로이스 엔진을 장착한 항공기로는 이전 아시아나항공에서 운용한 A380과 A350 XWB 등이 있다.

### (5) 주날개

주날개는 비행 중 양력을 발생시켜 항공기를 뜨게 하고 날개의 공간을 이용하여 항공유를 보관하는 연료 탱크의 역할을 한다.

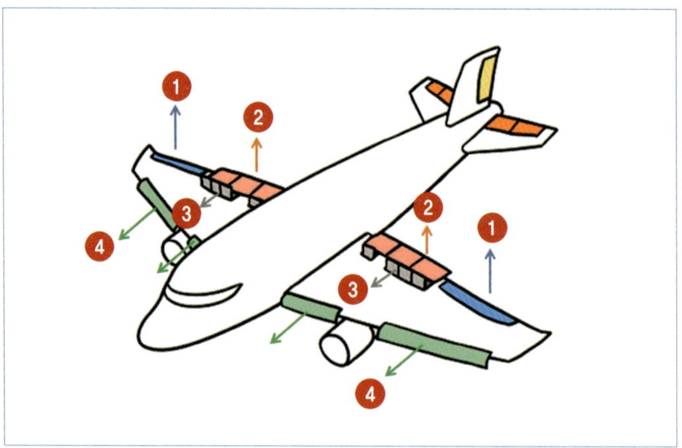


▲ 단순화한 주날개 구성 모습 ❶ 에일러론 ❷ 플랩 ❸ 스포일러 ❹ 슬랫

#### Ailerons(에일러론)

보조익이라고도 하며 주날개 후부에 장착되어 있다. 에일러론은 기체의 좌우 안정을 유지하고 항공기 선회운동(Rolling)을 돕는 장치이다. 그림에서 1번으로 표시된 부분으로 주날개 후면부 끝부분에 위치한 장치이다.

#### Flaps(플랩)

플랩은 주날개 후부에 장착되어 있고 양력을 증가시키는 고양력 장치(High Lift Device) 중 하나이다. 또한 플랩은 양력뿐 아니라 착륙과 활주로 접근 시 항력(Drag)을 증가시켜 항공기의 감속을 돕는 역할도 한다. 2번으로 표시된 부분을 말한다.

#### Spoiler(스포일러)

주날개 위에 장착되어 있고, 착륙 중 스포일러를 세워 공기의 저항을 이용한 감속 작용을 하고 양력을 제거하는 역할을 한다. 또한 착륙 후에는 에어 브레이크(Air Brake)의 역할을 하여 제동 작용을 돕는다. 그림에서 3번으로 표시된 장치이다.

#### Slats(슬랫)

주날개 앞면 부위에 있으며 Flap과 같은 역할을 하여 Front Flaps이라고도 한다. 그림에서 3번으로 표시된 부분을 말한다.

### Winglet(윙릿)

양쪽 주날개 끝에 수직 또는 수직과 비슷한 경사로 부착되어 있는 날개이다. 이 윙릿은 비행 중 날개 끝에 생기는 공기의 소용돌이(Vortex)를 막아 항공기 저항을 감소시키고 항공기 부양력을 증가시켜 항공기 성능을 향상시키는 역할을 한다.

▲ 주날개 끝에 있는 윙릿의 모습

## (6) 꼬리날개

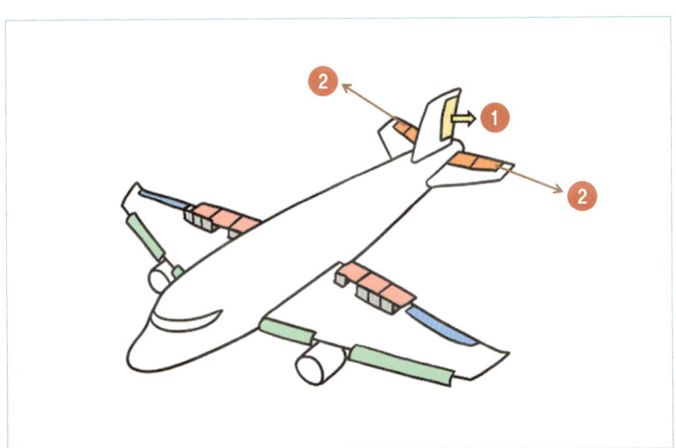


▲ 단순화한 꼬리날개의 구성 모습 ❶ 러더 ❷ 엘리베이터

### Rudder(방향키)

러더는 항공기의 안정성과 이륙 및 착륙 시에 방향 조절을 담당하는 것으로 꼬리날개의 수직 안정판(Vertical Stabilizer)에 해당한다. 방향타와 같은 기수의 좌우 선회운동을 요잉(Yawing)이라고 한다. 꼬리날개 그림에서 1번으로 표시된 장치를 말한다.

### Elevator(승강키)

엘리베이터는 항공기의 안정성과 이륙 및 착륙 시에 기수의 상하 조작을 담당하는 것으로 꼬리날개의 수평 안정판(Horizontal Stabilizer)에 해당한다. 이러한 기수의 위·아래 상하 움직임을 피칭(Pitching)이라고 한다. 꼬리날개 그림에서 2번으로 표시된 장치를 말한다.

**항공기 외부 구조 명칭**

| 구분 | 명칭 | |
|---|---|---|
| 조종실<br>(Cockpit, Flight Deck) | | |
| 동체<br>(Fuselage) | | |
| 주날개<br>(Main Wing) | 조정면<br>(Control<br>Surface) | Ailerons(에일러론, 보조익)<br>Flaps(플랩)<br>Spoiler(스포일러)<br>Slats(슬랫)<br>Winglet(윙릿) |
| 꼬리날개<br>(Tail Wing) | 조정면<br>(Control<br>Surface) | 수평 안정판(Horizontal Stabilizer),<br>또는 Elevator(승강키)<br>수직 안정판(Vertical Stabilizer),<br>또는 Rudder(방향키) |
| 엔진<br>(Engine) | | |
| 착륙장치<br>(Landing Gear) | 노즈기어(Nose Gear)<br>주 착륙장치(Main Landing Gear) | |

에일러론(Ailerons)의 작용으로 발생하는 선회운동(Rolling)

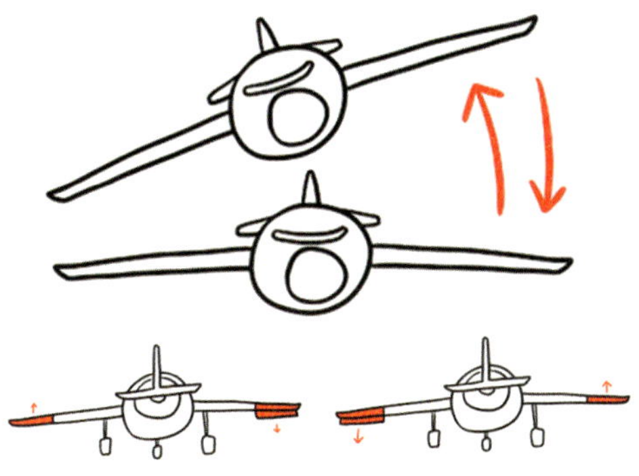

엘리베이터(Elevator)의 작용으로 발생하는 상하운동(Pitching)

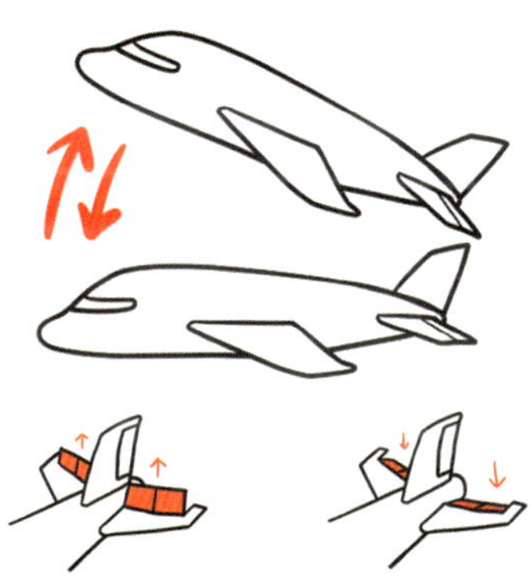

러더(Rudder)에 의해 발생하는 좌우운동(Yawing)

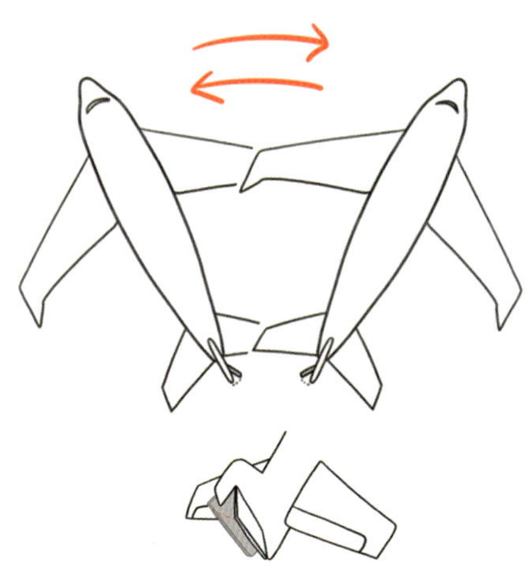

To Be More Professional Crews!

## 항공기 등록번호

항공안전법 제18조 규정에 의하면, 항공기에 국적을 나타내는 기호는 장식체가 아닌 로마자의 대문자 HL로 표시해야 하며, 등록기호는 장식체가 아닌 4개의 아라비아 숫자로 표시하고 국적 기호의 뒤에 이어서 표시해야 한다. 그 외에도 표시하는 곳, 활자와 숫자 크기 등에 대한 자세한 제한 사항이 있다. 표시하는 곳은 항공기 주날개, 꼬리날개, 동체이며 주날개 오른쪽 날개 윗면과 왼쪽 날개 아랫면, 꼬리날개는 수직 꼬리날개 양쪽 면에 수직 또는 수평으로 표시된다.

HL은 국적별 무선국 기호로 대한민국에 할당된 기호이다.

등록기호의 네 자리 숫자 중 첫째 자리 숫자는 항공기 분류를 나타내는 것으로 'HL 7402'는 HL, 즉 대한민국 항공기를 의미하고 '7'은 제트 엔진이 장착된 항공기, '4'는 엔진의 개수, '02'는 동일 기종의 일련번호를 의미하지만 항공기 수량이 많아지면서 예외의 숫자가 부여되기도 한다. 예를 들어 'HL7530'도 엔진이 5개가 아닌 2개인 항공기이지만 HL72○○로 표기되지 않고 있다.

**무선국 기호 예**

| 국가 | 국가별 무선국 기호 |
|---|---|
| 한국 | HL |
| 미국 | N |
| 스위스 | HB |
| 중국 | B |
| 독일 | D |

**등록기호 첫째 자리 숫자의 의미 예**

| 등록기호(4개의 아라비아 숫자) 첫째 자리 숫자 | 의미 |
|---|---|
| 0 | 글라이더, 비행선 |
| 5 | 터보프롭 |
| 7, 8 | 터보 제트 |
| 9 | 회전익 터보 엔진 |

항공기 등록번호는 항공기 외부(주날개, 꼬리날개, 동체 등)와 기내 진입 후 객실 내부에는 L1 출입구 벽면에 표시된다.

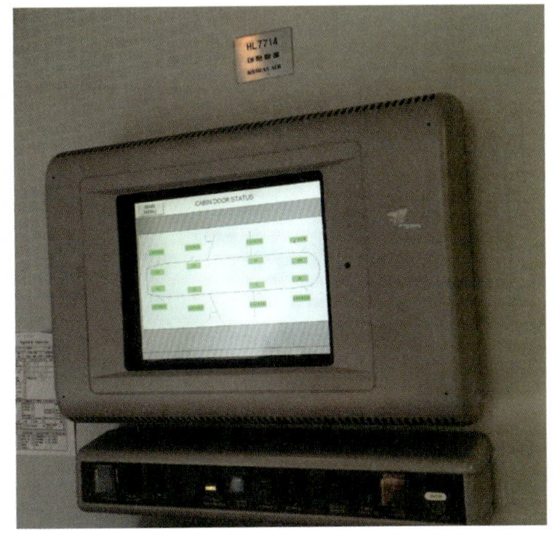

▲ HL7714(B777-200ER) L1 Door 벽면에 표기된 항공기 등록기호

To Be More Professional Crews!

## 항공기에 작용하는 4가지 힘

항공기에 작용하는 4가지 힘은 그림과 같이 양력(Lift), 중력(Gravity), 추력(Thrust), 항력(Drag)이다.

비행기의 무게인 중력은 지구가 비행기를 아래로 끄는 힘으로, 양력과 정반대로 작용하므로 항공기가 이륙하기 위해서는 중력 이상의 큰 양력이 필요하다. 추력은 비행기가 앞으로 나아가게 하는 힘으로, 추력이 있어서 항공기가 앞으로 나아가며 이때 일정한 속도로 공기가 날개 표면을 지나가면서 양력이 발생할 수 있는 것이다.

항력은 추력과 반대의 힘으로 항력이 작을수록 필요한 추력도 작아지고 결과적으로 연료 소모가 적어진다. 따라서 이를 위해 비행기가 유선형으로 제작되어 공기의 마찰을 줄일 수 있도록 하고 있다.

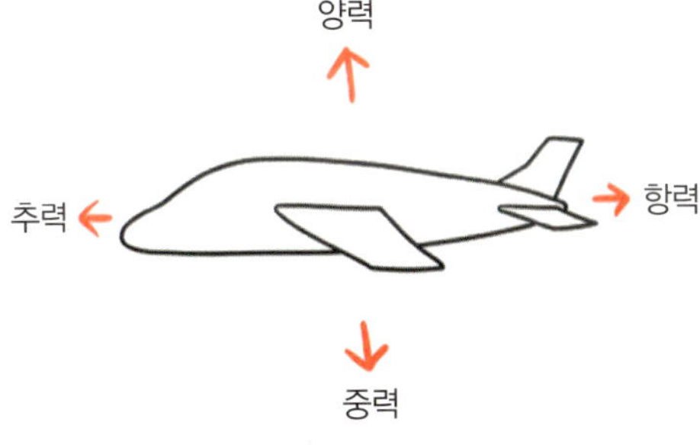


이후 나오는 **Quiz 6~12번**에서 관련 내용을 복습한다. 

## 2) 항공기 내부 구조

### (1) 근무구역(Zone)

항공기의 객실은 기종에 따라 여러 개의 Zone으로 나누어지며, 이 구역은 항공기 좌·우에 설치되어 있는 Exit Door를 사이에 두고 구분된다. 각 Zone은 객실 승무원의 근무구역을 정하는 기준이 된다.

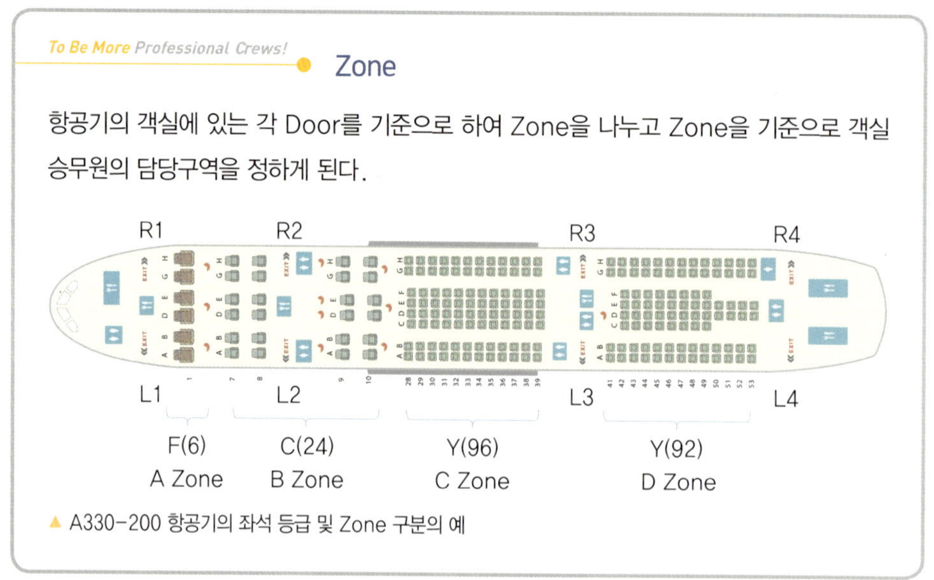

▲ A330-200 항공기의 좌석 등급 및 Zone 구분의 예

### (2) 비상구(Exit Door)

항공기 종류에 따라 비상구 개수는 다르나 위의 그림과 같이 좌·우 대칭으로 장착되어 있다. 비상구가 좌·우에 각각 5개씩 장착된 항공기인 경우, 항공기가 진행하는 방향으로 좌측 첫 번째 비상구를 L1(Left 1)이라 하고 그다음 비상구를 좌측 순으로 L2(Left 2), L3(Left 3), L4(Left 4), L5(Left 5)라고 한다. 이와 같은 방식으로 우측 비상구도 R1(Right 1), R2(Right 2), R3(Right 3), R4(Right 4), R5(Right 5)라고 한다.

그리고 좌측과 우측의 비상구를 동시에 언급하는 경우, 'NO 1 Door', 'NO 2 Door', 'NO 3 Door', 'NO 4 Door' 등으로 지칭한다.

2층이 있는 경우, 2층 좌측의 첫 번째 비상구부터 UL1(Upper Deck Left 1), UL2(Upper Deck Left 2), UL3(Upper Deck Left 3), 2층 우측에 장착된 비상구는 순서대로 UR1(Upper Deck Right 1), UR2(Upper Deck Right 2), UR3(Upper Deck Right 3)로 각각 명명한다.

출입구가 양쪽에 각각 5개 있는 항공기: 비상구 식별의 예

| 좌측 비상구 순서 및 식별 | 우측 비상구 순서 및 식별 | 통합 식별 |
|---|---|---|
| L1 (Left 1) | R1 (Right 1) | NO 1 Door |
| L2 (Left 2) | R2 (Right 2) | NO 2 Door |
| L3 (Left 3) | R3 (Right 3) | NO 3 Door |
| L4 (Left 4) | R4 (Right 4) | NO 4 Door |
| L4 (Left 5) | R5 (Right 5) | NO 5 Door |

2층 구조의 항공기: 비상구 식별의 예

| 좌측 비상구 순서 및 식별 | 우측 비상구 순서 및 식별 |
|---|---|
| UL1 (Upper Deck Left 1) | UR1 (Upper Deck Right 1) |
| UL2 (Upper Deck Left 2) | UR2 (Upper Deck Right 2) |
| UL3 (Upper Deck Left 3) | UR3 (Upper Deck Right 3) |

A330-200 항공기는 도해도(p. 38)에 보이는 것처럼, L1, L2, L3, L4로 좌측에 총 4개의 비상구가 있으며 R1, R2, R3, R4와 같이 우측에 총 4개의 비상구가 있음을 알 수 있다.

L3와 R3 사이에는 승무원 휴식공간인 Bunk가 설비되어 있으며, L1과 L2의 사이는 근무구역 A(Zone A)와 근무구역 B(Zone B)로 구분하여 각각 일등석(F Class)과 비즈니스 클래스(C Class)로 운영하고 있음을 알 수 있다. 근무구역 C(Zone C)와 근무구역 D(Zone D)는 모두 일반석(Y Class)으로 운영되고 있다.

일등석은 좌석열 1번 자리이고, 비즈니스 클래스는 7번 열부터 10번 열 좌석이며, 28번 열부터 53번 열이 일반석으로 운영됨을 알 수 있다.

### (3) Overwing Window Exit

Overwing Window Exit은 비상구와 달리 객실 벽면에 있는 창문을 비상시에 개방할 수 있도록 설계된 것으로, 주로 소형 기종에 장착되어 있으며 좌우에 각각 1개씩 혹은 2개씩 연속해서 장착되기도 한다.

일반 비상구와 동일하게 비상시에 비상구로 사용되기 때문에 근접한 좌석에 앉은 승객을 대상으로 비상구 좌석 착석 승객의 적정성 여부를 확인해야 한다. 비상시 탈

출에 방해가 되지 않도록 Overwing Window Exit 앞 좌석의 등받침이 고정되어 있으며 해당 좌석 간의 간격이 넓은 것이 특징이다.

▲ Overwing Window Exit의 예_ 등받침이 젖혀 있는 경우에 비상구를 통한 탈출을 저해할 수 있으므로 해당 좌석의 등받이는 고정되어 있다.

이후 나오는 **Quiz 13~14번**에서 관련 내용을 복습한다. 

## 3) 항공기 분류

### (1) 기능에 따른 구분

항공기를 기능별로 구분하면, 항공기 운항장치가 있는 Cockpit(조종실)과 승객이 탑승하는 객실인 Passenger Cabin, 화물이 탑재되는 Cargo Compartment로 나눌 수 있다.

여객기의 경우, Cargo Compartment는 보통 객실 아래에 위치하며, 객실처럼 여압장치가 작동하고 생·동물을 탑재할 수 있도록 온도가 조절된다. 그리고 화물은 ULD(Unit Loading Device)를 이용하여 Cargo Compartment에 탑재한다.

▲ ULD(Unit Loading Device)의 예

*To Be More Professional Crews!*

**Baggage의 구분**

항공 여행에서 여행자들의 Baggage는 크게 휴대 수화물과 위탁 수화물로 나뉜다.

**휴대 수화물(Hand Carried Baggage)**

기내에 반입이 가능한 부피와 무게의 짐으로 항공사별로 제한에 차이가 있고 탑승 클래스에 따라서도 반입 규정이 상이하다.

**위탁 수화물(Checked Baggage)**

기내에 반입이 불가하거나 승객이 원하는 경우, 항공기 Cargo Compartment에 실리는 짐을 말하며, 무료로 위탁되는 짐에 대한 규정도 항공사별로 차이가 있다.

### (2) 크기에 따른 구분

항공기는 객실 내 복도가 하나인지 아니면 두 개로 나뉘어 있는지에 따라 동체의 너비가 달라지고 좌석 장착 수도 차이가 나므로 복도가 하나인 항공기는 Narrow Body(협동체)라고 하고 복도가 두 개로 나뉜 항공기는 Wide Body(광동체)라고 한다. Wide Body인 경우, 중형기와 대형기를 정확히 구분하는 기준은 없으나(통상적으로 300석 이상을 대형기로 간주한다) 또한 엔진 성능에 따라 항속거리가 다르게 제작되며, 항공기 동체의 좌우에 설계된 도어의 개수에 따라 대략적인 좌석 장착 수를 가늠할 수 있다.

#### 대형기

대형기는 A380, B747, B777-300 등 장착 좌석 수가 대략 300석 이상이며, 항공기 Door가 양쪽에 각각 5~6개 있으며, 객실 Zone은 앞쪽에서부터 A, B, C, D, E Zone으로 이루어진다. B747의 경우, 2층이 있는 구조로 B Zone과 C Zone 사이에 2층(Upper Deck)으로 연결되는 계단이 있다. A380 항공기도 2층이 있는 구조이나 A Zone에 있는 첫 번째 도어로 진입하면 바로 2층(Upper Deck)으로 연결되는 계단이 있다.

#### 중형기

중형기는 A300-600, A330, B777-200 등의 항공기로 대형 기종에 비해 상대적으로 장착 좌석 수가 적으며, 항공기 Door가 양쪽에 각각 3~4개 있어 객실을 앞쪽에서부터 A, B, C, D Zone으로 구분한다.

#### 소형기

소형기는 B737, F100 등으로 비상구가 양쪽에 각각 2개 있으며 객실 가운데에는 Overwing Window Exit이 좌우에 1개 혹은 2개 있다. 객실 내부는 A, B Zone으로 구분하거나 전방(Forward Zone), 후방(After Zone)으로 구분한다.

이후 나오는 **Quiz 15~17번**에서 관련 내용을 복습한다. 

1. 항공기의 발달 과정을 나열해 보자.

2. 비행의 아버지로 불리는 인물은 누구이며, 그 이유는 무엇인가?

3. 라이트 형제가 개발한 비행 물체의 이름은 무엇인가?

4. 라이트 형제의 비행 물체를 최초의 비행기라고 하는 이유가 무엇인지 설명해 보자.

5. 항공 운송의 시작은 무엇이 발명되면서 가능해진 것인지 설명해 보자.

6. 항공기 외부 구조를 설명해 보자.

7 조종실 좌석 배열에 따른 규정을 설명해 보자.

8 항공기 주날개 조정면(Control Surface)에 대해 설명해 보자.

9 엔진 장착 위치에 따른 식별 기준을 설명해 보자.

10 꼬리날개에 있는 Rudder의 기능을 설명해 보자.

11 항공기 블랙박스는 주로 어디에 장착되어 있으며, 구체적으로 어떤 장비를 일컫는 것인지 설명해 보자.

12 APU 장착 위치와 기능을 설명해 보자.

13 Zone과 Exit에 대해 설명해 보자.

14 Overwing Window Exit과 Exit의 차이가 무엇인지 설명해 보자.

15 ULD란 무엇인지 설명해 보자.

16 항공 여행객의 수화물은 기내 반입 수화물과 무엇으로 구별할 수 있는지 설명해 보자.

17 'L3', 'UR2'가 의미하는 바를 설명해 보자.

# UNDERSTANDING OF **AIRLINE BUSINESS**

Chapter 2

# 항공사의 이해

학습 목표

I. 항공사 형태(FSC, LCC)에 따른 차이를 이해할 수 있다.

II. 항공사 간 전략적 제휴 형태를 이해할 수 있다.

III. 항공 관련 국제기구와 역할을 이해할 수 있다.

IV. '하늘의 자유' 개념을 이해할 수 있다.

EI-DHC

RYANAIR

EI-GXM

EI-ENE

ADRIAN DENNIS / AFP via Getty Images

# 1 FSC

대형 항공사(FSC, Full Service Carrier)는 좌석 등급별로 차별화된 서비스를 제공하며, 기내식 제공, 기내 오락물 시설 제공, 공항 라운지 이용 등 다양한 부가 서비스를 제공함으로써 비교적 높은 운임으로 가격이 책정되는 정통적인 항공사를 말한다.

Full Service Carrier(FSC), Full Service Airline(FSA), Legacy Carrier로 불리기도 하며 일반적으로 단일 기종을 운용하지 않고 다양한 기종을 보유하여 국내선뿐만 아니라 국제선 단거리, 중거리, 장거리 노선을 다양하게 취항하며 여객 운송 외에 화물 운송, 면세 사업, 정비 사업 등을 운영하기도 한다.

**등급별 서비스의 차별화**

▲ 일등석 캐비아(Caviar) 서비스의 예

▲ 캐비아 서비스의 예

▲ 인천국제공항 일등석 라운지

## 등급별 좌석 설비의 차별화

▲ B777-300 항공기 일등석

▲ B777-300 항공기 일등석 좌석에 장착된 코트룸

▲ B777-300 항공기 일등석 좌석 내부에서 본 Sliding Door 닫힘 상태

▲ B777-300 항공기 일등석 좌석 외부에서 본 Sliding Door 닫힘 상태

▲ A380-800 항공기 일등석 좌석의 예

## 2 LCC

저비용 항공사(LCC, Low Cost Carrier)란 항공 수요의 증대와 항공 자유화 확대가 계기가 되어 만들어진 새로운 항공사 비즈니스 모델이다. 저비용 항공사는 기존의 대형 항공사와 달리 부차적인 서비스를 생략하고 본연의 가치인 운송 서비스에 집중함으로써 전체적인 비용의 감소를 추구하여 소비자들로 하여금 합리적인 소비를 가능하게 하는 장점이 있다. 즉, 저비용 항공사는 전체 항공 운송 흐름에서 불필요한 시간 소모 및 서비스를 최대한 줄여 비용을 최소화하고, 결과적으로 소비자에게 저운임에 항공 운송 서비스를 제공한다. 이런 이유로 Low Cost Carrier, Budget Carrier로 불리기도 하고 부가적인 서비스를 제거했다는 의미에서 No Frills Carrier로 불리기도 한다.

해외 저비용 항공사의 예를 살펴보면 주요 공항보다는 도심에서 거리가 다소 떨어져 있지만 이용객이 적어 한산한 보조공항을 이용함으로써 공항세를 절약하고 정시 운항을 담보하고 있다. 또한 탑승권과 좌석 배치를 과감히 없애 신속한 탑승을 유도하고, 기내식과 부대 서비스를 생략하거나 최소한의 객실 승무원만이 탑승하는 등 새로운 서비스 전략으로 저운임을 제시하고 있다.

우리나라의 저비용 항공사는 외국의 경우와 달리 대형 항공사와 동일하게 주요 공항을 이용하고, 기내 서비스 품목과 부대 서비스의 범위는 항공사별로 차이가 있으나 대부분 유료로 이용하도록 되어 있다.

우리나라의 저비용 항공사 운영 현황을 보면, 2005년에 한성항공이 부정기 면허로 처음 취항을 시작했고, 2006년에 제주항공이 정기 면허로 취항을 하게 되었다. 이어서 2008년 대한항공과 아시아나항공도 각각 자회사인 진에어와 에어부산을 설립하여 저비용 항공사를 운영하게 되었다. 한성항공은 2008년에 운항 중단을 신청하고 2010년에 티웨이로 사명을 변경하여 운항을 재개했다.

이후 이스타, 에어서울, 에어필립, 플라이강원, 에어프레미아 등이 설립되었으나 에어필립은 2019년에 운항이 중단되었다. (이스타는 경영난으로 운항이 중단되었다가 2021년 6월 새로운 기업에 인수되어 재운항을 준비 중이다.)

에어프레미아는 운항, 객실 승무원 등 필수 인원 채용을 마치고 국토교통부로부터 항공기 운항을 위한 안전 면허인 항공 운항 증명(AOC)을 취득했다. 기존 저비용 항공사와 달리 에어프레미아는 중대형 항공기를 도입하고 2021년 8월 '김포-제주' 노선을 시작으로 운항을 시작했다. 에어로케이는 2020년 12월에 국토교통부로부터 AOC를 취득하여 운항 중이다.

*To Be More Professional Crews!*

### 항공 운항 증명(AOC, Air Operator Certificate)

항공 운항 증명은 항공 운송사업 면허를 취득한 항공사가 운항을 개시하기 전에 안전 운항을 위해 필요한 전문인력, 시설, 장비 및 운항, 정비지원 체계를 갖추었는지 종합적으로 확인하는 절차로 국제민간항공기구(ICAO) 국제기준에 따라 전 세계 항공사가 자국 정부로부터 필수적으로 취득해야 하는 안전 능력 검사 증명이다.

'항공안전법'에서 정하는 운항 증명 검사기준에 따르면 서류 검사와 현장 검사의 종류는 다음과 같다.

#### 서류 검사의 종류

- 조종사, 정비사, 객실 승무원, 운항 관리사 등 전문인력 확보 여부
- 항공기 운항, 정비 규정
- 위해요인 식별, 경감 등 자체 안전 관리 시스템(SMS, Safety Management System)
- 항공사 자체 보안계획 등의 적정성 등

#### 현장 검사의 종류

- 실제 항공기로 약 50시간 시범 비행
- 항공기 비상탈출 슬라이드 전개 등 비상탈출 시연
- 종사자 자격, 훈련 상태
- 예비부품 확보상태
- 취항 예정 공항의 운항 준비상태 등

참고 기사

## [글로벌기업 '혁신'을 배워라]⑮사우스웨스트항공[1]

승승장구 비결 … 저비용, 역발상, 편(fun)경영

사우스웨스트항공(WN)이 승승장구하는 비결은 무엇일까. 첫째는 '비용파괴'와 '가격파괴'로 대표되는 저비용 구조다. WN은 불필요한 서비스를 줄이고 저렴한 티켓을 내놓았다. 여행사를 통하지 않는 직접 예약 제도를 시작했다. 비즈니스석과 일반석의 구분을 없앴다. 기내 서비스도 폐지했다. 737 단일 기종만 운행함으로써 훈련 및 정비의 효율성과 전문성을 높였다.

탑승권 자동 발매기를 이용해 고객들의 탑승 수속 시간을 줄였다. 복잡한 허브 공항 대신 한가한 지방 공항을 이용함으로써 고객들에겐 여유로운 여행을 즐길 수 있게 하고, 공항 사용료도 감축했다.

WN은 비용파괴를 바탕으로 가격파괴를 할 수 있었다. 9·11 테러 이후 항공요금을 25% 인하했다. 인원 감축이나 운항 축소 등 수세적 방식이 아니라 항공권 파격세일이라는 공격적인 길을 택한 것이다. 경쟁사 항공원의 절반도 안 되는 파격적인 가격으로 손님을 모집했다. 자동차 여행보다 비용이 더 적게 든다는 입소문이 나면서 고객들이 몰려들기 시작했다.

이후 나오는 **Quiz 1~3번**에서 관련 내용을 복습한다. 

1) 출처: 중앙일보 홈페이지 국제 기사(2016.01.22.)에서 인용. https://news.joins.com/article/19455746

# 3 전략적 제휴

항공 운송 산업은 대표적인 기술과 자본 집약적 산업이자 네트워크 산업이다. 고가의 첨단 산업제품인 항공기를 수단으로 하기에 항공기 초기 구매와 사용 유지에 막대한 투자비가 요구되기 때문이다. 또한 두 도시 간의 직항 노선뿐만 아니라 다양한 출발지와 목적지를 운항하면서 노선 경쟁력을 갖는 대표적인 네트워크 산업으로, 개별 항공사의 독자적인 운영으로는 경쟁력을 유지할 수 없는 한계가 있다.

따라서 개별 항공사는 더 많은 수요 창출을 위해 노선을 다양화하고 타 항공사와의 끊임없는 협력 방안을 모색하고자 한다. 이를 위한 해결책으로 생겨난 것이 항공 산업의 전략적 제휴인 코드 쉐어링, 항공 동맹체, 조인트 벤처 등이다.

## 1) 코드 쉐어링(Code Sharing)

코드 쉐어링은 편명인 코드를 공유한다는 의미로, 주로 같은 항공 동맹체(Alliance)에 소속된 항공사 간에 이루어지는 것이 보편적이며, 전략적 제휴의 가장 일반적인 방식이라 할 수 있다. 제휴 항공사 간에 특정 노선의 좌석 중 일부를 구입하여 자사의 승객을 운송하는 것으로, 직접 항공기를 운항하지 않고도 좌석을 판매할 수 있고, 노선망을 서로 연계함으로써 대고객 서비스의 범위를 확장하여 수익을 올릴 수 있는 방법이다.

코드 쉐어링을 통해 항공사 자체 노선망으로는 불가능했던 다양한 노선의 판매가 가능하고, 기존 운항 노선의 운항 편수를 확대할 수도 있다. 예를 들면, 인천-뉴욕 노선의 대한항공 티켓을 구매했으나 실제로는 대한항공과 코드 쉐어링을 한 델타항공의 항공기를 탑승하게 되는 경우이다.

## 2) 항공 동맹체(Airline Alliance)[2]

항공 동맹체는 여러 항공사들이 제휴를 맺어 형성한 연합체를 말하며, 1978년 미국

2) 출처: Tourism Research 제45권 제3호 논문(2020. 9.)을 참고하여 재구성. https://doi.org/10.32780/ktidoi.2020.45.3.319

에서 항공 규제가 처음으로 완화됨에 따라 치열한 경쟁에서 살아남기 위한 수단으로 항공사들끼리 서로 협력하는 항공 동맹을 맺게 되었다.

가장 오래되고 규모가 큰 동맹체는 1997년에 미국의 유나이티드항공과 독일항공을 주축으로 형성된 '스타 얼라이언스(Star Alliance)'로 이 제휴그룹이 출범한 이후에 세계 항공사들은 지역적 파트너 관계에서 탈피하여 글로벌 제휴를 맺음으로써 서로의 네트워크를 공유하고 대고객 프로그램을 공유하는 체제를 운영하게 되었다. 현재 글로벌 항공사 동맹체에는 스타 얼라이언스 외에 원월드(Oneworld), 스카이팀(SkyTeam)이 있다.

스타 얼라이언스는 현재 26개의 항공사들이 회원사로 가입되어 회원 항공사 수와 탑승객 수에 있어서 규모가 가장 큰 동맹체이다. 2위는 2000년에 창설된 스카이팀으로, 아에로멕시코, 에어프랑스, KLM, 델타항공, 대한항공 등 현재 19개의 항공사들이 회원사로 가입되어 있다. 스타 얼라이언스에 이어 두 번째로 만들어진 원월드(1999년 창설)는 현재(2021년) 15개의 항공사들이 회원사로 가입되어 있다.

**항공 동맹체의 종류**

| 구분 | 동맹체 | 회원사 |
|---|---|---|
| FSC | 스타 얼라이언스<br>(Star Alliance) | 유나이티드항공, 싱가포르항공, 터키항공, 루프트항공 등 |
| | 스카이팀(Skyteam) | 아에로멕시코, 에어프랑스, KLM, 델타항공, 대한항공 등 |
| | 원월드(Oneworld) | 캐세이퍼시픽항공, 콴타스, 아메리칸항공 등 |
| | 에티하드 이퀴티<br>(Etihad Airways Equity) | 에티하드항공이 지분을 보유한 항공사들의 연합 형태로 일반적 의미의 항공 동맹체와는 구분된다. |
| LCC | 유플라이<br>(U-Fly) | 최초의 저비용 항공사 동맹체로 중국, 홍콩 지역 항공사(홍콩 익스프레스, 우루무치 항공, 럭키에어, 웨스트 에어)를 중심으로 하며 우리나라의 이스타항공이 참여했다. |
| | 밸류 얼라이언스<br>(Value Alliance) | 아시아 태평양 지역의 저비용 항공사 동맹체(녹에어, 세브퍼시픽, 스쿠트, 제주항공 등)이다. |

### 3) 조인트 벤처(Joint Venture)

일반적으로 조인트 벤처란 두 사람 이상이 이익을 목적으로 상호 출자하여 공동으로 하나의 특정한 사업을 실현하기로 하는 계약을 의미한다. 그리고 항공산업에서의 조인트 벤처란 둘 이상의 항공사가 계약에 따라 한 회사와 같이 공동 영업을 통해 수익과 비용을 공유하는 가장 강력한 협력 형태로, 항공사의 특성상 주로 특정 노선에서 이루어진다.

조인트 벤처는 공동 법인을 설립하는 형태와 설립하지 않는 형태로 나눌 수 있으며, 1993년에 노스웨스트 항공과 네덜란드 항공 간에 최초로 체결된 이후 확산되고 있는 추세이다. 우리나라는 2017년에 대한항공이 델타항공과 태평양 노선 조인트 벤처를 맺어 협력하고 있다.

조인트 벤처는 운수권이 없는 지역이나 운항할 수 없는 먼 지역으로의 네트워크 확장이 가능하며, 새로운 노선을 추가하는 데 발생하는 경제적 위험을 감소시키는 효과가 있다.

참고 기사

## 국내 조인트 벤처 사례[3)]

2017. 6. 23. 조양호 한진그룹 회장, 조원태 대한항공 사장, 에드 바스티안(Ed Bastian) 델타항공 최고경영자 등 양사 최고경영진이 태평양 노선 조인트 벤처(Joint Venture) 운영을 통한 양사 간 협력 강화 계약을 체결했다. 조인트 벤처 계약을 통해 양사 공동 운항 및 판매와 마케팅 확대, 끊김 없는 서비스 제공 등 고객 편의가 대폭 향상될 예정이다. 뿐만 아니라 스케줄 조정을 통해 환승 시간 또한 줄여 나갈 계획임을 밝혔다. 이외에도 인천공항의 환승 경쟁력 강화로 효과가 이어지고 국내 항공산업 경쟁력도 높아질 전망이다.

태평양 노선 조인트 벤처는 별도의 회사를 설립하는 것은 아니지만 태평양 노선에서 마치 한 회사와 같이 공동 영업을 통해 수익과 비용을 공유하는 가장 높은 수준의 협력 단계로 이번 본 계약 체결에 따라 태평양 노선을 이용하는 고객들의 편의가 대폭 향상되고, 환승시간이 축소되며, 어디서나 동일한 수준의 끊김 없는 서비스를 제공하여 인천공항 환승 승객의 증가가 예상된다. 또 다양한 스케줄과 다양한 가격대의 항공권으로 선택의 폭 확대, 양사 간 마일리지 적립 및 회원 혜택 이용 용이, 대한민국 항공산업 경쟁력 강화 등의 효과가 기대된다.

3) 출처: 델타항공 홈페이지 뉴스허브 기사(2019.12.09.)를 참고하여 재구성. https://news.delta.com/delta-and-korean-air-create-leading-trans-pacific-joint-venture-KR

## 4 국제기구

항공과 관련한 대표적 국제기구에는 ICAO와 IATA가 있다. ICAO(International Civil Aviation Organization, 국제민간항공기구)는 비행의 안전을 확보하고, 항공로와 공항, 항공시설의 발전을 촉진하며 부당경쟁에 의한 경제적 손실의 방지 등을 목적으로 1947년에 설립된 유엔 전문기구이다.

반면 IATA(International Air Transportation Association, 국제항공운송협회)는 순수 민간단체로 1919년 헤이그에서 발족한 국제항공수송협회가 발전하여 1945년에 설립되었다. 항공 운송의 발전과 제반 문제를 연구하고, 안전하며 경제적인 항공 운송, 회원사 간의 우호 증진을 목적으로 한다. 주로 국제선의 운임, 주요 국제공항에서의 운항시간 조절 및 공항 이용료 등에 대한 항공사들의 의견을 대변하고 있다.

국제기구 역할 및 이해관계자

| 국제기구 | 이해관계자 | 목적 |
|---|---|---|
| ICAO (International Civil Aviation Organization, 국제민간항공기구) | 유엔 전문기구 | 비행의 안전을 확보하고, 항공로와 공항, 항공시설의 발전을 촉진하고 부당경쟁에 의한 경제적 손실의 방지 |
| IATA (International Air Transportation Association, 국제항공운송협회) | 순수 민간단체(항공사) | 국제선의 운임, 주요 국제공항에서의 운항시간 조절 및 공항 이용료 등에 대한 항공사들의 의견을 대변 |

To Be More Professional Crews!

### 항공기 편명 KE와 KAL의 차이

항공사 호출부호인 KE와 KAL은 모두 동일한 항공사를 지칭하며, 어느 국제기구에 의해 지정된 부호인지에 따라 2 Letters 혹은 3 Letters로 표시하는 차이가 있을 뿐이다.

| 항공사 | ICAO 호출부호 | IATA 호출부호 |
|---|---|---|
| 대한항공 | KAL | KE |
| 에어부산 | ABL | BX |
| 사우스웨스트항공 | SWA | WN |

# 하늘의 자유
(Freedom of Air)

국제항공업무통과협정(International Air Services Transit Agreement)은 정기 국제항공업무에 종사하는 각 계약 체결국의 항공기에 대하여 다른 계약 체결국의 영공을 무착륙 통과하거나 또는 비운수 목적으로 착륙할 수 있는 특권을 부여하도록 한 협정으로, 1944년 시카고에서 체결하였다.

이 시카고 조약(1944)에서 상업 항공기에 관한 5가지 자유(Five Freedom of Air)를 분류하였고, 항공 규제 완화 추세에 따라 제9 자유까지 등장하게 되었다. 제1 자유부터 제9 자유에 이르기까지 이들에 대한 정의는 다음과 같다.

*To Be More Professional Crews!*

### 국제민간항공조약 (시카고 조약, The Chicago Convention)

정식 명칭은 Convention on International Civil Aviation으로 1944년 12월 7일 시카고에서 52개국이 모여 1. 국제 항공의 안전성 확보와 국제 항공 질서의 감시, 2. 국제 항공 수송에 관한 원칙 수립에 대해 논의했으며, 이에 대한 결과로 하늘의 자유(제1 자유~제5 자유 개념)가 확립되었고 국제항공법 표준을 설정하고 국제 항공의 행정기구인 ICAO가 설립되었다.

#### 제1 자유(Fly-over right): 영공 통과의 자유

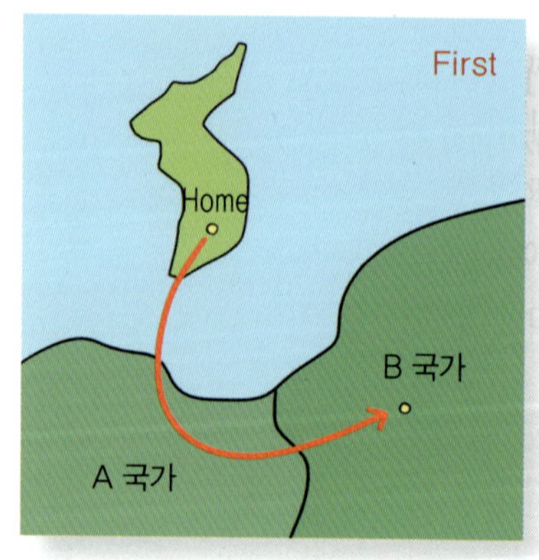


자국의 항공기가 상대국의 영공을 무착륙으로 횡단 비행할 수 있는 권리, 즉 영공 통과의 자유를 의미한다.

**제2 자유**(Technical Landing Right): 기술 착륙의 자유

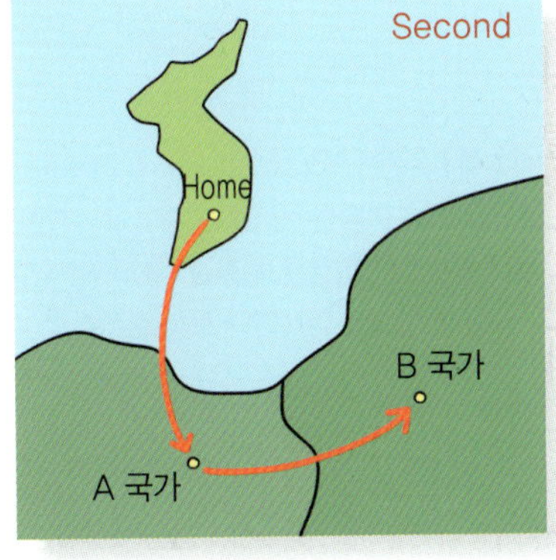


자국의 항공기가 운송 외의 목적, 즉 교대, 급유, 정비 등 기술 착륙만을 위해 상대국의 영역에 착륙할 수 있는 자유를 의미한다.

**제3 자유**(Set Down Right): 타국으로의 수송의 자유

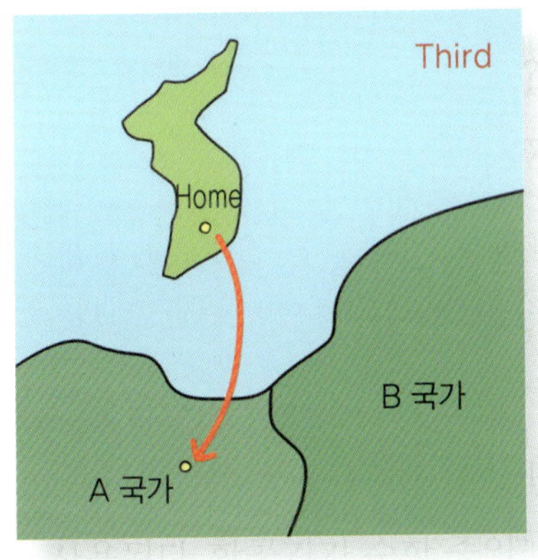


자국에서 탑재한 여객, 우편, 화물을 상대국의 영역에서 착륙하여 수송할 수 있는 자유로 취항 허가를 의미한다.

**제4 자유**(Bring Back Right): 자국으로의 수송의 자유

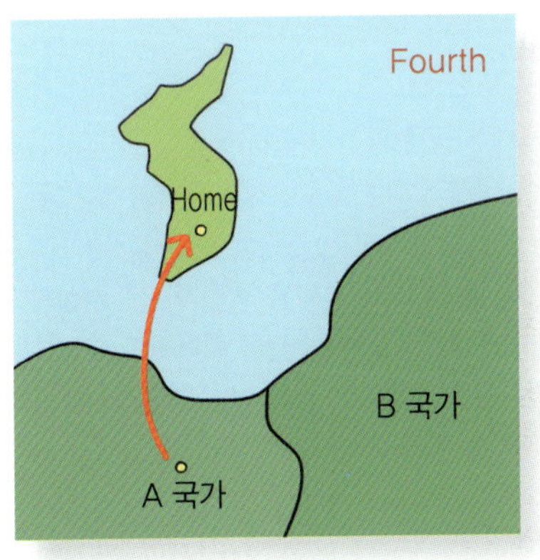


자국의 항공기가 상대국으로부터 자국의 영역으로 여객, 우편, 화물을 탑재, 수송할 수 있는 자유를 의미한다.

## 제5 자유(Beyond, Intermediate Right): 상대국과 제3 국가 간 수송의 자유

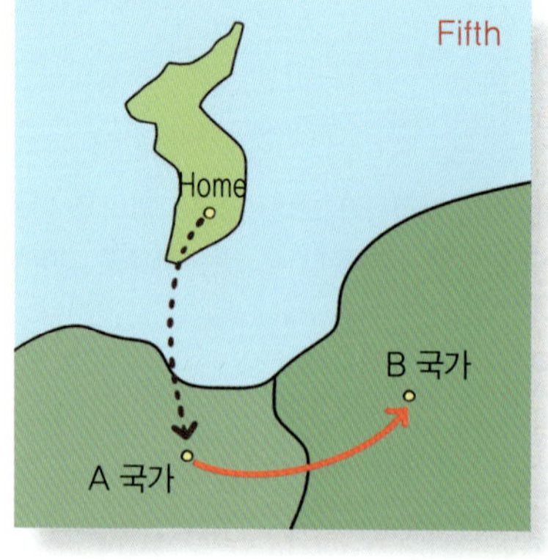


자국의 항공기가 상대국과 제3 국가 간(Between Two Foreign Points)에 여객, 우편, 화물을 수송할 수 있는 자유로 이원권(Beyond Right)을 의미한다. 항공협정을 체결한 상대국의 국내 지점에서 다시 제3국의 국내 지점으로 여객이나 화물을 운송할 수 있는 권리이다.

## 제6 자유(Transit Right)

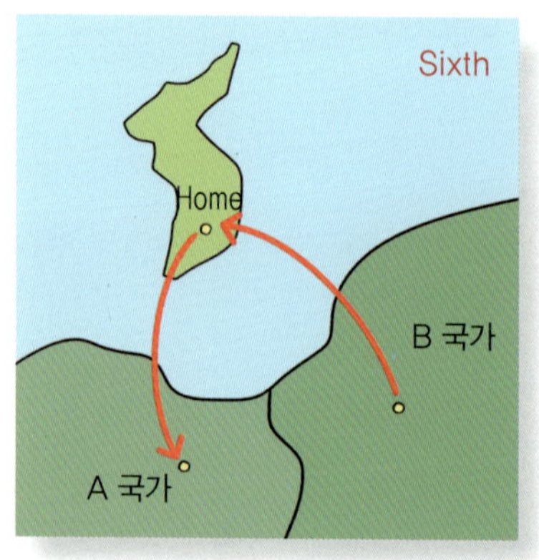


상대국으로부터 승객, 화물을 제3국으로 비행하는 도중에 자국 영토에 착륙, 연결하여 운송할 수 있는 자유를 말한다.

• **예:** 대한항공이 인천-방콕 노선을 개설하고, 이후에 인천-시드니 노선을 추가로 개설한 경우, 방콕에서 한 승객이 대한항공을 타고 인천에 도착한 후 대한항공 시드니행 비행기를 이용하여 시드니에 도착하는 것은 제6 자유에 의해 가능한 것이다.

제5 자유와의 차이를 살펴보면, 제5 자유는 상대국과 제3 국가 간 운송 편명이 한 개로 미리 정해진 노선에 의한다면, 제6 자유는 여행자가 두 개의 노선을 혼합하여 이용하는 것으로 각각의 편명이 있다는 것이다.

## 제7 자유

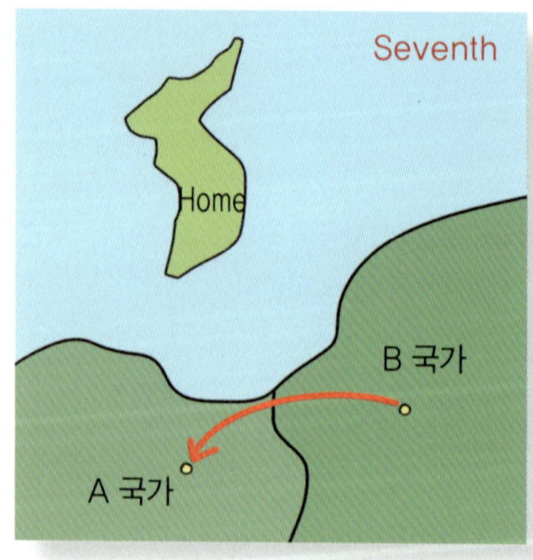


제6 자유에서 항공기가 자국을 중간 기착하지 않고 상대국과 제3국 간만을 왕래하며, 여객과 화물을 수송하는 자유를 말한다.

• **예:** 미영 항공협정을 통해 미국계 화물 항공사들은 사실상의 'Open Sky'를 보장하는 제7 자유 운수권을 획득하여, 2021년 1월 1일부터 미국으로 반드시 돌아갈 필요 없이 영국과 EU 국가 간 항공 화물 운항을 할 수 있게 되었다.

### 제8 자유(Consecutive Cabotage)

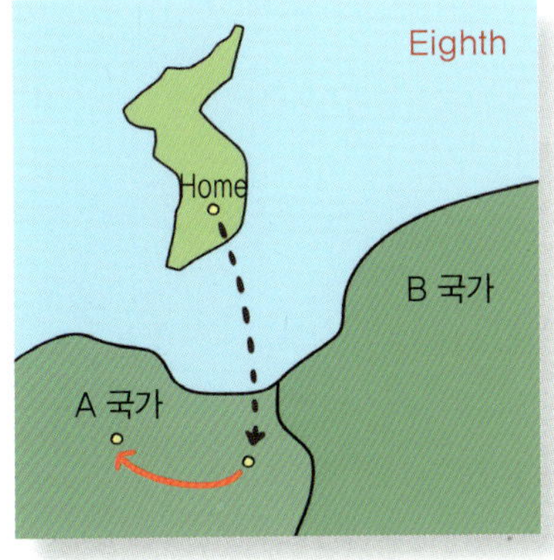


자국에서 출발하여 상대국 영토 밖에서 출발하는 국제선 운송 서비스와 연계하여 상대국 국내 지점 간에 여객, 화물을 수송하는 자유를 말한다. 다시 말해서 상대국의 국내 항공의 자유로, 상대국 국내의 한 지점에서 다른 한 지점으로 여객, 화물을 운반하는 권리이다.

• **예:** 가상의 노선을 설정해 보면, 대한항공 인천/로스앤젤레스/라스베가스 노선에서 순수하게 로스앤젤레스/라스베가스 국내선 구간을 이용하는 승객을 대상으로 미국 국내에서 항공권을 판매하여 운송하는 권리를 말한다.

제8 자유를 허용하는 경우는 드물고, 대부분은 첫 기항지로부터 연장노선으로서의 상대국 국내 구간에 한하여 유상 운송을 허용하고 있다.

### 제9 자유(Stand-alone Cabotage)

상대국 내에서만 운항하며 상대국 내 지점 간의 여객과 화물을 수송하는 자유를 말한다.

• **예:** 대한항공은 2001년 한시적으로 제9 자유를 획득하여 호주 브리즈번-시드니 간 국내 운수권을 획득해 외국 항공사 자격으로 영업하기도 했다.

이후 나오는 **Quiz 4~6번**에서 관련 내용을 복습한다. 

1 FSC를 지칭하는 용어에는 어떤 것들이 있는가? 그 의미도 설명해 보자.

2 LCC를 지칭하는 용어에는 어떤 것들이 있는가? 그 의미도 설명해 보자.

3 신규 항공사가 설립을 위해 증명해야 하는 AOC가 무엇인지 설명해 보자.

4 항공사들의 전략적 제휴에는 어떤 방식이 있는가? 각 종류별로 설명해 보자.

5 항공 국제기구에는 크게 ICAO와 IATA가 있다. 각 기구의 역할을 설명해 보자.

6 시카고 협약에 의해 대두된 '하늘의 자유' 개념을 제1 자유부터 제9 자유까지 설명해 보자.

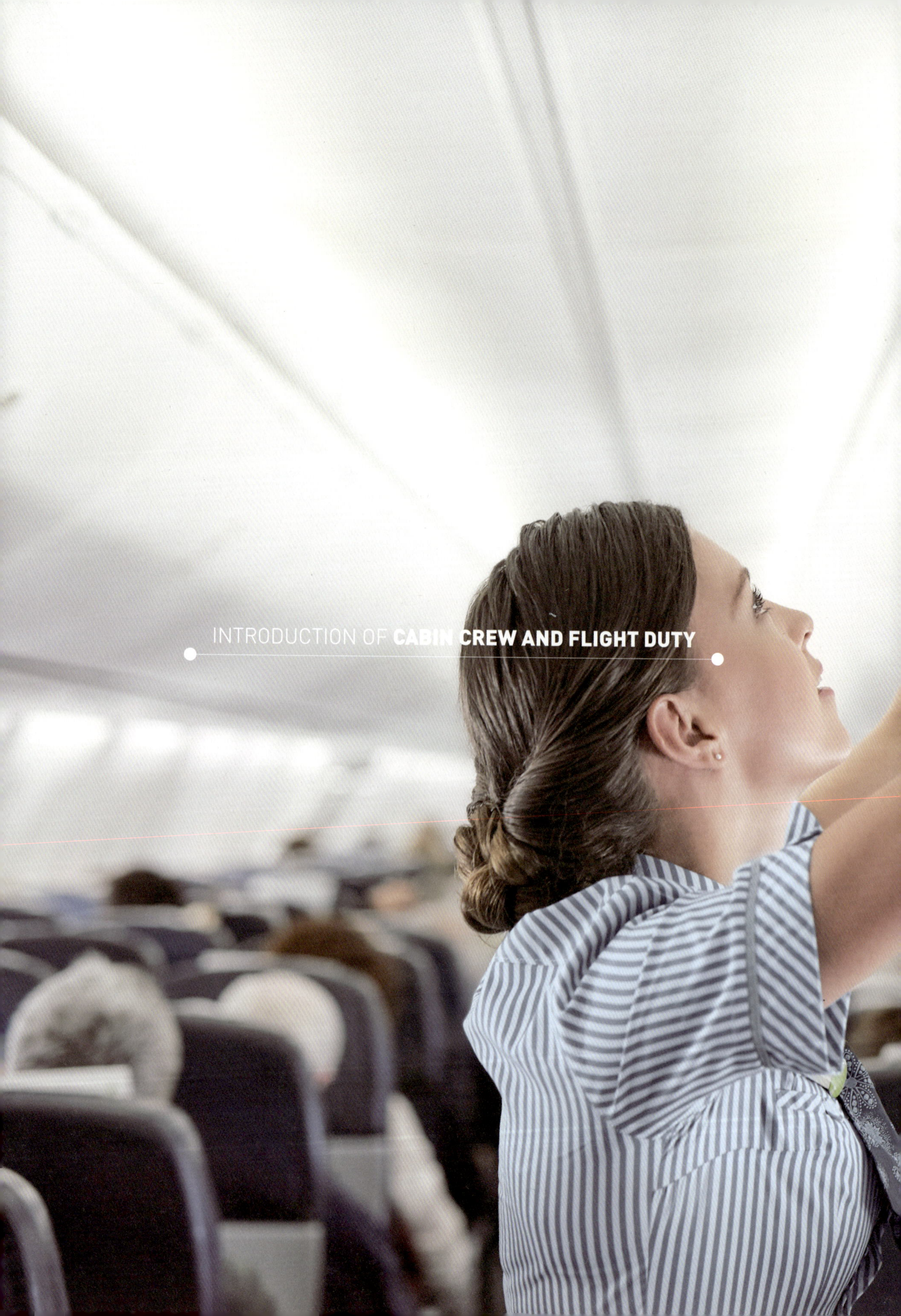
INTRODUCTION OF CABIN CREW AND FLIGHT DUTY

Chapter 3

# 객실 승무원과 업무 개요

**학습 목표**

I. 객실 승무원의 자격을 알 수 있다.

II. 객실 승무원의 업무를 절차별로 수행할 수 있다.

III. 객실 승무원의 업무를 이해할 수 있다.

| NCS 능력단위 명칭 | 능력단위 요소 |
|---|---|
| 객실 승무 관리<br>1203010509_16v2 | **1. 객실 승무원별 근무 배정하기**<br>1203010509_16v2.1 |
| | **2. 운항 · 객실 간 정보 공유하기**<br>1203010509_16v2.2 |
| | **5. 객실 서비스 관리하기**<br>1203010509_16v2.5 |

### 1. 객실 승무원별 근무 배정하기 수행준거

1 객실 서비스 및 객실 안전 규정에 따라 객실 승무원에게 업무를 할당할 수 있다.
2 효율적 서비스를 위해, 노선 특성에 따라 객실 승무원별 업무 배정을 조정할 수 있다.
3 효율적 서비스를 위해, 객실 승무원의 역량을 고려하여 업무 배정을 조정할 수 있다.

### 2. 운항 · 객실 간 정보 공유하기 수행준거

1 객실 서비스 및 객실 안전 규정에 따라 객실 상황을 판단하여, 상급자에게 신속하게 보고할 수 있다.
2 객실 서비스 및 객실 안전 규정에 따라 운항 정보를 공유할 수 있다.
3 객실 서비스 및 객실 안전 규정에 따라 승객 정보를 공유할 수 있다.

### 5. 객실 서비스 관리하기 수행준거

1 승무원 근무 규정에 따라 스페셜 식사는 객실 사무장이 직접 제공하면서 오전달이나 누락이 발생하지 않도록 재확인할 수 있다.
2 객실 서비스 규정에 따라 비행 중 기내 질서 유지 및 쾌적한 휴식환경 조성을 위해 단체 승객에 의한 소란, 소음 등을 항시 점검할 수 있다.
3 객실 서비스 규정에 의해 화장실 청결 상태를 확인하며 비행 중에 발생할 수 있는 안전과 환자 발생에 대한 안전사항을 점검할 수 있다.
4 승무원 근무 규정에 따라 기내 소음에 대한 관리를 할 수 있다.
5 조리실(Galley) 내에서 작업 시, 통로(Aisle)를 걸어 다닐 때, 승무원들 간의 대화, 컴파트먼트(Compartment), 카트(Cart), 캐리어박스(Carrier Box) 등의 문을 열고 닫을 때, 객실 수화물 선반(Overhead Bin)의 손잡이를 열고 닫을 때 등 승무원을 관리 감독할 수 있다.

# 1 객실 승무원의 자격

객실 승무원은 비행 중 항공기의 비상시 필요한 조치를 취할 수 있는 지식과 능력을 갖추어야 하며, 이를 습득하고 유지하기 위해 회사 내규에 명시된 소정의 교육 훈련을 이수하고 합격해야 한다. 교육에는 신입 훈련, 정기 훈련, 재임용 훈련 등이 있다. 또한 객실 승무원은 항공기 탑승 근무에 적합한 신체조건을 유지해야 하며, 그 조건이 미비되거나 미달될 경우에는 승무원 자격이 일시 정지 또는 상실된다.

### 1) 항공법에 명시된 객실 승무원 자격

항공법이란 국토교통부의 항공 관련법 규정이자 최상위법으로, 항공법에서 정의하는 객실 승무원이란 "항공기에 탑승하여 비상 탈출 진행 등 안전 업무를 수행하는 승무원"이다. 이와 같이 객실 승무원은 항공기 비상시 또는 비상 탈출이 요구되는 경우에 항공기에 비치된 비상장비 또는 구급용구를 이용하여 필요한 조치를 취할 수 있는 지식과 능력을 갖추어야 한다.

### 2) 운항기술기준에 명시된 객실 승무원 자격

**운항기술기준(FSR, Flight Safety Regulations)**은 국토교통부의 항공 관련 고시로서 '항공 운송사업, 항공기 사용 사업 및 일반항공'에 적용되는 기준을 말한다. 항공사가 국토교통부로부터 항공 운송면허를 발급받거나 유지하기 위해서는 운항기술기준에 부합하는 객실 승무원 교육을 실시해야 한다.

운항기술기준에 명시된 객실 승무원의 자격을 살펴보면, 객실 승무원은 임무를 수행하기 위해 국토교통부 장관의 승인을 받은 항공사 절차 기본교육과 위험물 훈련, 보안 훈련, 승무원 자원 관리(Crew Resource Management) 과정, 비상장비 훈련, 항공기 지상 훈련을 이수해야 한다. 또 객실 승무원으로서 자격을 취득하고자 하는 자는 객실 승무원 비행실습감독관(Operating Experience Supervisor)의 감독하에 최소한 2편(편도)의 비행에서 객실 승무원으로서 임무를 수행해야 한다.

이상에서 살펴본바, 안전과 관련된 승무원 자격은 국가기관의 법령에 근거한 것이므로 반드시 기준을 충족하도록 해야 한다.

이외에 서비스에 관련한 자격에 대한 개요는 항공사별로 다소 차이가 있으나 대략 다음과 같다. 객실 승무원은 객실 업무 수행을 위한 신입 훈련을 이수하고 심사에 합격해야 하며, 이후 직급과 경력에 따라 정해진 소정의 교육과정을 이수하여 자격을 취득해야 한다.

Marina Lystseva / TASS via Getty Images

## 2 객실 승무원의 교육

각 항공사마다 객실 훈련원 혹은 훈련센터를 두어 객실 승무원의 직급과 직책에 필요한 교육을 개발하고 정해진 시기에 교육을 받을 수 있도록 운영하고 있다. 신입 교육 외에 기성 승무원을 위한 안전 교육과 서비스 직무 교육뿐만 아니라 리더십 교육, 팀장 교육, 팀워크 훈련 등 특정 직책을 수행할 때 필요한 교육과 신기종 도입에 따른 기종 교육 등이 있다.

안전 교육에는 1년에 1회 반드시 이수해야 하는 안전 훈련이 있으며, 이때 비상탈출 훈련, 응급처치 훈련, 화재 진압, 감압 사태 대처 등에 관한 비상 및 안전 교육과 기내 난동 승객 대처를 포함한 항공 보안 훈련 등을 실시한다.

신입 승무원을 대상으로 한 기본 교육에서는 조직인으로서 갖추어야 할 기본 소양과 회사의 비전, 경영철학, 서비스 기본 교육, 항공 운송 산업 전반의 이해, 노무관리와 복지후생에 관한 입사 교육이 실시되며, 이후 본격적인 신입 전문훈련이 이루어진다. 신입 전문훈련은 안전 교육과 서비스 교육으로 나누어 진행된다.

**객실 승무원 교육 종류의 예**

| 신입 교육 | 보수 교육 |
|---|---|
| 입사 교육 | 정기 안전 훈련(CRM, Crew Resource Management 포함)[1] |
| 신입 전문훈련 | 상위클래스 서비스 전문훈련 |
| OJT(On the Job Trainning, 현장 비행 훈련) | 방송 교육 |
| | 휴직 후 재임용 훈련 |
| | 직책별 직무 교육 |
| | 신기종 도입 시 기종 교육 |
| | 팀워크 훈련 / 리더십 훈련 |
| | 국제선 전환 훈련 |

1) CRM(Crew Resource Management, 승무원 자원 관리)은 CHAPTER 7의 '2. 비행 중 안전 업무'를 참조한다.

## ❸ 객실 승무원 및 사무장의 비행 절차별 업무

### 1) 비행 준비부터 터미널 이동 전 업무

| 객실 승무원 | 객실 사무장 |
| --- | --- |
| ❶ 필수 휴대품 확인<br>• ID Card, 여권, 비자, 각종 서류<br>❷ 유니폼 착의, 체류 시 필요한 개인용품 준비<br>❸ Deadheading인 경우, 규정에 맞는 사복 준비<br>❹ 객실 브리핑 준비<br>• 업무 지시 및 공지 확인<br>• 항공기 기종 및 기번, 승객 현황, 승무원 및 기장 명단 확인<br>• Duty 확인<br>• 서비스 절차 확인(메뉴 관련 지식 습득)<br>• 탑승 게이트 확인<br>• VIP, 특별 서비스 요청 승객 탑승 시 주의사항 확인<br>❺ 객실 브리핑 참석<br>❻ 합동 브리핑 참석 | ❶ 필수 휴대품 확인<br>• ID Card, 여권, 비자, 각종 서류<br>❷ 유니폼 착의, 체류 시 필요한 개인용품 준비<br>❸ Deadheading인 경우, 규정에 맞는 사복 준비<br>❹ 객실 브리핑 준비<br>• 업무 지시 및 공지 확인<br>• 항공기 기종 및 기번, 승객 현황, 승무원 및 기장 명단 확인<br>• Duty 최종 조정(방송 담당, 면세품 판매 담당, Taser 확인 담당 등)<br>• 안전 및 보안 규정 재확인<br>• 노선 특성 확인<br>• 탑승 게이트 확인<br>• VIP, 특별 서비스 요청 승객 탑승 사항 확인<br>❺ 객실 브리핑 주관<br>❻ 합동 브리핑 참석 |

#### (1) 객실 승무원

**❶ 필수 휴대품 확인**

객실 승무원의 업무는 항공기에 탑승하기 전 해당 비행을 위한 준비에서부터 시작된다고 할 수 있다. 구체적으로는 비행 근무에 필요한 필수 휴대품 휴대 여부를 확인하는 것이다. 비행 근무를 위해 반드시 휴대해야 하는 신분증(ID Card), 여권과 비자(국제선 승무원), 비행 중 필요한 각종 서식과 서류 등을 준비한다.

*To Be More Professional Crews!*

### 필수 휴대품의 예

**여권**

여권은 소지자의 국적 등 신분을 증명하고 국적국이 소지자에 대해 외교적 보호권을 행사할 수 있는 공문서의 일종으로, 외국을 여행하려는 국민은 여권을 소지할 의무가 있다(여권법 제2조). 각 나라별로 여권의 크기는 같으나 색상이 다양하여 이슬람국가는 초록색, 아프리카는 검은색, 중국과 러시아 등은 붉은색, 미국은 파란색이며, 그 외에 자국 국기의 색상을 반영한 나라 등 총 6가지 색깔로 구별되어 통용되고 있다.

여권의 종류로는 일반 여권(초록색), 관용 여권(붉은색), 외교관 여권(파란색)이 있으며, 1회에 한하여 외국 여행을 할 수 있는 단수 여권과 유효기간 만료일까지 횟수에 제한 없이 외국 여행을 할 수 있는 복수 여권으로 구분할 수 있다(여권법 제4조).

**비자**

비자의 어원은 라틴어의 'vise'로, 이는 '보증하다, 확인하다, 인정하다' 등을 뜻한다. 이러한 의미에서 비자는 외국인에 대한 입국허가 증명으로, 한 개인이 다른 나라에 입국하려면 주재국 영사 등으로부터 여권의 유효성을 검사받고 제출 서류의 진위 여부, 입국 목적의 정당성 등에 대한 증명과 확인을 받아야 한다.

**ID Card**

Identification Card로 회사에서 발급한 신분증을 말한다. 비자는 국제선 업무에 필요한 것으로, 미국 비자의 경우 장기 비자가 발급되어 여권에 비자가 함께 발급되므로 해당 페이지가 분실되거나 훼손되지 않도록 주의해야 한다.

## 2 유니폼 착의, 체류 시 필요한 개인용품 준비

회사 규정에 맞는 유니폼을 착용하고 Lay-over 스케줄인 경우에는 그에 필요한 개인용품을 준비한다.

## 3 Deadheading인 경우, 규정에 맞는 사복 준비

Deadhead(편승) 근무가 있는 경우에는 기내에서 착용할 규정에 맞는 사복을 준비한다.

## 4 객실 브리핑 준비

| 업무 절차 | 내용 |
|---|---|
| 업무 지시 및 공지 확인 | 정해진 시간과 장소에서 실시하는 객실 브리핑에 참석하기 전에 사내 사이트를 통해 회사 공지 및 지시 사항을 확인하고 해당 편 서비스 정보와 안전 관련 매뉴얼 등을 숙지한다. |
| 항공기 기종 및 기번, 승객 현황, 승무원 및 기장 명단 확인 | 객실 브리핑 자료를 열람하여 브리핑 시트에 명시된 항공기 기종, 승객 현황, 특별 승객 탑승 여부, 서비스 정보 및 동승하는 승무원 명단과 기장 명단을 확인한다. |
| Duty 확인 | 본인의 근무 구역과 담당 Jumpseat 등을 확인한다. |
| 서비스 절차 확인 | 해당 비행편의 서비스 절차를 확인하고 기내식 종류와 서비스 방법 등을 확인한다. |
| 탑승 게이트 확인 | 탑승할 항공기가 주기되어 있는 게이트 번호를 확인해 터미널에서 해당 게이트로 이동해야 한다. |
| VIP, 특별 서비스 요청 승객 탑승 시 주의사항 확인 | VIP 승객이나 상용 고객, 유아 동반 승객, 장애 승객, 혼자 탑승한 어린이 승객, 임산부, PET 동반 승객, 기내 특별식 요청 승객 등의 탑승 여부를 확인하고 서비스 시 주의사항 등을 재확인한다. |

## 5 객실 브리핑 참석

정해진 장소와 정해진 시간에 실시되는 객실 승무원 간의 객실 브리핑에 참석한다. 객실 브리핑은 원활한 서비스를 제공하기 위해 이루어지며 사무장이 주관하여 실시한다.

*To Be More Professional Crews!*

### 객실 브리핑과 합동 브리핑

객실 브리핑(Cabin Briefing)은 객실 승무원이 주최가 되어 진행하는 것으로 승무 인원이 변동되거나 기종이 변경되는 경우 추가로 실시한다.

합동 브리핑(Joint Briefing)은 기장이 주관하여 객실 승무원과 운항 승무원, 편승 승무원(동승하는 경우)이 모두 참석하여 진행하며, 주로 기상, 항로, 예약 현황, 화물 탑재 상황 등의 정보를 전달한다.

# 브리핑 자료

## 서비스 절차(Service Procedure)

| Phase | Time | Service Detail |
|---|---|---|
| $1^{st}$ SVC | 15M after Take Off | Amenity Kit, Headphone Child Service Item |
| | | Refreshing Towel, Aperitif |
| | | $1^{st}$ Meal with Beverage |
| | | Entry Documents |
| | | Sales |
| PAX Rest | | Beverage |
| $2^{nd}$ SVC | 7Hours After Take Off | Hot Towel, Aperitif |
| | | $2^{nd}$ Meal with Beverage |
| PAX Rest | | Beverage |
| Preparation for Approaching | 40m Before Landing | Recheck on the Entry Documents |
| | | Beverage Tray |
| | | Headphone Collection |
| Preparation for Landing | 20m Before Landing | Sealing Carts & Locking Galley Compartments |

브리핑 자료에는 이외에도 클래스별 식사 메뉴와 In between Snack 종류 등의 정보가 있으므로 사전에 숙지하여 서비스에 차질이 없도록 해야 한다.

## 브리핑 자료 중 근무 배정과 승객 현황

| | | |
|---|---|---|
| 1 | JB 0901 Gate 23<br>ICN – 〉 CDG (5987 miles)<br>STD: 13:00 (+9) CABIN BRFG 10:50<br>STA: 16:00 (+2) JOINT BRFG 11:20<br>FLT TIME: 10:00 / ACTUAL TIME: | 2021.02.22(MON)<br><br><br><br>G/D 3 P/M 2 C/M 2 |
| 2 | PAX INFO | RSVN: F 2/ C 24 / Y 231 (8/ 28/ 225) |

| | | | | | | | | | | |
|---|---|---|---|---|---|---|---|---|---|---|
| 3 | Nationality | KOR | JPN | CHN | USA | EUR | SEA | MEA | OCN | CIS |
| | | 170 | 3 | 23 | 17 | 1 | | | | 3 |

| | | | | | | | | | |
|---|---|---|---|---|---|---|---|---|---|
| 4 | MMC/MP | SPML | FMLY | UM | WCHR | VOC | BSCT | PREG | CABIN |
| | 5 | 11 | 1 | 3 | 1 | 3 | | | 16 |

| | |
|---|---|
| 5 | CAPTAIN : JO IN SUNG, JUNG WOO SUNG, WON BIN |
| 6 | A/C HL7751(B777-200ER) |

| | | | | | | | |
|---|---|---|---|---|---|---|---|
| 7 | Seat Config<br>8/28/225 | system | IFE(Audio Video) | IVS | PRAM | ISPS | Satellite Phone |
| | | Ex2 | AVOD | F C Y | Y | Y | Wall(L1, L2, L4) |
| | | | | Y Y Y | | | |
| | | | | | | | |

| | | | | | | | | | | | | | | | |
|---|---|---|---|---|---|---|---|---|---|---|---|---|---|---|---|
| 8 | Duty Assignment | | | DP: 조진경 / 67 | | | | Duty Purser confirmed | | | | | | | |
| 9 | DUTY | RANK | TEAM | NAME | J/S | DUTY | RANK | TEAM | NAME | J/S | DUTY | RANK | TEAM | NAME | J/S |
| 10 | FAL | AP07 | 11 | 김진영 | L1 | FAG | AP19 | 23 | 박은채 | R1 | FAR | SS17 | 2 | 이예진 | R1 |
| 11 | CBL | SS15 | 11 | 노수정 | L2 | CBG | SS08 | 45 | 김수현 | L2 | CBR | SS16 | 56 | 유희정 | R2 |
| 12 | YCL | SS19 | 22 | 박세정 | L3 | YCG | AP07 | 22 | 이수진 | R3 | YCR | SS20 | 2 | 이진영 | R2 |
| 13 | YDL | SS17 | 22 | 배성은 | L4 | YDG | PS09 | 22 | 최서현 | L4 | YDR | SS18 | 22 | 김세경 | R4 |
| 14 | YEL | SS18 | 22 | 김연진 | L5 | YEG | PS20 | 22 | 김민철 | L5 | YER | SS17 | 55 | 이지선 | R5 |

| | | | | |
|---|---|---|---|---|
| 15 | Purser's Comment | | | |
| | Ann : | FAR | Ann Monitoring : | ALL |
| | In Flight Sales : | YCG, ALL | Taser : | YBG, FAL |
| | Catering Seal CHK : | FAG CBG YCG YDG | | |

객실 브리핑 시에는 브리핑 자료를 참고하여 근무구역과 Jumpseat, 승객 현황, 기내식 종류, 서비스 절차 등을 확인하며, 위에 제시한 근무 배정과 승객 현황에 대한 내용도 파악해야 한다.

## 브리핑 자료 이해하기

| | |
|---|---|
| 1 | JB 0901 (가상의 편명) Gate 23 (해당 항공기 터미널 게이트 위치) 2021.02.22(MON)<br>ICN – 〉 CDG (5987 miles) (인천과 파리 구간 마일리지)<br>STD: 13:00 (+9) (Scheduled Time of Departure, 스케줄상의 출발시각과 GMT) CABIN BRFG 10:50 (객실 브리핑 시각)<br>STA: 16:00 (+2) (Scheduled Time of Arrival, 스케줄상의 도착시각과 GMT) JOINT BRFG: 11:20 (합동 브리핑 시각)<br>FLT TIME: 10:00 / ACTUAL TIME: (비행시간과 / 실제 비행시간으로 비행 종료 후 기록됨)<br>G/D 3 P/M 2 C/M 2 (각각 서류 필요 개수)[2] |
| 2 | RSVN: F 2/ C 24 / Y 231 (8/ 28/ 225)<br>클래스별 예약 승객 수(클래스별 탑승 인원)로 (F) First Class/ (C) Prestige Class/ (Y) Economy Class를 의미함 |
| 3 | 국적별 탑승 승객 현황<br>KOR (한국) JPN (일본) CHN (중국) USA (미국) EUR (유럽) CIS (독립국가 연합)[3] |
| 4 | 승객 특이사항<br>MMC/MP (상용 고객) SPML (기내 특별식 요청 승객) FMLY (한가족 서비스 신청 승객) UM (비동반 소아)<br>WCHR (휠체어 승객) VOC (고객 제언 이력) BSCT (아기요람 신청 승객) PREG (임산부 승객) CABIN (객실 승무원) |
| 5 | 운항 승무원 이름 |
| 6 | A/C (Aircraft) 기번 |
| 7 | Seat Config: 8/28/225 (항공기 좌석 운영 현황)<br>System: Ex2 (소프트웨어 시스템 타입) IFE (Audio Video): AVOD (기내 오락물 상영 방식이 Audio Video on Demand임)<br>IVS (F, C, Y): YYY (모든 클래스에 개인용 비디오 장착 상태 Yes, No 중 Yes를 의미함)<br>PRAM (Pre Recorded Announcement Module 운용) ISPS (In Seat Power Supply 장착)<br>Satellite Phone: Wall(L1, L2, L4) (위성 전화 장착 위치) |
| 8 | DP (Duty Purser, 직급과 별개의 직책으로서의 객실 사무장을 의미함)<br>Duty Purser confirmed (객실 사무장이 근무 할당에 대해 확인함) |
| 10 | FAL (F 클래스 A Zone L Side 담당) AP07 (2007년 AP 진급자) 11 (11번 팀) L1 (Jumpseat 위치 L1) |
| 11 | CBL (C 클래스 B Zone L Side 담당) SS15 (2015년 입사자) 11 (11번 팀) L2 (Jumpseat 위치 L2) |
| 12 | YCL (Y 클래스 C Zone L Side 담당) SS19 (2019년 입사자) 22 (22번 팀) L3 (Jumpseat 위치 L3) |
| 13 | YDL (Y 클래스 D Zone L Side 담당) YDG (Y 클래스 D Zone Galley 담당) YDR (Y 클래스 D Zone R Side 담당) |
| 14 | YEL (Y 클래스 E Zone L Side 담당) |
| 15 | 사무장 코멘트 (업무별 담당자 지정) |

2) CHAPTER 3의 '4) 승객 탑승 시점부터 이륙 전'에서 '(2) 객실 사무장'을 참조한다.

3) CIS란 독립국가연합(Commonwealth of Independent States)으로 1991년까지 구소련 연방의 일원이었던 독립국가를 말한다.

To Be More Professional Crews!

## 출·도착 시각의 표시와 시차

### 출 · 도착 시각의 표시

- STD: Scheduled Time of Departure, 스케줄상 공표된 항공기 출발시각
- STA: Scheduled Time of Arrival, 스케줄상 공표된 항공기 도착시각
- ETD: Estimated Time of Departure, 예상되는 항공기 출발시각
- ETA: Estimated Time of Arrival, 예상되는 항공기 도착시각
- ATD: Actual Time of Departure, 실제 항공기 출발시각
- ATA: Actual Time of Arrival, 실제 항공기 도착시각

### 출발지와 도착지 시차의 이해

GMT는 Greenwich Mean Time의 약자로, 잉글랜드의 그리니치에 있는 구 왕립천문대를 지나는 경도 0°에서의 평균 태양시를 기준으로 하며, 이 경도를 그리니치 자오선이라 한다.

그리니치를 기준으로 동쪽 경도에 위치한 국가일수록 GMT가 (+)로, 서쪽 경도에 위치한 국가일수록 GMT가 (−)로 산정된다. 예를 들어 한국은 GMT +9:00로 표준시간보다 9시간이 더 빠른 시간이 적용된다.

리우데자네이루가 GMT −3, 베를린이 GMT +1, 한국은 GMT +9로 리우데자네이루와 한국의 시차는 12시간이며 베를린이 리우데자네이루보다 4시간이 더 빠르다.

객실 승무원은 각 도착지 국가의 GMT를 확인하고 항공기 도착 시 현지시각과 한국시각의 시차를 정확히 계산하여 승객 응대가 필요한 경우 안내하며, 현지 휴식 후 근무 시각 시점에 혼선을 빚는 일이 없도록 주의해야 한다.

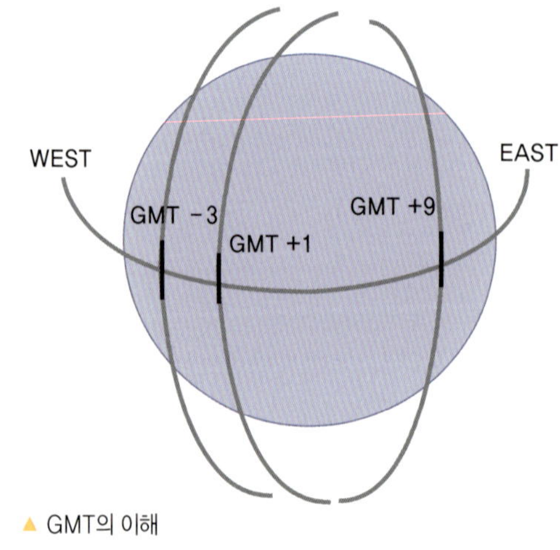


▲ GMT의 이해

브리핑 자료에 명시된 Rank는 객실 승무원의 직급을 의미하며, 직급체계는 다음과 같다. 객실 승무원의 직급체계 중 체류연한은 항공사별로 상이하다.

**객실 승무원 직급체계의 예**

| Rank | | 직급명 | 일반직 직급명 | 체류연한 |
|---|---|---|---|---|
| CP | Chief Purser | 수석 사무장 | 부장 | 제한이 없음 |
| SP | Senior Purser | 선임 사무장 | 차장 | 4 |
| PS | Purser | 사무장 | 과장 | 4 |
| AP | Assistant Purser | 부사무장 | 대리 | 3 |
| SS | Stewardess | 여 승무원 | 사원 | 3 |
| SD | Steward | 남 승무원 | | |
| 인턴 승무원 | Stewardess | 여 승무원 | 인턴 | 2 |
| | Steward | 남 승무원 | | |

현지 여 승무원은 항공사가 취항하는 국가의 취항지에 거주(현지 국적)하는 여 승무원을 말하며, 기내에서 현지인과의 통역과 기내 방송 등을 전담한다.

**현지 여 승무원(R/S, Regional Stewardess) 직급체계의 예**

| Rank | | 체류연한 |
|---|---|---|
| CR | Chief Supervisor | 제한이 없음 |
| PR | Supervisor | 5 |
| SR | Senior | 3 |
| JR | Junior | 3 |

직책이란 직급체계와 달리 직무상의 책임을 말하는 것으로, AP 직급자가 비행 스케줄에 따라 국제선에서 일반 승무원 직무를 수행하기도 하고 국내선에서 사무장의 직무를 수행하기도 한다.

반면에 직급이란 직무의 등급을 말하는 것으로, 일의 종류나 난이도, 책임도 따위가 상당히 비슷한 직위를 한데 묶은 최하위의 구분이다. 동일한 직급에 속하는 직위에 대해서는 임용자격, 시험, 보수 따위의 인사행정에 있어 동일한 취급을 할 수 있다.

**객실 승무원의 비행 근무 시 승무 직책**

| 국제선 | 국내선 |
|---|---|
| 객실 사무장 | 객실 사무장 |
| 객실 부사무장 | |
| 일반 승무원 | 일반 승무원 |
| 현지 여 승무원 | |

앞에 견본으로 제시한 브리핑 자료에 의하면 R1, R2, L2, L4 등에 각각 2명의 승무원이 배정되어 있다. 이런 경우에는 Jumpseat이 2인석이며, 하나의 Jumpseat 착석 위치는 다음 그림과 같이 구분한다. L1R은 L1 중 오른쪽 Jumpseat 좌석을, L1L은 L1 중 왼쪽 Jumpseat 좌석을 가리킨다.

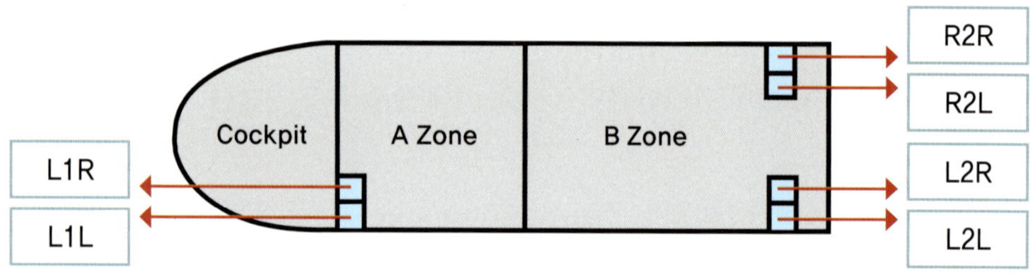


▲ 2인 착석 가능한 Jumpseat 구분의 예

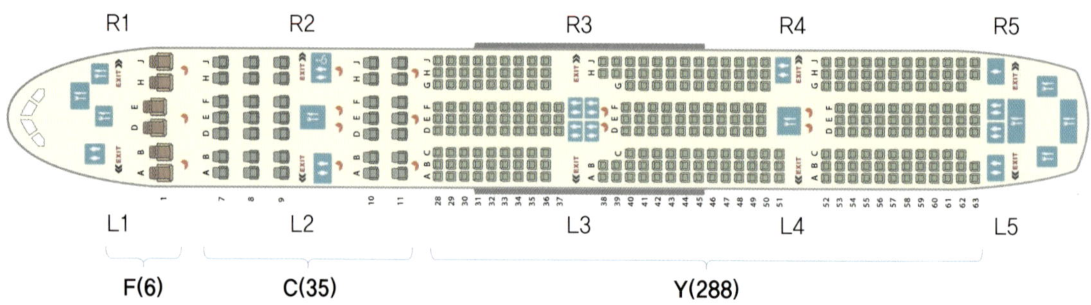


▲ 항공기 클래스별 좌석 운영 F/C/Y(6/35/288)와 비상구 위치

### 6 합동 브리핑 참석

합동 브리핑은 해당 편 기장이 주관하여 최신 승객 탑승 정보를 포함하여 비행시간, 고도, 항로 및 기류 이상 여부 등을 브리핑하는 것을 말한다. 대한항공의 경우 인천 출발 국제선 비행의 합동 브리핑 시간은 브리핑실에서 하는 경우 출발시각(STD) 1시간 35분 전에 실시하고, Shipside 또는 항공기 탑승 후 객실 전방에서 하는 경우 출발시각(STD) 45분 전에 실시한다.

기장과 조종실 출입 절차에 대해 논의하여 조종실 문 노크 횟수를 정하거나 별도로 지정한 방법을 적용할 수 있다. 또한 비상사태 발생 시 조종실과 객실 간 의사소통 방법에 대한 논의 등도 함께 진행한다.

조종실에는 해당 항공편에 출입이 인가된 사람, 즉 기장, 승무원, 정비사, 운송 관련 직원 외에는 출입이 불가하며 출입인가 서류를 소지한 경우에 한하여 가능하다. 객실 승무원은 조종실 출입인가 서류(국토교통부 발행의 항공기 출입 요구서, 항공사 발행의 탑승 허가서)를 소지하고 출입 의사를 밝히면 인가 서류와 신분증 확인 후 기장에게 연락하여 출입 허가를 받는다.

조종실 출입 절차

| 비행 중 진입 절차 | 비행 중 복귀 절차 |
|---|---|
| 인터폰으로 조종실 입장 가능 여부를 확인한다. | 진입해 있던 승무원이 조종실 외부에서 대기 중인 승무원에게 인터폰으로 연락하여 조종실 문 앞의 커튼을 닫도록 하여 승객들에게 노출되지 않도록 한다. |
| 조종실 출입 전 조종실 근처에 승객이 있는지 확인한다. | 내부에 있던 승무원은 조종실 문의 카메라를 통해 외부 상황을 파악한 후 문을 개방한다. |
| 승객이 없는 경우에 한하여 조종실 앞 커튼을 닫아 출입 장면이 노출되지 않도록 하며, 합동 브리핑 시 약속한 출입 방법에 따라 노크를 한 후 Keypad에 Normal Access Code를 입력한다. | |
| 조종실을 출입하는 승무원 외에 1명의 승무원이 객실 쪽을 향하여 서서 출입 절차가 마무리될 때까지 대기한다. | |
| 조종실 내부로 들어가는 즉시 조종실 문을 닫는다. | |
| 운항 승무원이 조종실에서 출입을 하는 경우에도 객실 승무원의 도움을 받아 위와 같은 절차를 준수한다. | |
| A380 항공기의 경우에는 조종실 진입 시 추가 장착된 문(Cockpit Privacy Door)을 비행 중에는 항상 닫아 두고 이·착륙 시에만 열어 두도록 되어 있다. 또한 승객 탑승 시와 하기 시에는 닫아 두어 보안을 철저히 한다. | |

별지 제8호 서식 : 항공기출입요구서

국토교통부
Ministry of Land, Infrastructure and Transport
Republic of Korea

**항공기출입요구서**
**REQUEST FOR ACCESS TO AIRCRAFT**

발급번호 제OP- 호

이 항공기출입요구서를 소지한 자는 항공안전법 제77조 및 제132조와 운항기술기준 8.1.8.11의 규정에 의하여 항공기의 조종실출입 공무수행자임을 증명합니다.
Pursuant to the Aviation Act and Flight Safety Regulations, access to aircraft is requested for the person herein named

□ 항공기 탑승 □ on a must fly / □ 관찰 · 점검좌석제공 □ space available basis from

| 검사관 성명 Inspector's name | | 검사관 소속 · 직급 Inspector's Title | | 증명서 번호 Credential No. | |
|---|---|---|---|---|---|
| 항공사명 Name of Operator | | | | | |
| 검사일자 Date | | 시간 Time | | 비행편명 Flight No. | |
| 점 검 노 선 THE ROUTE(S) TO BE FLOWN | | | | | |
| From | | To | | 검사관 서명 Inspector's Signature | |
| From | | To | | | |
| 목적 Purpose | | | | | |

년 월 일

국토교통부장관 또는 지방항공청장 (직인)

▲ 항공기출입요구서의 예

그리고 사진에 보이는 Cockpit Privacy Door와 Cockpit Door 사이에 운항 승무원 전용 Rest Compartment와 화장실이 설치되어 있으며, 필요시 운항 승무원에게 확인해 일등석 승객이 이곳의 전용 화장실을 이용할 수 있다.

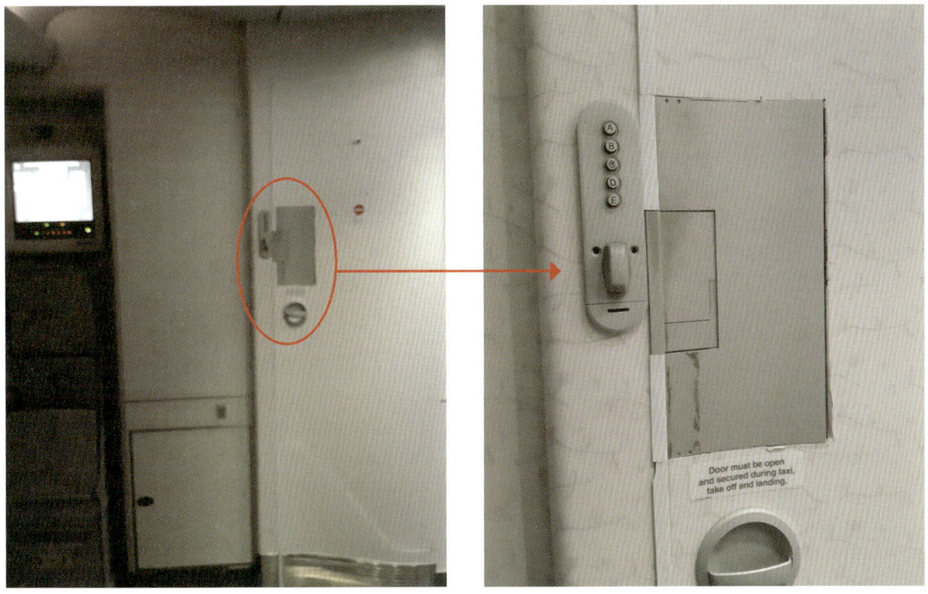

▲ A380 항공기의 A Zone 최전방에 위치한 Cockpit Privacy Door의 비행 중 모습

객실 승무원은 항공기로 이동하기 전까지 필수 휴대품 휴대 확인에서부터 브리핑까지 비행 근무를 위해 숙지해야 할 사항이 많으므로 충분한 시간을 두고 비행 준비를 해야 한다.

### (2) 객실 사무장

#### 1 필수 휴대품 확인(ID CARD, 여권, 비자, 각종 서류)

객실 승무원과 동일하게 필수 휴대품의 휴대 여부를 확인해야 한다. 객실 사무장이 소지하고 비행해야 하는 각종 서류를 회사에서 준비해야 하는데, 이러한 서류에는 항공기 보안 점검 체크리스트, Cleaning Coupon, 목격자 진술서, 습득물 인수인계서 등이 있다.

항공기 보안 점검[4] 체크리스트는 모든 비행 출발 전에 항공기 안전과 보안 점검을 실시하여 기장의 서명을 받은 후 항공기 출발 전에 지상 직원에게 전달해야 하는 서류이다. 목격자 진술서는 비행 중 승객 상호 간 혹은 승무원 사이에 문제가 발생한 경우에 제3자인 승객에게 작성을 의뢰하는 진술서로, 매 비행에 필요하지는 않으나 항공기 내에 탑재되는 서류가 아니므로 객실 사무장이 회사에서 준비해야 한다. 습득물 인수인계서는 비행 중 발견한 물건에 대해 소유자가 없는 경우에 지상 직원에게 습득물과 함께 인계하는 서류이다.

4) 〈To Be More Professional Crews!〉의 '항공기 보안'을 참조한다.

CLEANING COUPON

PASSENGER NAME:
MR
MRS/MS

FLIGHT NO:
DATE:
LEG:

NAME OF
CABIN ATTENDENT

№ 033116

CLEANING COUPON

Pease accept our sincere apologies for the inconvenience you encountered. As an expression of our good-will we should like to reimburse you for the laundry expense incurred. Please call at any KOREAN AIR office at your earliest convenience with this cleaning coupon. We do not require any laundry bill or receipt for your expense if the amount paid be less than U.S. $ 10.00

불편을 끼쳐드려 죄송합니다.
동 Cleaning Coupon 은 가까우신 대한항공 지점 어디에서나 미화 10불에 상당하는 금액을 지급 받으실 수 있으며, 공항에 도착시 지상직원에게 요청하셔도 지급이 가능합니다.

KOREAN AIR

№ 033116

PASSENGER NAME :
MR
MRS/MS

FLIGHT NO:
DATE:
LEG:

NAME OF
CABIN ATTENDENT :

SIGNATURE

▲ Cleaning Coupon

To Be More Professional Crews!

### 항공기 보안

항공기 보안 점검은 비행 전 비상장비와 보안장비 점검 시에 함께 실시한다. 보안 점검이 모두 완료되면 객실 사무장은 '항공기 보안 점검 체크리스트'에 이상 없음을 표시하고 서명하여 기장 사인을 받는다.

| 항공 보안 단계 | | |
|---|---|---|
| Alert 3 | 주의 단계 (Yellow) | 보안의식 고취와 관심이 필요한 단계로, 위협정보는 없으나 허위 위협이나 합법적 시위 등이 있는 경우 |
| Alert 2 | 경계 단계 (Orange) | 정치 · 사회적 불안 사태, 폭파 위협 등으로 항공기 안전 운항을 위한 보안 대책이 필요한 경우 |
| Alert 1 | 심각 단계 (Red) | 항공기와 공항 등에 테러 공격, 항공기 납치, 전쟁, 폭동 등 위험이 있으며 최고 수준의 항공 안전 운항을 위한 보안 대책이 필요한 경우 |

항공 보안 단계는 나라별 보안 상태에 따라 단계가 정해지는 것으로, 목적지 보안 단계에 맞는 보안 활동을 해야 한다.

## 2 유니폼 착의, 체류 시 필요한 개인용품 준비

객실 승무원의 업무와 동일하므로 관련 내용(p. 71)을 참조한다.

### 3 Deadheading인 경우, 규정에 맞는 사복 준비

객실 승무원의 업무와 동일하므로 관련 내용(p. 71)을 참조한다.

### 4 객실 브리핑 준비

객실 사무장은 객실 승무원의 일반적인 업무 외에 추가적인 업무가 있는데, 그중 하나가 Duty 부여이다. Duty 부여란 항공기별로 승객 탑승률에 따른 승무원 배정 인원이 정해져 있는데 그 기준에 맞추어 근무구역별로 담당 승무원을 적절히 배치하는 것을 말한다.

각 클래스별로 Galley 담당, Aisle 담당, 방송 담당, 기내 면세품 판매 담당, 비살상 전기 충격기(Taser) 탑재 유무와 보관을 책임지는 담당 승무원, 국내 K 항공사의 경우 기내 판매 전시장 담당, A380 항공기 셀레셜 바(Celestial Bar) 담당 등을 배정하는 것을 포함한다.

*To Be More Professional Crews!*

#### 비살상 전기 충격기(Taser)

비살상 전기 충격기는 항공기 운항 중 승객이나 승무원의 생명 또는 신체의 긴급한 위험이 있을 경우나 항공기 비행 안전 유지가 어려워 긴박한 상황에서 승객의 안전을 위해서 사용할 수 있도록 항공기에 탑재하고 있으며, 전 승무원을 대상으로 사용법을 교육하고 있다. 승객이나 승무원의 생명 또는 신체의 긴급한 위험이 있을 경우나 항공기 비행 안전 유지가 어려운 상황인 경우에만 사용이 가능하며, 사용 시 유의할 점이 있으므로 각별히 신중하게 사용해야 한다.

사용 전에는 카트리지가 제대로 장착되어 있는지, 협조자가 있는지, 난동 승객을 제압할 포박장비가 준비되었는지, Taser 적정 사거리인 2~3미터가 확보되는지 확인해야 한다.

Taser 관리를 책임지는 담당 승무원은 2인 1조로 구성하고 Taser 사용은 Taser 사용에 대한 교육을 받은 경우에 한하여 가능하며, 대한항공의 경우 전 승무원이 교육을 이수하도록 되어 있다. A380 기종은 2대와 Catridge 6개가 탑재되어 운영되고 있다.

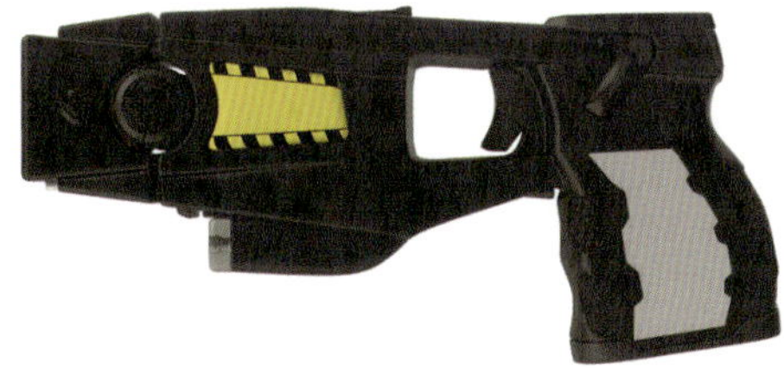

▲ 비살상 전기 충격기(Taser)

## 5 객실 브리핑 주관

정해진 시간과 장소에 모인 객실 승무원의 참석 여부를 확인해 결원이 있는 경우 회사에 연락하여 조치하며, 동승하는 승무원 간에 원활한 의사소통으로 최적의 서비스가 되도록 당부하고 브리핑에 필요한 정보를 공유한다. 노선별 특성과 안전 및 보안 규정을 재강조하고 담당구역별 서비스 절차를 재확인하는 것 등을 포함한다.

## 6 합동 브리핑 참석

해당 편 기장이 주관하며 기장과 조종실 출입 절차에 대해 논의하여 조종실 문 노크 횟수를 정하거나 별도로 지정한 방법을 적용할 수 있다. 또한 비상사태 발생 시 조정실과 객실 간 의사소통 방법에 대한 논의 등도 함께 진행한다.

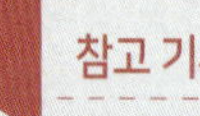

### 대한항공, 테이저건 2002년부터 항공기 보안용으로 도입 운용 中[5)]

현재 대한항공은 2002년부터 테이저건을 도입 운영 중이며, … 항공기 특징상 좌석이 많고 천장이 낮은 항공기 내에서 8도의 각도로 상하 2개의 전자침이 발사되는 테이저건을 사용하기 위해서는 최소 2~3미터의 개방된 공간이 필요한데, 테이저건을 사용할 만큼 급박한 상황에서는 안전하게 사용하는 데 어려움이 있어 승무원 교육과 별개로 운영이 쉽지 않은 한계가 있다.

이후 나오는 **Quiz 1~7번**에서 관련 내용을 복습한다. 

5) 출처: 뉴데일리 기사(2017.02.03.)에서 인용. http://www.newdaily.co.kr/site/data/html/2017/02/02/2017020200069.html

### 2) 터미널 업무

| 객실 승무원 | 객실 사무장 |
| --- | --- |
| **1** 회사에서 터미널로 이동(Shuttle Bus 탑승)<br>**2** 위탁 수화물 처리<br>**3** Deadheading이거나 Jumpseat이 아닌 일반 좌석에 앉아 이 · 착륙해야 하는 경우에는 직원용 발권 데스크에서 좌석을 배정받는다.<br>**4** C.I.Q 통과<br>**5** 항공기가 주기 중인 Gate 확인 후 이동 | |

터미널 업무는 객실 승무원과 객실 사무장이 공통으로 수행한다. 절차별로 설명하면, 객실 승무원과 객실 사무장은 객실 브리핑과 합동 브리핑을 마친 후 회사 셔틀 버스를 이용하여 터미널로 이동한다. 이때 터미널까지의 이동 시간을 감안하여 버스 운영 시각을 확인하고 신속하게 이동한다. 직원용 발권 데스크에서 기내 반입 규정에 제한이 되는 짐은 위탁 수화물로 처리한다.

해당 항공편에 Deadheading으로 탑승하거나, Jumpseat이 아닌 일반 좌석(장착된 Jumpseat 개수를 초과하는 승무원 인원이 탑승하는 경우)에 앉아 이·착륙을 해야 하는 경우에는 직원 전용 발권 데스크에서 좌석을 배정받는다.

위탁 수화물 처리와 필요시 좌석 배정을 받은 후 승무원 전용 입국장을 이용하여 보안 점검을 받고 승객과 동일하게 C.I.Q 절차를 밟는다. 승객 탑승 시각을 감안하여 신속하게 항공기가 주기 중인 Gate를 찾아 항공기로 이동한다.

### 3) 승객 탑승 전 업무

| 객실 승무원 | 객실 사무장 |
| --- | --- |
| **1** 승무원 짐 정리<br>**2** 객실 점검<br>• 비상 및 보안장비 점검 및 보고<br>• 기타 서비스 장비 및 설비 점검 (갤리 장비, 화장실, Bunk)<br>• 청소 상태 확인 이상 시 보고<br>**3** 서비스 용품 점검<br>• 서비스 용품 확인 후 부족 시 보고 (소모품, 기내식, 기물, 특별식 확인) | **1** 승무원 짐 정리<br>**2** 객실 점검<br>• 비상 및 보안장비 점검 및 보고<br>• 기타 서비스 장비 및 설비 점검<br>• 청소 상태 최종 확인<br>• CL(Cabin Log) 기록 사항 확인 및 조치 결과 확인<br>**3** 서비스 용품 최종 점검<br>• 서비스 용품 확인 후 부족 시 조치 |

| 객실 승무원 | 객실 사무장 |
|---|---|
| **4** IFE(In-Flight Entertainment) 시스템 점검<br>• 안전 영상 및 IVS 작동 상태 확인<br>• PA 상태 모니터링<br>• 방송 담당자는 PA 테스트 방송 실시<br>**5** Potable Water 탑재량 보고<br>• Indicator가 객실 후방에 설치된 기종의 경우<br>**6** 승객 탑승 시각을 감안하여 지상 서비스 준비<br>• 화장실 정리<br>• 상위클래스: 음료, 편의용품, 헤드폰, 코트룸 정리 등<br>**7** 탑승 인사 Position 대기<br>• 정복 착용 | • 특별식 탑재 최종 확인<br>**4** IFE(In-Flight Entertainment) 시스템 점검<br>• 안전 영상 및 IVS 작동 상태 확인<br>• PA 상태 모니터링<br>• BGM(Back Ground Music) 확인<br>• PRAM(Pre-Recorded Announcement Module) 확인<br>**5** 객실 조명 확인<br>**6** Potable Water 탑재량 확인<br>**7** 승객 탑승 시각 기장과 협의<br>**8** 탑승 인사 Position 대기<br>• 정복 착용<br>**9** BGM 재생 |

### (1) 객실 승무원

#### 1 승무원 짐 정리

브리핑 자료와 객실 브리핑을 통해서 해당 Gate에 주기 중인 항공기에 탑승하여 각자 휴대 수화물을 정리한다. 승객 선반에 너무 많은 승무원 짐을 올리지 않도록 주의하고, 선반에 탑재된 담요 및 여분의 서비스 용품 등으로 해당 승객의 짐 보관이 어렵지 않도록 적절히 분산 배치하도록 한다. 회사에서 준비한 비행 중 필요한 서류 등은 갤리 등에 별도로 보관하고 개인 짐을 신속히 정리한다.

승무원 짐은 승객과 동일하게 우선적으로 첫째, 선반 둘째, 도어가 장착된 코트룸 셋째, Restraint Bar(막음장치)가 설치된 좌석 하단에 보관이 가능하다.

#### 2 객실 점검

아래에 열거되는 객실 내 모든 사항을 점검한 후, 이상이 있는 경우 사무장에게 보고하여 조치되도록 한다.

■ **비상 및 보안장비 점검 및 보고**

승무원 각자의 개인 짐 정리를 마친 후 해당 Jumpseat 주변의 비상장비와 보안장비 점검을 하며, 이상이 있는 경우 신속히 보고하여 승객이 탑승하기 전에 조치되도록 한다.

▲ Jumpseat 하단의 비상장비 점검의 예

▲ Jumpseat 주변의 비상장비 점검의 예

■ **기타 서비스 장비 및 설비 점검**

비상 및 보안장비 점검을 마친 후 갤리 장비, 화장실, Bunk 등 서비스 장비와 설비 등의 정상 작동 여부를 확인한다.

■ **청소 상태 확인 이상 시 보고**

화장실, Bunk, 커튼 등을 포함한 모든 객실 내 청소 상태를 확인해 미흡한 곳은 추가 청소가 실시되도록 조치해야 한다.

### 3 서비스 용품 점검

서비스 용품에는 소모품, 기내식, 기물, 기내 특별식 등이 있으며, 해당 클래스별로 필요한 서비스 용품이 적절하게 탑재되었는지 확인한다. 브리핑 자료에 명시된 각 클래스별 기내식 및 서비스 절차에 따라 필요한 서비스 용품의 종류와 탑재량을 신속히 확인하고 이상 시 보고하여 조치되도록 한다.

### 4 IFE(In-Flight Entertainment) 시스템 점검

■ **안전 영상 및 IVS 작동 상태 확인**

IFE(In-Flight Entertainment) 시스템을 점검하기 위해 사무장이 안전 비디오 등을 상영하면 객실 승무원은 해당 근무구역의 좌석에 장착된 개인용 모니터(IVS, Individual Video System)에 안전 영상이 제대로 재생되는지 확인한다.

#### ■ PA 상태 모니터링

승객 탑승 전 방송 담당자는 PA(Public Address) 상태를 확인하기 위해 모니터링 방송을 하고, 해당 편 승무원은 객실로 나와 방송 상태를 점검한다. 이상이 있는 경우 방송 상태를 알려 주어 최상의 방송이 되도록 협조한다.

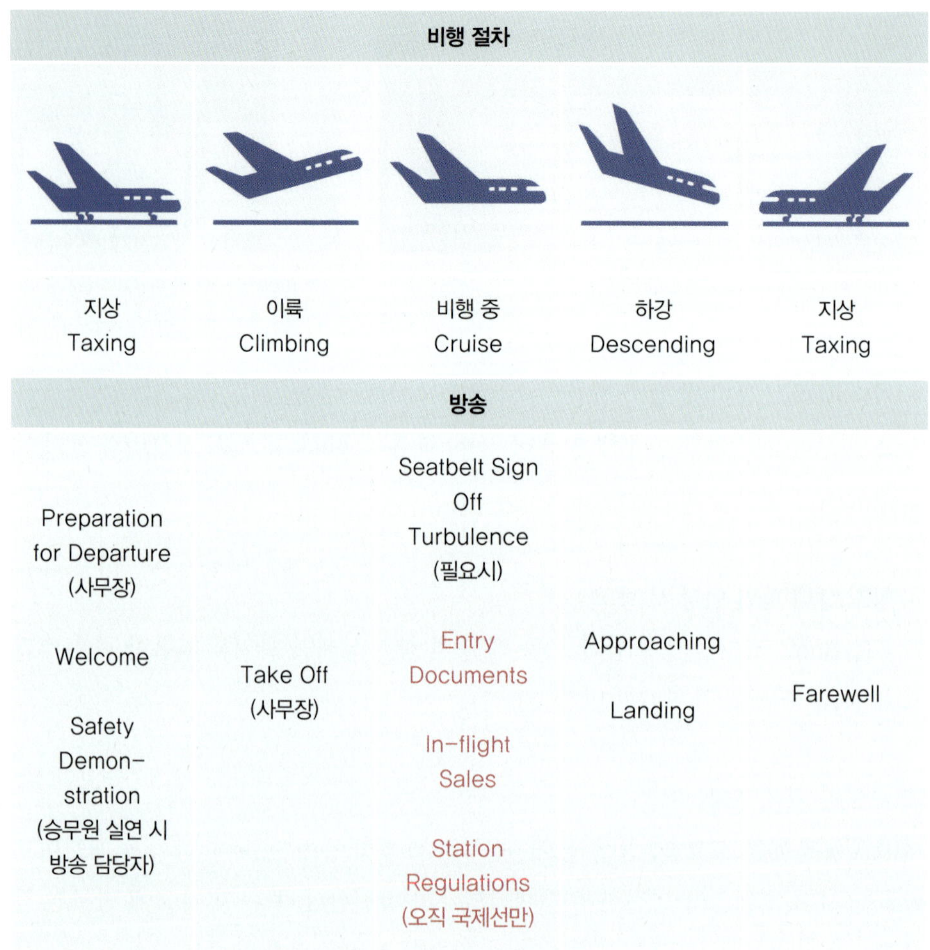

| 비행 절차 | | | | |
|---|---|---|---|---|
| 지상<br>Taxing | 이륙<br>Climbing | 비행 중<br>Cruise | 하강<br>Descending | 지상<br>Taxing |
| **방송** | | | | |
| Preparation for Departure (사무장)<br><br>Welcome<br><br>Safety Demon-stration (승무원 실연 시 방송 담당자) | Take Off (사무장) | Seatbelt Sign Off<br>Turbulence (필요시)<br><br>Entry Documents<br><br>In-flight Sales<br><br>Station Regulations (오직 국제선만) | Approaching<br><br>Landing | Farewell |

> *To Be More Professional Crews!*
>
> **PA**
>
> Public Address를 말하는 것으로 Jumpseat 주위와 갤리, Bunk, 조종실 내에 장착된 Handset을 이용한 방송을 의미한다.

## 5 Potable Water 탑재량 보고

Potable Water의 탑재량을 보고한다는 것은 항공기 기종과 운항하는 노선 그리고 승객 예약 상황에 따른 정해진 Water 탑재량을 참고하여 항공기에 실제 탑재된 Potable Water 양을 확인해 보고하는 절차를 말한다. 예를 들어 A380 항공기 예약이 80% 이상 이루어진 경우, 비행시간을 기준으로 6시간 미만인 노선은 Potable Water 탑재가 60%, 비행시간이 10시간 이상인 노선은 100% 되어 있는지 확인하는 것이다.

소형기종인 경우 탑재량이 표시된 Indicator가 사무장 근무구역이 아닌 객실 후방에 설치되어 있기도 하는데, 이 경우에는 객실 후방에 근무하는 승무원이 Indicator를 확인하고 보고하도록 되어 있다.

▲ Potable Water 탑재 모습

▲ Potable Water 호스 연결 모습

## 6 지상 서비스 준비

필요한 일체의 점검을 마치고 이륙하기 전에 지상 서비스를 위한 제반의 준비를 해야 한다. 국내선 지상 서비스로는 환영 인사, 좌석 안내, 기내 휴대 수화물 보관 협조, 의복 보관(상위클래스)이 일반적이다.

국제선 지상 서비스로는 상위클래스인 경우 자켓 보관과 편의용품 전달, 헤드폰과 슬리퍼 서비스, Welcome Drink 서비스가 있으며, 일반석인 경우 안전에 지장이 없는 범위 내에서 헤드폰 서비스가 이루어진다.

이외에도 승객이 탑승하기 전에 화장실을 정리하기 위해 화장품을 세팅하고 화장실 용품이 충분히 준비되어 있는지 확인한다.

코트룸은 승객 의복을 보관하는 곳이므로 청결 상태를 확인하고 의복 보관 시 구겨지지 않도록 충분한 공간을 확보하고 옷걸이와 옥걸이 Tag을 정리해 둔다.

### 7 탑승 인사 Position 대기

승객 탑승은 국제선의 경우 출발시각 30분 전에 이루어지므로 비상 및 보안장비 점검부터 지상 서비스 준비까지 신속하게 하여 무엇보다 정시 운항이 되도록 노력하는 것이 중요하다.

사무장이 승객 탑승이 시작됨을 알리면, 탑승구에서 환영 인사를 하는 승무원은 탑승구에서 대기하고 그 밖의 승무원은 해당 근무구역에서 정복을 착용하고 환영 인사 및 좌석 안내를 위해 대기한다.

## (2) 객실 사무장

### 1 승무원 짐 정리

객실 승무원과 동일한 기준으로 개인 휴대 수화물을 정리한다.

### 2 객실 점검

비상 및 보안장비, 서비스 장비, 각종 설비, 청소 상태 등에 이상이 있는 경우, 조치한다. 객실 사무장은 항공기 탑승 후 CL(Cabin Log, 비행 일지)을 점검하여 설비 이상 여부와 수리 여부를 확인해야 한다.

*To Be More Professional Crews!*

#### CL과 FL

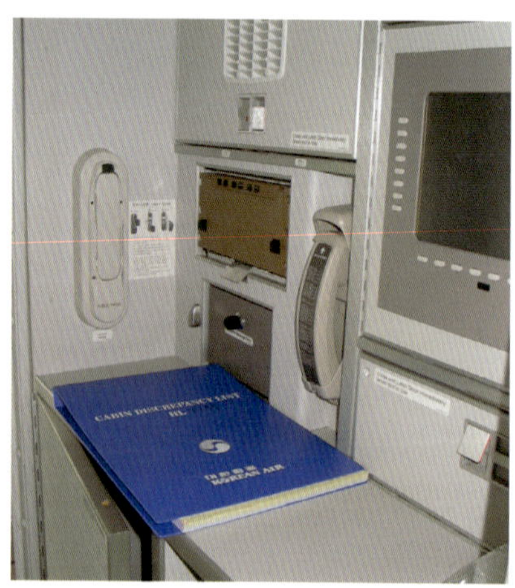

▲ 객실 사무장이 확인하는 CL의 모습

CL은 Cabin Log로 객실 설비 고장이나 정상이 아닌 부분이 발견되면 정비를 위해 기록하는 장부로, 정비사와 사무장이 참고한다. 객실 사무장은 항공기 탑승 후 CL을 참고하여 설비 이상 여부와 수리 여부를 확인한다.

반면 FL(Flight Log)은 정비사와 운항 승무원이 참고하여 작성하는 일지로 조종실에 비치한다.

CL이 객실 정비에 관한 일지라면 FL은 객실 외 항공기 정비에 관한 비행 일지이다.

# 기내식 및 서비스 용품 탑재 확인서

편명 :
A/C:　　　　　　　　　　　　　　　　　　　　HL NO:
날짜:

| 구분 | Class | Normal Meal | | Special Meal | |
|---|---|---|---|---|---|
| 기내식 | | Out Bound | In Bound | | |
| | FR | 3 | 2 | | |
| | PR | 14 | 25 | MOML 1 | |
| | EY | 221 | 256 | HNML 2 | CHBUL 2 |
| | | | | MOML 1 | GFML 1 |
| | | | | KSML 1 | VLML 4 |
| | | | | | LCML 1 |
| | | | | | SFML 4 |
| | | | | | DBML 1 |
| | CREW | C/C 2 | 2 | | |
| | | CA 14 | 14 | | |
| | TARMAC 용 | | | | |
| | (샌드위치): | EA | | | |
| | (삼각김밥): | EA | | | |

| 품목 | 단위 | FR | PR | EY | 비고 |
|---|---|---|---|---|---|
| 음료/주류 | Cart | 1 | 1 | 4 | |
| 소모품 | Carry on Box | 1 | 1 | 2 | |
| 기물 | Cart | 1 | 1 | 2 | |
| Glass | Cart | 1 | 2 | | |
| China | Cart | 1 | 2 | | |
| 슬리퍼 | Bag | 10 | 40 | 500 | |
| 헤드폰 | EA | 5 | 40 | 500 | |
| 메뉴리스트 | Carry on Box | 5 | 40 | | |
| 라면 | EA | 5 | 20 | | |
| 생수 | EA | 10 | 25 | 60 | |
| 고추장 | EA | | 20 | 200 | |
| 리넨 | Pack | 1 | 2 | 1 | |
| 타월 | EA | 2 | 4 | 25 | 일회용 물수건 200EA |
| 신문 | Pack | 1 | 2 | 4 | |
| 요람 | EA | | | 5 | |

탑재 책임자:　　　　　　　　　　　　　　　　사무장:

▲ 기내식 및 서비스 용품 탑재 확인서의 예

### 3 서비스 용품 최종 점검

객실 사무장은 객실 승무원으로부터 서비스 용품과 기내식, 기내 특별식 등 탑재 상태를 보고받고 기내식 탑재 담당 지상 직원이 작성한 탑재 확인서를 참고하여, 이상 여부를 확인한다. 이때 이상이 발견되면 기내식 탑재 담당 지상 직원과 협의하여 추가로 탑재되도록 하며 출발 전에 서비스 용품 추가 탑재 상태를 최종 확인한다.

### 4 IFE(In-Flight Entertainment) 시스템 점검

- **안전 영상 및 IVS 작동 상태 확인**

사무장은 IFE(In-Flight Entertainment) 시스템을 점검하기 위해 안전 비디오 등을 상영하고 객실 승무원이 해당 근무구역의 좌석에 장착된 개인용 모니터(IVS, Individual Video System)에 안전 영상이 제대로 작동되는지 확인하도록 한다.

- **PA 상태 모니터링**

방송 담당자의 PA(Public Address) 모니터링 방송 상태를 점검하고 이상이 있는 경우 방송 상태를 알려 주어 최상의 방송이 되도록 한다.

- **BGM(Back Ground Music) 확인**

승객 탑승 시 사용하는 BGM 작동 여부를 확인한다.

- **PRAM(Pre-Recorded Announcement Module) 확인**

사전에 녹음된 정규 방송과 비상사태 방송이 제대로 작동하는지 확인하는 절차를 의미한다.

### 5 객실 조명 확인

승객 탑승 시 객실 조명은 Bright 상태로 조절하나 이륙 시점과 착륙 시점에는 조도를 낮추고(Dim 상태를 유지) 서비스 시점별로 조도를 조절하므로 객실 조명의 상태를 사전에 확인하도록 한다,

### 6 Potable Water 탑재량 확인

객실 사무장은 Potable Water Tank 내 탑재량을 FAP(Flight Attendant Panel)로 확인하거나 객실 승무원에게 보고를 받아서 항공기에 실제 탑재된 Potable Water 양이 정해진 기준에 못 미치는 경우 정비사에게 알려 조치되도록 한다.

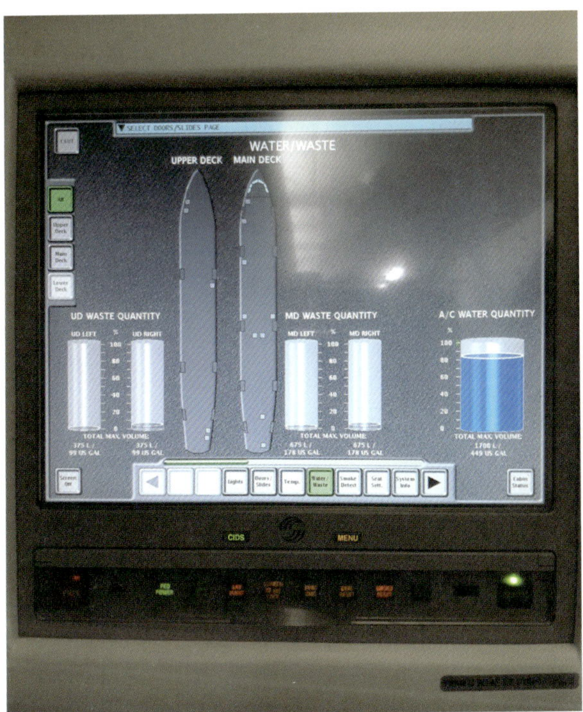

▲ FAP를 통한 Potable Water의 양 확인

### 7 승객 탑승 시각 기장과 협의

승객 탑승은 항공기 출발시각보다 30분 전(국제선의 경우)에 시작하므로 서비스 준비가 지체되어 승객 탑승이 지연되지 않도록 해야 한다. 지상 직원이 승객 탑승이 가능한지 여부를 물으면 객실 사무장은 기장과 협의하여 탑승 시작 시점을 조율한다. 기장에게 탑승 준비가 완료되었음을 보고하고 지상 직원에게도 통보한다.

### 8 탑승 인사 Position 대기

승객 탑승이 시작됨을 객실 승무원에게 알려서 각자 정위치에 대기하도록 하고 사무장은 탑승구에서 환영 인사를 위해 대기한다. L1과 L2 Door가 탑승구로 개방되는 경우에 L1은 객실 사무장이, L2는 객실 부사무장이 담당한다.

### 9 BGM 재생

승객 탑승 시점에 맞추어 BGM을 적절한 볼륨으로 재생한다.

이후 나오는 **Quiz 8~14번**에서 관련 내용을 복습한다. 

### 4) 승객 탑승 시점부터 이륙 전 업무

| 객실 승무원 | 객실 사무장 |
| --- | --- |
| **1** 환영 인사 및 승객 수화물 정리 협조, 좌석 안내<br>**2** 탑승 시 도움이 필요한 승객 안내<br>**3** 비상구 좌석 착석 승객 적정성 확인 및 브리핑<br>**4** 담당 Door 대기<br>**5** Safety Check 지시에 따른 Slide Mode 변경 완료 및 보고<br>**6** PA에 따른 Welcome 인사<br>**7** 안전 영상 상영에 따른 안전 업무<br>• UM, 장애 승객 개별 브리핑 등<br>• 모니터 고장 혹은 미장착 기종은 승무원 실연이므로 안전 데모 장비 준비 및 실연<br>**8** 상위클래스 및 VIP, High Miler 승객 인사<br>**9** 최종 객실 안전 점검 및 승무원 착석 | **1** 입국서류 및 입항서류 탑재 확인<br>**2** 기내식 탑재 이상 여부 최종 확인<br>**3** 이례 상황 처리<br>• 초과 휴대 수화물, 좌석 중복 승객 등<br>**4** 기장 보고 후 Door Close<br>**5** Safety Check 지시<br>**6** Safety Check 완료 점검<br>• All Attendant Call로 확인<br>**7** PA에 따른 Welcome 인사<br>**8** Safety Check, 안전 업무 수행 확인<br>**9** Push Back 준비 완료 보고<br>• 기장에게 보고<br>**10** BGM 종료<br>**11** 안전 영상 상영<br>• 객실 조명 조절(Dim)<br>**12** 개별적 승객 인사<br>• 상위클래스 및 VIP, High Miler, 특별 승객<br>**13** 이륙 전 안전 점검 최종 확인 및 Jumpseat 착석<br>**14** 기장에게 객실 이륙 준비 완료 보고 및 이륙(Take Off) 방송 직접 실시 |

#### (1) 객실 승무원

**1 환영 인사 및 승객 수화물 정리 협조, 좌석 안내**

지상 서비스 준비와 객실 안전 점검 및 서비스 물품 탑재 확인을 마치고 승객 탑승 시작이 예상되면, 항공기 출입구에서 환영 인사를 맡은 승무원은 해당 출입구에 대기하고 그 외의 승무원들은 담당구역에 대기한다.

승객 탑승이 시작되면 탑승구에 대기하고 있던 승무원은 승객이 소지한 탑승권의 편명과 날짜를 재확인하며 환영 인사를 한다. 담당구역에 대기하고 있던 승무원들은 환영 인사를 건네며 한 자리에 머물지 않고 유동적으로 움직이며 신속하게 좌석 안내를 한다. 좌석 안내와 함께 승객의 휴대 수화물이 안전하게 보관되는지 확인한다.

항공 여행에서 여행자들의 Baggage는 크게 휴대 수화물과 위탁 수화물로 나뉜다. 휴대 수화물은 기내에 반입이 가능한 부피와 무게의 짐으로 항공사 좌석 등급별로 제한에 차이가 있다. 위탁 수화물은 기내에 반입이 불가하거나 승객이 원하는 경우 항공기 Cargo Compartment에 실리는 짐을 말하며, 무료로 위탁되는 짐에 대한 규정도 항공사별로 차이가 있다.

일반적으로 항공기 반입이 금지되는 물품은 다음과 같다.

**항공기 반입 금지 물품**[6)]

| 물품 | 비고 |
|---|---|
| 발화성 · 인화성 물질 | 휘발유, 페인트, 라이터용 연료 |
| 고압가스 용기 | 산소캔, 부탄가스캔 등 |
| 무기 및 폭발물류 | 총기, 폭죽 등 |
| 기타 위험물질 | 소화기, 살충제 에어로졸, 락스, 파마약 등 |
| 리튬 배터리 장착 전자기기 | 다음과 같은 개인 용도의 휴대용 전자기기(용량: 160Wh)에 한해서 기내 반입이 가능하다.<br>• 배터리 용량이 160Wh를 초과하는 리튬 배터리가 장착된 전자기기<br>• 배터리 용량이 160Wh를 초과하는 보조/여분의 리튬 배터리<br>• 리튬 배터리가 분리되지 않는 전동 휠, 스마트 가방(배터리가 분리되며 용량이 160Wh 이내인 경우 배터리를 분리하여 휴대, 휠과 가방은 휴대 또는 위탁 가능)<br>• 배터리 분리가 불가한 헤어컬(고데기): 일본 출발편에 한정 |

제한적 기내 반입이 가능한 품목은 각 국가와 지역의 보안검색 절차 및 기준에 따라 차이가 있을 수 있으나 일반적으로 다음과 같다.

**제한적 기내 반입이 가능한 품목**

| 품목 | 조건 |
|---|---|
| 액체류 | • 개별 용기당 100ml 이하이며 1인당 총 1L 용량의 비닐 지퍼백 1개<br>• 음료, 식품, 화장품 등 액체류(스프레이) 및 젤류 |
| 여행 중 필요한 개인용 의약품 | 의사의 처방전 등 관련 증명서를 제시하고 보안검색 요원이 적정하다고 판단할 경우 비행 중 필요한 용량에 한하여 기내 반입이 가능하다. |

6) 출처: 대한항공 홈페이지 내용을 참고하여 재구성. https://www.koreanair.com/kr/ko/airport/baggage/restricted-items/carry-on#return1-1

| 품목 | 조건 |
| --- | --- |
| 항공사의 승인을 받은 의료용품 | |
| 1개 이하의 라이터 및 성냥 | • 중국 출발편의 경우 운송이 허용되지 않는다.<br>• 출발지 국가 규정에 따라 상이할 수 있다. |
| 드라이 아이스 | 1인당 2.5kg 이내여야 한다. |
| 일자형으로 완전히 접히는 우산형 휴대용 유모차 | • 접었을 때 100×20×20cm 이내 일자형으로 완전히 접혀야 하며 기내에 보관 공간이 부족한 경우 위탁 수화물로 처리될 수 있다.<br>• 세 변의 합이 115cm를 초과하는 유모차는 탑승구까지만 사용할 수 있으며 기내 탑승 시 위탁 수화물로 처리된다. |

다음 품목은 위탁 수화물이 아닌 휴대 수화물로 처리가 가능하다.

**위탁 수화물 제한 물품**[7)]

| 품목 | 비고 |
| --- | --- |
| 파손되거나 손상되기 쉬운 물품 | 도자기, 액자, 유리제품 등 |
| 전자제품 | 노트북, 카메라, 휴대전화 등 고가의 전자제품 |
| 고가품 및 귀중품 | 화폐, 보석, 현금, 유가증권, 견본, 서류 등 |
| 보조/여분 리튬 배터리 및 리튬 배터리 장착 전자기기 | 배터리 용량이 아래의 조건을 초과하거나 확인이 불가할 경우 위탁, 휴대 모두 불가함<br>• 배터리 용량이 160Wh 이하이며 단락 방지 포장된 여분/보조 배터리(100Wh 이하 배터리 최대 20개+100Wh 초과 160Wh 이하 배터리 최대 2개는 휴대 가능하나, 해외 출발편의 경우 공항/국가별 별도 강화된 규정의 적용이 가능함)<br>• 배터리 용량이 100Wh 이하인 전자담배(기내에서 충전 및 사용은 엄격히 금지됨) |

7) 출처: 대한항공 홈페이지 내용을 참고하여 재구성. https://www.koreanair.com/kr/ko/airport/baggage/restricted-items/checked

To Be More Professional Crews!

### 대한항공 휴대 수화물 허용 규정[8)]

| 구분 | 상위클래스 | 일반석 |
|---|---|---|
| 크기 | • 중국 출발편의 경우 운송이 허용되지 않는다.<br>• 출발지 국가 규정에 따라 상이할 수 있다. | |
| 무게 | 18kg/40lb | 10kg/22lb |
| 개수 | 2개 | 1개 + 휴대용 가방 1개<br>• 휴대용 가방으로 노트북 컴퓨터, 서류 가방, 핸드백 중 1개를 추가 허용하나 다른 가방 1개와 합해 총 무게가 10kg/22lb 이하여야 한다. |

**악기 허용 중량**

- 세 변의 합이 115cm(45in.) 이내인 소형 악기(바이올린 등)는 무료로 기내에 반입할 수 있다.
- 규정보다 더 큰 대형 악기는 별도의 좌석을 구입해야 한다.

To Be More Professional Crews!

### 제주항공 기준 기내 휴대 가능 수화물[9)]

| 구분 | 국제선 및 국내선 전 노선 |
|---|---|
| 크기 | • 가방 하나의 규격은 세 변(A+B+C)의 합이 115cm 이내(손잡이와 바퀴 포함)<br>• 표준 규격 A 40cm, B 20cm, C 55cm |
| 무게 | 10kg 이내 |
| 개수 | 1개<br>크로스백 또는 작은 배낭 1개(35×15×40cm 범위 내)<br>+ 면세 쇼핑백 1개 + 기내 허용 크기 캐리어 1개<br>• 가방(소형), 외투 등 의류, 모포/덮개, 소형 디지털 기기, 적당량의 도서, 유아용품(유모차 별도), 기타 보조기구(별도 운송) |

- 기내 휴대 가능 수화물 1개 이외의 수화물은 반드시 위탁 처리함
- 탑승 게이트에서 위탁 시 수수료가 부과됨
- 수화물 1개당 23kg 초과 시 분리 포장이 필요함
- 휠체어 및 유모차는 수수료가 부과되지 않음

8) 출처: 대한항공 홈페이지 내용을 참고하여 재구성. https://www.koreanair.com/kr/ko/airport/baggage/carry-on

9) 출처: 제주에어 홈페이지 내용을 참고하여 재구성. http://www.jejuair.net/jejuair/kr/serviceinfo/airport/baggage_service.do

## 2 탑승 시 도움이 필요한 승객 안내

유아 동반 승객, 노약자, 몸이 불편한 승객, 장애가 있는 승객에게는 개별적인 도움을 드리며, 지상 직원이 인솔해 오는 혼자 여행하는 소아(UM, Unaccompanied Minor)는 탑승구에서 인계받아 좌석으로 안내한다.

### ■ 유·소아 동반 승객 확인

승객 탑승 전에 SHR을 참조하여 Bassinet, Baby Seat, Baby Harness 등을 요청한 승객이 있는지 확인해 탑승 시점부터 비행 종료 시점까지 지속적인 관심을 갖고 필요한 사항이 있는 경우 적극적으로 응대해야 한다.

*To Be More Professional Crews!*

**SHR(SSR)**

객실 사무장은 지상 직원으로부터 전달받은 SHR(승객 요청사항과 승객 정보가 적혀 있는 승객 예약 정보 리스트)을 각 클래스 담당 승무원이 참고할 수 있도록 전달한다. 그러면 담당 승무원은 SHR에 표기된 승객의 특별 서비스 요청사항을 확인해 탑승 시점부터 필요한 승객 지원 업무를 준비해야 하며, 갤리 담당 승무원은 기내 특별식 요청 내역이 있는 경우 기내식 점검 시 이를 참고하여 탑재 여부를 확인해야 한다.

SHR상에 기록된 정보는 승객의 탑승 정보 외에도 VOC(Voice of Customer, 승객 제언) 관련, 탑승 당일이 생일인 경우 표시, 아기요람 요청, 휠체어 승객, 장애 승객, 환승 여객 등 다양하다. 승객 개인정보 보호 강화를 위해 SHR 및 기타 승객 개인정보 관련 서류는 사무장이 책임지고 운송 직원에게 인수인계하거나 공항 사무실에 전달하여 파쇄되도록 한다.

### ■ 유·소아 동반 승객 탑승 시 안내

**유모차 보관 협조 _** 탑승 시에는 적극적으로 유·소아 동반 승객의 휴대 수화물 정리를 돕고 유모차가 있는 경우에는 사용법이 익숙한 보호자가 접도록 하며 부피가 크지 않은 유모차는 선반이나 코트룸에 보관한다. 이때 유모차로 인해 다른 승객의 짐이나 의복이 상하지 않도록 각별히 유의하고, 기내 반입이 불가한 크기의 유모차는 위탁 수화물로 처리하도록 안내한다.

**유모차 반환 안내 _** 탑승구에서 위탁 수화물로 유모차를 위탁한 경우에는 도착 후 지상 조업원에 의해 유모차가 탑승구에 준비됨을 안내한다.

**담당 승무원 소개 및 도움 제공 안내 _** 담당 승무원은 자기소개를 하고 비행 중 도움이 필요할 때 적극적으로 도와줄 수 있음을 알리며 유아 동반 승객이 비행 중 사용할 물티슈, 휴지, 쓰레기를 담을 봉투 등을 미리 준비해 드리고 기저귀 교환대가 설치된 화장실 위치를 안내해 드린다. 좌석 설비에 대한 설명이 필요한 경우에는 추가 안내하고, 유아용 요람이나 아기용 좌석 및 하니스 등 아기용 안전장비 등을 사전에 신청한 경우에는 SHR 등을 확인해 필요시 제공해 드린다. 또한 유아용 요람을 사용하는 동안 요람에 장착된 덮개(벨크로 테이프)를 항상 닫아 둘 것을 안내한다.

▲ 안전덮개(벨크로 테이프)를 씌운 Baby Bassinet

**이·착륙 시 안내 _** 이·착륙 시에는 기압 차이로 귀에 통증을 느껴 유아나 소아가 우는 경우가 있으니 소량의 음료를 지속적으로 삼키게 하는 것이 통증 예방에 효과가 있음을 알려 드린다. 이·착륙 시에는 아기용 요람을 사용할 수 없기 때문에 유아를 보호자가 안고 있어야 하는데, 이때 좌석벨트는 보호자만 매고 유아는 벨트 위로 안도록 안내한다.

### ■ 유·소아 동반 승객 비행 중 안내

보호자가 식사하거나 아이에게 수유 혹은 식사를 먹일 때, 입국서류 작성 시 필요한 도움을 드리고 해당 승객과 주위 승객들이 불편하지 않도록 좌석 주위의 청결에 신경 쓴다. 어린이 승객에게는 이륙 후 어린이 기념품을 전달하며 비행 중 지속적인 관심을 갖고 편안한 여행이 되도록 살핀다.

비행 중 기류변화로 비행기가 흔들리는 경우, 보호자가 유아를 안도록 안내하고, 유아용 요람을 사용 중인 경우에는 덮개의 마감을 덮어 고정시키도록 한다. 비행 중 항상 덮개를 덮어 고정시켜 두는 것이 유아의 안전을 위해 필요한 절차임을 안내한다.

### ■ 유·소아 동반 승객 하기 시 안내

유아 동반 승객은 휴대 수화물이 많은 편이므로 하기할 때에는 놓고 가는 물건이 없도록 휴대 수화물 정리를 도와드리고 탑승구까지 짐을 들어 드린다. 승객 하기 시 유실물이 없는지 재확인하고 위탁한 유모차가 있는 경우 탑승구에 유모차가 준비되었는지 확인한 후 필요한 도움을 드린다.

*To Be More Professional Crews!*

**유아 승객 적용 범위**

| 구분 | 국제선 | 국내선 |
|---|---|---|
| 적용 범위 | 생후 14일부터 2살 미만 | 생후 7일부터 2살 미만 |
| 요금 | 성인 정상 운임의 10% | 무료 |
| 조건 | 별도의 유아 좌석은 제공되지 않는다. | |
| 기타 조항 | • 유아는 생후 7일 이상부터 항공 여행이 가능하다.<br>• 소아 운임을 지불한 유아인 경우, 좌석이 제공된다.<br>• 성인 승객 1명당 동반 유아 1명으로 제한된다.<br>• 성인 승객 1명이 2명 이상의 유아를 동반하는 경우에는 별도로 하나의 좌석을 구매해야 한다. | |

### ■ 노약자

탑승 시 도움이 필요한 경우 휴대 수화물을 들어 드리거나 정리하는 일에 적극 협조하고 비행 중에도 언제든지 도움을 드릴 수 있음을 알린다. 승객을 지칭할 때 '할아버지'나 '할머니' 등의 용어는 적절하지 않으므로, 직함을 알 수 없는 경우에는 손님이나 고객님으로 호칭하는 것이 적당하다.

편안한 여행이 될 수 있도록 좌석 설비, 모니터 활용 방법, 화장실 등 기내 설비 사용법 등을 안내하고 도착 전 입국서류 배포 시에는 별도의 도움이 필요한지 확인한 후 작성에 도움을 드린다. 비행 중 지속적으로 승객에게 필요한 부분이 있는지 살피고 도착 후 하기 시에도 도움이 필요한 경우에는 휴대 수화물 정리와 운반을 도와드린다.

■ 임산부

임산부 고객이 탑승하는 경우 휴대 수화물 운반과 정리에 도움을 드리고 베개나 담요 등 추가로 필요한 용품이 있는지 여쭈어 보고 드린다. 특히 임산부는 비행 중 건강상태에 이상이 있거나 불편한 부분이 없는지 살펴야 하며, 도착 후 하기할 때에도 휴대 수화물을 들어 드리는 등 필요한 도움을 드린다.

*To Be More Professional Crews!*

**임산부 항공 여행 제한 기준**

| 구분 | 기준 | 내용 |
|---|---|---|
| 가능 | 임신 37주 미만<br>(다태 임신 시 33주 미만) | |
| 제한 | 임신 32주부터 36주 | 건강상태 서약서 제출 |
| | 합병증이 있는 임산부 | 주수에 관계없이 건강상태 서약서와 의사진단서 제출 |
| 불가능 | 임신 37주 이상<br>(다태 임신 시 33주 이상) | |

주수는 탑승일자를 기준으로 하며 객실 사무장은 건강상태 서약서와 의사진단서를 도착지 공항에 인계한다.

■ 장애 승객

장애 승객이 탑승한 경우에 승객의 의향을 묻지 않고 지나친 도움을 주거나 동정을 보이는 행동은 하지 않는다. 승객에게 도움을 제공할 때에는 우선 도움을 제공할 준비가 되어 있음을 알려 드리고 도움이 필요한지 여부를 반드시 확인한다.

항공기 출발 전 안전 브리핑(가까운 비상구 위치와 비상탈출 절차 및 좌석벨트 사용법 등)은 해당 승객에게 개별적으로 하며, 이때에도 주변 승객들의 주목을 받는 일이 없도록 주의한다.

■ 청각장애 승객

탑승 시 좌석 안내와 휴대 수화물 정리를 돕고 담당 승무원은 자기소개를 할 때 말을 간결하게 하여 정확하게 발음하고 입 모양이 보일 수 있도록 눈을 마주친 상태로 전달한다. 가능하면 승객의 이름을 부르고, 글씨를 통해 설명이 가능한 부분은 이를 적극 활용하는 것이 좋으므로 기내 방송은 글씨로 설명하고 기내지 안에 담긴 내용 등을 이용하도록 한다. 기내 설비에 대한 설명을 하고 좌석벨트 착용에 대한 안내와 좌석에서 가까운 화장실 위치를 안내한다.

비행 중에는 기내지를 적극 활용하여 안내하고 식사 서비스 시 메뉴에 대해 자세히 설명하며 도착 전까지 필요한 부분이 없는지 수시로 확인해 도움을 드린다.

#### ■ 시각장애 승객

시각장애 승객을 도와 탑승 안내를 하는 경우에 승무원이 승객을 잡지 말고 해당 승객이 승무원을 잡을 수 있도록 안내하며, 승무원이 앞장서서 인도하는 것이 좋다. 지팡이를 사용하는 경우에는 지팡이 반대편에서 안내하며, 담당 승무원을 소개할 때에는 이름을 말한다. 서비스 물품을 드리는 경우에도 손으로 만져 보도록 하고 방향을 안내할 때에는 '몇 시 방향'으로 설명한다. 기내 설비에 대한 설명을 하고 좌석벨트 착용에 대한 안내와 좌석에서 가까운 화장실 위치를 안내한다. 안전 브리핑 후 개별 브리핑을 실시한다.

장애 고객이 보조견과 동행하는 경우에 별도의 운송 용기가 없어도 기내 탑승이 가능하나 보조견을 위한 좌석을 추가로 배정하지는 않는다. 비행 중 필요한 부분이 없는지 수시로 확인해 도움을 드린다.

#### ■ Wheelchair(WCHR) 사용 승객

탑승 시 휠체어 승객이 원할 경우 탑승구에 On Board Wheelchair를 준비하여 승객 좌석으로의 이동을 돕는다. 담당 승무원은 휴대 수화물 보관을 돕고, 좌석벨트 착용에 대해 안내한다.

기내에서 이동 시 On Board Wheelchair를 이용할 수 있음을 안내하고 요청 시 신속히 준비해 드린다. 객실 좌석의 팔걸이를 올려 Wheelchair에 앉은 상태에서 이동이 용이하도록 안내한다.

착륙 후 탑승구에 Wheelchair가 준비되도록 조치하고, 승무원이 안내할 때까지 자리에서 기다려 줄 것을 사전에 안내하며, 하기 시에도 On Board Wheelchair를 준비하여 승객 하기를 돕는다.

| 지팡이 보관이 가능한 장소 |
|---|
| 문이 달려 있는 코트룸 |
| 비상구 열 좌석을 제외하고 창측 좌석의 옆 객실 벽면 하단에 밀착시켜서 보관 |
| 비상구 열 좌석을 제외하고 모든 좌석의 하단 바닥에 가로로 보관(지팡이가 통로로 나오지 않아야 함) |

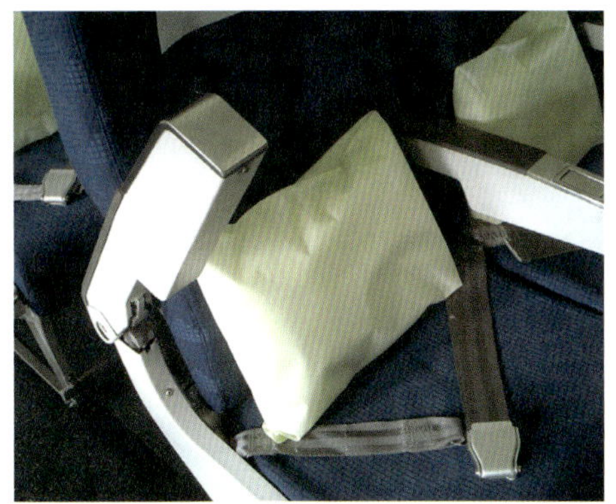

▲ 팔걸이 조정 모습

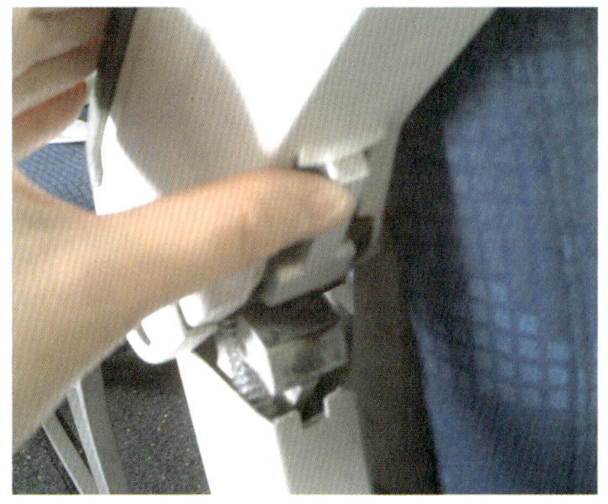

▲ 버튼을 눌러 팔걸이를 들어 올리는 모습

■ **UM(Unaccompanied Minor, 비동반 소아)**

**서비스 대상 _** 비동반 소아는 성인과 동반하지 않고 혼자 여행하는 소아를 말하며, 아시아나항공과 대한항공의 경우 국내선과 국제선의 기준이 상이하다. 대상을 보면, 국내선은 만 5세부터 만 13세 미만까지 이용 가능하며 국제선은 만 5세부터 만 12세 미만까지 이용 가능하다.

**서비스 개요 _** UM 서비스는 출발지 공항에서 담당 직원이 수속 카운터에서 항공기에 탑승하여 좌석까지 동반한 후 객실 승무원에게 인계한다. 기내에서는 승무원들이 UM을 보살피며 도착 후 지상 직원에게 인계한다. 담당 지상 직원은 UM을 마중 나온 보호자와 만나는 시점까지 동반해야 한다.

UM 서비스는 항공사에 따라 상이하나 유료 서비스인 곳이 많으므로 승객의 서비스 품질에 대한 기대가 큰바, 기대에 부응하는 세심한 서비스가 이루어지도록 해야 한다.

**객실 사무장 제공 서비스 _** UM 탑승 Zone 근무자가 관련 서비스 내용을 잘 수행하는지 확인하며, 담당 승무원이 현지인(R/S, Regional Stewardess)인 경우 한국 승무원과 담당구역을 변경하는 것이 필요하다. 그 반대의 경우로 UM이 외국인인 경우 해당 언어가 가능한 승무원이 있다면 언어 소통이 원활하도록 승무원 담당구역을 조정한다.

UM이 소지하고 있는 여권, 입항서류 등 입국에 필요한 서류를 잘 보관하고 도착 후 지상 직원에게 인계되도록 조치한다.

**담당 승무원 제공 서비스 _** 지상 직원과 동반한 소아에게 자기소개를 하고 소아에게 적절한 호칭을 사용하며 지나친 존대나 반말은 사용하지 않는다. 기내 설비 사용법과 좌석벨트 사용법, 화장실 위치를 알려 준다. 어린이 식사 등 특별식 주문 여부를 확인하고 식사 시에 필요한 점이 있는지 보살피며, 도착 시 필요한 입국서류 작성을 돕는다. 입국서류를 작성한 후 소아의 여권과 각종 서류와 함께 보관하여 하기 시 지상 직원에게 인계되도록 조치한다. 하기 시에는 일반석 승객보다 먼저 내릴 수 있도록 안내하고 휴대 수화물이 분실되지 않도록 짐 정리를 돕는다.

**승객 하기 순서 _** 응급환자 → VIP, CIP → 최상위클래스 승객 → PR/CL 승객 → UM, Special Care SVC 요청 승객 → EY / CL 승객 → 제한 승객 → Stretcher 승객 순이다.

### ■ Pet(반려동물) 동반 승객

**서비스 개요 _** 객실에 반입이 가능한 반려동물은 생후 8주 이상의 개, 고양이, 애완용 새로 한정하며, 위탁 수화물로 처리할 경우에는 생후 16주 이상부터 탁송이 가능하다.

Pet 동반 가능 기준은 항공사별, 노선별, 도착지 국가별로 차이가 있으며 대형 항공사인 경우 국내선 및 국제선 노선에서 모두 기내 반입이 가능하다. 국내 저비용 항공사 중 기내 반입이 불가하고 위탁 수화물로만 처리가 가능한 곳도 있다.

*To Be More Professional Crews!*

#### 항공기 기종별 Pet 반입 가능한 수(대한항공의 예)

**대형기**

A380: 8마리가 가능하며 클래스별로 F(1)/C(3)/Y(4) 반입이 가능하다.

B787: 5마리가 가능하며 클래스별로 C(2)/Y(3) 반입이 가능하다.

**소형기**

A220: 3마리가 가능하며 Y(3) 반입이 가능하다.

*To Be More Professional Crews!*

### 감성적 보조동물

감성적 보조동물은 정신적, 정서적으로 장애가 있는 승객이 동반하는 동물로, 시 · 청각 장애가 있는 승객이 동반하는 장애 고객 보조동물과 동일하게 취급한다.

그동안 대한항공은 미주 출 · 도착편에서만 정서지원 동물의 기내 탑승을 허용해 왔으나 2021년부터는 미 교통부의 규정 개편에 따라 그 대상을 훈련된 개(Trained Dog)로 한정하고 있다. 특징은 다음과 같다.

<table>
<tr><th>Service Animal<br>(장애 고객 보조동물)</th><th>Emotional Support Animal(ESA)<br>(감성적, 정서적 장애 고객 보조동물)<br>Trained Dog로 한정함</th></tr>
<tr><td>시 · 청각 장애가 있는 승객이 동반함</td><td>정신적, 정서적으로 장애가 있는 승객이 동반함</td></tr>
<tr><td></td><td>• 미국 출 · 도착편의 경우에만 허용함<br>• 출발 예정일 1년 이내에 발급된 전공 의료인의 소견서가 필요함</td></tr>
<tr><td colspan="2">별도 용기(Cage) 불필요</td></tr>
<tr><td colspan="2">추가 좌석 점유 불가 (해당 승객 좌석 앞)</td></tr>
<tr><td colspan="2">다른 반려동물과 충분한 거리 유지 필요</td></tr>
<tr><td>• 운송서약서 작성 불필요<br>• 국가별 검역증명서 등의 서류가 필요할 수 있음</td><td>예방접종 증명서, 검역증명서, 신청서 작성 필요</td></tr>
</table>

**객실 반입 허용 기준** _ 대한항공의 경우 승객 1인당 한 마리만 동반이 허용되며 비동반 소아는 반려동물을 동반할 수 없다. 단, 한 쌍의 새, 개, 고양이가 6개월 미만인 경우에는 두 마리까지 하나의 운송용기에 넣어 운송할 수 있다.

**보관용기 규격과 보관 방법** _ 반려동물 보관용기의 크기와 무게는 항공사별로 제한되며 별도의 좌석 점유는 불가하다. 따라서 보관용기는 앞 좌석 아래 공간에 들어갈 수 있는 크기여야 한다. 그러나 배정된 좌석 하단에 용기를 보관할 수 없는 경우에는 이·착륙 시 적정한 휴대 수화물 보관장소(Restraint Bar가 있는 다른 좌석 하단, Door가 장착된 Coatroom, Overhead Bin 등)에 보관하고 비행 중에 다시 승객이 보관할 수 있도록 한다.

To Be More Professional Crews!

### 운송용기 규격의 예(대한항공)

| 구분 | 기내 반입 가능 | 위탁 수화물로 처리 |
|---|---|---|
| 무게 | 반려동물과 운송용기의 총 무게가 7kg 이하 | 반려동물과 운송용기의 총 무게가 7kg 초과 32kg 이하 |
| 크기 | 가로, 세로, 높이의 합이 115cm 이하, 높이 20cm(8in) 이하인 용기 | 가로, 세로, 높이의 합이 291cm (114in) 이하인 용기 |
| 공통 | • 반려동물이 움직일 수 있는 충분한 공간<br>• 환기구 있는 방수 처리된 용기<br>• 잠금 장치가 있고, 비상 시 외부에서 열 수 있는 용기 | |

**반려동물 관련 주의사항 _** 비행 중 반려동물을 꺼내거나 먹이를 줄 수 없게 되어 있으므로 해당 승객의 협조를 요청한다. Pet 동반 승객이 장애인 보조동물과 충분한 거리를 유지하고 좌석 배정이 되었는지 항공사 기준에 의거하여 확인해야 한다. 비상시 승객 탈출에 방해되지 않도록 반려동물을 동반한 승객은 Bulkhead 좌석이나 비상구 열 좌석에 앉을 수 없으므로 비행 중 좌석 변경 요청 시 적절히 안내해야 한다. 기내 반입 반려동물 운송용기는 좌석 하단에 보관할 수 있어야 한다.

**동물 알레르기에 대한 규정 _** 동물 알레르기가 있는 승객과 Pet 동반 승객이 가까운 자리에 배정되었다면 가능한 한 떨어져 앉으실 수 있도록 한다. 동물 알레르기가 있는 승객은 항공권 예약 시 직원에게 알릴 의무가 있으며, 탑승 수속 시 소정의 양식을 작성해야 한다. 또한 관련 의약품 및 응급 처리용 의료용품을 직접 준비하고 유사시를 대비하여 동반 승객이 있다면 그 동반 승객이 필요한 처치법을 실시할 수 있어야 한다. 또한 휴대 수화물에 의료용 주사기가 포함되는 경우에는 의사소견서를 지참해야 한다.

## 3 비상구 좌석 착석 승객 적정성 확인 및 브리핑

담당구역에 비상구 좌석이 있는 경우 비상구 좌석 착석 승객의 적정성을 확인하고 안전 브리핑을 해야 한다. 비상시 승무원을 도와 다른 승객의 탈출을 돕는 것에 동의해야 하는 등 비상구 좌석 착석 승객의 조건에 부합하는지 확인해야 한다.

비상구 좌석 승객은 발권 시 발권 직원의 비상구 좌석에 대한 안내를 받고 탑승하나, 객실 담당 승무원은 비상구 좌석에 배정된 승객의 적절성 여부를 Push Back 이전에 확인해야 한다. 비상구 좌석에 착석한 승객은 비상시 승무원과 함께 다른 승객의 탈출을 돕도록 되어 있다. 따라서 노약자나 어린이보다는 승무원, 항공사 직원 위주로 좌석을 배정하도록 한다.

▲ 비상구 좌석의 예

Push Back 이전에 객실 내 모든 준비가 완료되어야 한다. 예를 들어 Cart 및 기물, 서비스 용품의 정위치 보관, 승객의 짐 보관 상태, 좌석벨트 착용 상태, 등받이 원위치 상태, 선반의 닫힘 상태, 항공기 Door Safety Check 지시에 따른 Slide Mode 팽창 위치로 변경, R Side와 L Side 담당 승무원 상호 확인, All Attendant Call에 응답하여 Safety Check 완료 확인, 승객 착석 확인 등이 포함된다.

사무장은 최종적으로 객실의 이륙 준비를 확인하고, 기장에게 Push Back 준비가 완료되었음을 보고해야 한다. 이 시점이 Cockpit에서는 가장 집중을 요하는 시간이므로 인터폰을 이용하여 보고하거나 핸드셋의 'Cabin Ready' 버튼이나 정해진 번호를 눌러 Push Back 준비 완료를 보고할 수 있다. 이러한 보고 방식은 합동 브리핑을 이용하여 기장과 사무장이 상호 협의하여 정할 수 있다.

Push Back을 위한 객실 준비의 의미는 다음과 같다.

| Push Back을 위한 객실 준비의 의미 |
|---|
| Cart 및 기물, 서비스 용품의 정위치 |
| 승객의 짐 보관 상태 확인 |
| 좌석벨트 착용 상태 |
| 등받이 원위치 상태 |
| 선반의 닫힘 상태 |
| Door Safety Check 지시에 따른 Slide Mode 팽창위치로 변경 |
| R Side와 L Side 담당 승무원 상호 확인 |
| All Attendant Call에 응답하여 Safety Check 완료 확인 |
| 승객 착석 확인 |

*To Be More Professional Crews!*

### Push Back

이론상으로는 엔진을 역추진하여 항공기가 자력으로 후진할 수 있으나, 주기 중인 항공기 앞에 터미널이 있기 때문에 엔진을 역추진하여 움직이는 것은 불가능하다. 따라서 Towing Car(견인차)를 이용하여 항공기가 자력으로 움직일 수 있는 Taxi Way까지 이동시키기 위해 밀어내게 되는데(사진 참조) 이것을 'Push Back'이라고 한다.

▲ Towing Car에 의해 Taxi Way로 견인되는 A380 항공기

To Be More Professional Crews!

### 기장의 책임과 권한 (Authority and Responsibility of the PIC)

비행기의 기장(PIC, Pilot In Command)은 비행기의 문이 닫힌 시점부터 탑승 중인 모든 승무원, 승객 또는 화물의 안전에 대한 책임을 진다. 또한 기장은 이륙을 목적으로 이동을 시작한 시점부터 비행의 최종 종료 단계에서 엔진의 작동이 멈출 때까지 비행기의 안전과 보안 및 운항에 대한 책임을 진다.

### ■ 비상구 좌석 착석 승객 적정성

비상구 좌석 승객은 다음과 같은 업무를 수행해야 하며, 수행이 불가능하거나 수행할 의사가 없는 경우에는 좌석 재배치가 필요하다.

**비상구 좌석 착석 승객 적정성 기준**

1. 활동성, 체력 또는 양팔이나 손 및 다리의 민첩성이 아래의 동작을 수행하기 어려운 승객
   - 비상구나 탈출용 슬라이드 조작장치에 대한 접근
   - 탈출용 슬라이드 조작장치를 잡고 밀거나 당기고 돌리는 동작
   - 비상구 작동 손잡이를 상하좌우로 잡고 당기거나 돌리거나 밀어서 비상구를 여는 동작
   - Overwing Window Exit 작동 손잡이를 잡아당겨서 Exit을 여는 동작
   - 날개 위의 Overwing Window Exit과 비슷한 크기, 무게의 장애물 제거
   - 신속한 비상구로 접근
   - 장애물 제거 시 균형 유지
   - 신속한 탈출
   - 탈출용 슬라이드 전개 또는 팽창 후 안정 유지
   - 탈출용 슬라이드로 탈출한 승객이 슬라이드에서 벗어나도록 하는 동작
2. 15세 미만이거나 동반자의 도움 없이 1)에 열거된 하나 이상의 역할 수행이 어려운 승객
3. 글 또는 그림의 형태로 제공된 비상탈출에 관한 지시를 읽고 이해하지 못하거나 승무원의 구두 지시를 이해하지 못하는 승객
4. 콘택트렌즈나 안경을 제외한 다른 시력 보조장비 없이는 상기 열거한 기능을 하나 이상 수행할 수 없는 승객
5. 일반적인 보청기를 제외한 다른 청력 보조장비 없이는 승무원의 탈출 지시를 듣고 이해할 수 없는 승객
6. 다른 승객들에게 정보를 적절하게 전달할 수 있는 능력이 부족한 승객
7. 승객의 상태나 책임, 예를 들어 어린이를 돌보기 때문에 상기 1)에 열거된 하나 이상의 역할을 수행하는 데 방해가 되는 자 또는 이러한 역할을 수행할 경우 해를 입게 되는 승객
8. 비상구 좌석 착석 규정을 준수할 의사가 없거나 기타 객실 승무원 또는 항공사의 운항규정에 의거하여 비상구 좌석에 착석이 불가하다고 판단되는 승객

## 비상구 열 좌석 EXIT ROW SEATING

비상구 좌석에 앉아 계신 손님 중, 승무원의 지시에 따라 비상구 좌석임무를 수행할 의사가 없거나 이행할 수 없는 경우 또는 본 안내서의 내용을 이해하지 못하신 분께서는 즉시 승무원에게 말씀해주시기 바랍니다.

If you are seated in an exit seat and cannot or do not want to perform the functions that are listed, or do not understand the language on the information card or crew commands, please identify yourself to cabin crew.

非常口座席にお座りのお客様の中で
非常時に乗務員の援助をしていただくことができないお客様や援助のお願いについて同意いただけないお客様、乗務員の指示やこのカードの記載内容がお分かりにならないお客様は、乗務員までお知らせくださいませ。

坐在紧急出口座位的乘客当中，若不愿或不能在乘务员的指导下执行紧急出口任务，或者未理解此告示内容的乘客，请立即通知乘务员。

■ 비상상황 시 비상구 좌석 승객의 임무
■ 非常口座席のお客様に援助していただく内容

■ Duties of the passengers seated in the emergency exit seat
■ 发生紧急情况时，在紧急出口座位上就座的乘客的义务

비상구 외부 상황을 확인하고 승무원의 지시 및 신호에 따라주십시오 → 항공기 외부에 이상이 있을 경우 (항공기 구조적인 손상, 화재, 연기) 비상구를 열지 않습니다 이상이 없을 경우 비상구를 개방하십시오 → 비상탈출 미끄럼대의 상태를 확인 후 비상통로로 먼저 탈출하십시오 → 미끄럼대의 균형을 잘 유지하여 미끄럼대에서 내려오는 승객들을 도와주어 승객들이 항공기로부터 즉시 대피하도록 안내합니다

Assess conditions outside an exit to ensure safe evacuation and follow oral instructions and / or hand signals given by cabin crew

非常口の外部の状況を確認し、乗務員の指示に従ってください。

请确认紧急出口的外部情况,并听从乘务员的指导。

Do not open the exit door if there are any hazards, such as structural damage, fire, or smoke outside / Open the emergency exit when there is nothing hazardous outside

航空機外部に異常がある場合(機体の破損、火災、煙など)非常口は、開けません。異常がない場合、非常口を開けてください。

飞机外部有异常情况时(飞机结构损坏、火灾、烟雾)请不要打开安全门。没有异常情况时,请打开安全门。

Assess the condition of the slide and be the first to evacuate through a safe emergency exit

非常脱出用スライドの状態を確認し、まず先に脱出してください。

请检查紧急滑梯状况后,先从紧急通道逃离。

Hold the balance of the slide to assist others in evacuating, and direct other passengers away from the aircraft

脱出用スライドの下でスライドのバランスを保ち、あとから降りてくる人を援助し、飛行機からすみやかに離れるように指示してください。

使滑梯保持平衡,然后帮助乘客从滑梯上滑下来并引导乘客尽快逃离飞机。

아래의 사유로 임무수행이 불가한 비상구 좌석 승객께서는 저희 승무원에게 좌석 재배치를 요청하십시오.

1. 활동성, 체력 또는 양쪽 팔이나 손 및 다리의 민첩성이 아래의 동작을 수행하기 어려운 승객
   - 비상구나 탈출용 슬라이드 조작장치에 대한 접근
   - 탈출용 슬라이드 조작장치를 잡고 밀거나 당기고 돌리는 동작
   - 비상구 작동 손잡이를 상하좌우로 잡고 당기거나 돌리거나 밀어서 비상구를 여는 동작
   - OVERWING WINDOW EXIT 작동 손잡이를 잡아당겨서 EXIT를 여는 동작
   - 날개 위의 OVERWING WINDOW EXIT와 비슷한 크기와 무게의 장애물 제거
   - 신속한 비상구로의 접근
   - 장애물 제거 시 균형의 유지
   - 신속한 탈출
   - 탈출용 슬라이드의 전개 또는 팽창 후 안정유지
   - 탈출용 슬라이드로 탈출한 승객이 슬라이드로부터 벗어날 수 있도록 하는 동작
2. 15세 미만이거나 동반자의 도움 없이 상기 '1'항에 열거된 하나 이상의 역할을 수행 하기에 불충분한 승객
3. 글 또는 그림의 형태로 제공된 비상탈출에 관한 지시를 읽고 이해하지 못하거나 승무원의 구두지시를 이해하지 못하는 승객
4. 콘택트렌즈나 안경을 제외한 다른 시력보조장비 없이는 상기 열거한 기능을 하나 이상 수행할 수 없는 승객
5. 일반적 보청기를 제외한 다른 청력보조장비 없이는 승무원의 탈출지시를 듣고 이해할 수 없는 승객
6. 다른 승객들에게 정보를 적절하게 전달할 수 있는 능력이 부족한 승객
7. 승객의 상태나 책임, 예를 들어 어린이를 돌보기 때문에 상기 '1'항에 열거된 하나 이상의 역할을 수행하는데 방해가 되는 자 또는 이러한 역할을 수행할 경우 해를 입게 되는 승객
8. "비상구 좌석 착석 규정"을 준수할 의사가 없거나, 기타 객실승무원 또는 항공사의 운항규정에 의거하여 비상구 좌석에 착석이 불가하다고 판단되는 승객

In addition to these tasks, passengers seated in an emergency exit seats are requested to identify himself / herself to allow for reseating if he / she may be unable to perform one or more of the applicable functions due to any of the following:

1. The person lacks sufficient mobility, strength, or dexterity in both arms and hands, and both legs
   - To reach upward, sideways, and downward to the location of emergency exit and exit-slide operating mechanisms:
   - To grasp and push, pull, turn, or otherwise manipulate those mechanisms:
   - To push, shove, pull, or otherwise open emergency exits:
   - To lift out, hold and place over-wing window exits to a safe area.
   - To remove obstructions of size and weight similar over-wing exit doors:
   - To reach the emergency exit expeditiously:
   - To maintain balance while removing obstructions:
   - To exit expeditiously:
   - To stabilize an escape slide after deployment:
   - To assist others getting off an escape slide:
2. The person is less than 15 years of age or lacks the capacity to perform one or more of the applicable functions listed above without the assistance of an adult companion.
3. The person lacks the ability to read and understand instructions relating to an emergency evacuation in printed or graphic form (Safety information card)or the ability to understand oral crew commands.
4. The person lacks sufficient visual capacity to perform one or more of the above functions without the assistance of visual aids beyond contact lenses or eyeglasses.
5. The person lacks sufficient aural capacity to hear and understand instructions shouted by cabin crew without assistance beyond a hearing aid:
6. The person lacks the ability adequately to impart information orally to other passengers.
7. The person has a condition or responsibilities, such as caring for small children, that might prevent the person from performing one or more of the functions listed above or a condition that might cause the person harm if he or she performs one or more of the functions listed above.
8. The person unwilling or unable to comply with exit seating regulations or not suitable determined by cabin crew or other persons designated in the operation manual. (FSR Attachment 8.4.7.9)

'본 정보는 국토교통부 고시에 의거하여 제작되었고 국토교통부 장관의 승인을 득하여 운영됨'

▲ 대한항공의 비상구 좌석 착석 승객 적정성 기준

출처: Safety Information Card

### 4 담당 Door 대기

승객 탑승이 완료되고 항공기 출입문이 닫히면 객실 승무원은 담당 Door로 이동하여 대기한다.

### 5 Safety Check 지시에 따른 Slide Mode 변경 완료 및 보고

담당 Door에 대기하여 사무장의 Safety Check 지시에 맞추어 Slide Mode를 팽창위치로 변경하고, All Attendant Call로 Safety Check가 완료되었음을 보고한다. 보고 절차의 예는 다음과 같다.

#### ■ 출발 시 Door Safety Check 보고 절차 및 예시

| | 출발 시 Door Safety Check 절차 |
|---|---|
| 1 | PA를 이용한 객실 사무장 방송 "Cabin Crew! Door Side Stand By!" |
| 2 | PA를 이용한 객실 사무장 방송 "Safety Check!" |
| 3 | 모든 Door 담당 승무원은 Door Slide Mode를 변경한다. 즉 Slide Arming Lever를 팽창위치로 변경한다. |
| 4 | Door 담당 승무원은 반대편 Door의 Slide Arming 상태가 제대로 변경되었는지 Thumb Up으로 Arming Lever를 가리키며 상호 확인한다. |
| 5 | 사무장은 All Attendant Call을 하여 모든 Door의 Safety Check 상태를 보고받는다. 이때 각 항공기의 최후방 L Side부터 보고하고, Upper Deck이 있는 기종은 Upper Deck 상태를 나중에 보고한다. |

| | B747 항공기의 Safety Check 보고의 예. 객실 사무장이 L1에 위치한 경우 |
|---|---|
| 1 | "L5 Safety Check했습니다." |
| 2 | "L4 Safety Check했습니다." |
| 3 | "L3 Safety Check했습니다." |
| 4 | "L2 Safety Check했습니다." |
| 5 | "UL(혹은 Upper Deck) Safety Check했습니다." |

이때 L Side 승무원은 R Side의 Safety Check 상태를 포괄하여 보고하는 것이다.

| A380 항공기의 Safety Check 보고의 예. 객실 사무장이 L1에 위치한 경우 | |
|---|---|
| 1 | "L5 Safety Check했습니다." |
| 2 | "L4 Safety Check했습니다." |
| 3 | "L3 Safety Check했습니다." |
| 4 | "L2 Safety Check했습니다." |
| 5 | "UL3 Safety Check했습니다." |
| 6 | "UL2 Safety Check했습니다." |
| 7 | "UL1 Safety Check했습니다." |

이때 L Side 승무원은 R Side의 Safety Check 상태를 포괄하여 보고하는 것이다.

Slide Mode Arming Lever를 팽창위치(Armed Position, Automatic Position)에 두고 항공기 Door를 개방하면 자동으로 탈출 미끄럼대가 펼쳐지도록 제작되어 있다. 반대로 Slide Mode Arming Lever를 정상위치(Disarmed Position, Manual Position)에 두고 항공기 Door를 개방하면 일상적으로 승객 탑승과 하기가 가능하다. 따라서 평상시 Door 개방 시 실수로 탈출 미끄럼대가 펼쳐지지 않도록 Slide Arming Lever의 위치를 조정할 때는 각별한 주의가 필요하다.

| Slide Mode Arming Lever 조정의 의미 | |
|---|---|
| 팽창위치<br>(Armed Position, Automatic Position) | 정상위치<br>(Disarmed Position, Manual Position) |
| 항공기 Door를 개방하면 자동으로 탈출 미끄럼대가 펼쳐지도록 제작되어 있다. | 항공기 Door를 개방하면 일상적으로 승객 탑승과 하기가 가능하다. |

| 비상 탈출용 미끄럼대(Slide vs Slide/Raft) | |
|---|---|
| 항공기의 모든 Door(Overwing Window Exit 제외)는 비상시 승객의 신속한 탈출을 위해 Slide(혹은 Slide/Raft 겸용)이 설치되어 있으며, 비상시 90초 안에 모든 Slide(혹은 Slide/Raft 겸용)를 팽창시켜 승객 전원을 탈출시킬 수 있도록 설계되어 있다. | |
| Slide Type | 비상 착륙 시 사용 가능하며, 비상 착수 시 Slide를 부유물로 활용할 수 있다. |
| Slide/Raft 겸용 | 비상 착륙 및 비상 착수 시 사용이 가능하며 비상 착수 시 Slide/Raft를 항공기 동체와 분리시킬 수 있는 Ditching Release Handle을 이용하여 분리하고, Slide/Raft와 동체의 연결선인 Mooring Line을 절단하도록 Knife가 Slide/Raft에 탑재되어 있다. |

### 6 PA에 따른 Welcome 인사

Safety Check이 완료되면 방송 담당자는 Welcome 방송을 하고 전 승무원은 담당구역 최전방에 서서 Welcome 방송에 맞추어 인사를 한다.

### 7 안전 영상 상영에 따른 안전 업무(UM, 장애 승객 개별 브리핑 등)

Welcome 방송에 이어 안전 영상이 상영된다. 그러나 모니터가 없거나 고장이 난 기종은 승무원이 직접 실연해야 하므로 사전에 데모장비의 청결 상태와 내용물 상태를 확인해 두어야 한다. 안전 영상이 상영되면 UM과 장애 승객에게 개별 브리핑을 한다.

### 8 상위클래스 및 VIP, High Miler(상용 고객) 승객 인사

안전 영상이 종료되면 상위클래스 승객과 VIP, 상용 고객에게 탑승 감사 인사를 드린다.

### 9 최종 객실 안전 점검 및 승무원 착석

항공기가 이륙을 위해 활주로로 이동하는 동안 객실 승무원은 객실과 갤리, 화장실 등 유동물을 고정하는 등 최종 안전 점검을 한다. 모든 승무원은 객실과 승객의 안전 상태 점검을 마치고 Jumpseat에 착석하여 좌석벨트와 Shoulder Harness를 착용한다. 또한 Taxing 중 이석하는 승객이 없는지 살피고 30 Seconds Review를 한다. Jumpseat에 착석하여 Ready Position을 하고 이륙에 대비한다.

*To Be More Professional Crews!*

#### 30 Seconds Review와 Ready Position

30 Seconds Review란 항공기 이·착륙 시 객실승무원이 Jumpseat에 앉아 있는 동안 현 단계에서 발생 가능한 비상 사태를 가상하고 자신이 행할 행동 절차를 약 30초 동안 구체적으로 리뷰(Review)하는 것을 말한다.

이때 승무원의 착석 자세는 좌석벨트 및 Shoulder Harness를 착용하고 Jumpseat과 등 사이에 공간이 남지 않도록 바짝 기대어 앉고, 양 손바닥을 위로 향하게 하여 허벅지 아래에 고정시킨다. 이 자세를 Ready Position이라고 한다.

▲ Ready Position의 예

## (2) 객실 사무장

### 1 입국서류 및 입항서류 탑재 확인

항공기가 이륙하기 전까지 승객들이 작성해야 하는 입국서류와 항공기 기번과 출발지, 도착지 등 제반사항에 대한 신고서인 GD(General Declaration), 승객 명단인 PM(Passenger Manifest), 화물 명단인 CM(Cargo Manifest) 등이 적힌 입항서류가 필요한 부수만큼 지상 직원으로부터 전달되었는지 확인해야 한다.

**GENERAL DECLARATION**
(Outward/Inward)

Owner or Operator　JB Airlines
Marks of Nationality and Registration　HL0001　Flight No.　JB111　Date　19-Mar-21
Departure from　13:00 - Incheon/Korea (Place and Country)　Arrival at　08:30 - LA/USA (Place and Country)

| PLACE | FLIGHT ROUTING ("Place" column always to list origin, every en-route stop and destination) | | | | | | | Number Of Passengers On This Stage |
|---|---|---|---|---|---|---|---|---|
| | | Name of Crew | Gen. | Passport | Expiry | DOB | Nat. | |
| ICN To LAX | PIC | Ms. Soo Lee | F | -------- | ------- | -------- | ----- | Departure Place: ICN |
| | FO | Mr. Iason Yoo | M | -------- | ------- | 27-01-1970 | ----- | |
| | PUR | Ms. Chan Jung | F | -------- | ------- | -------- | ----- | Embarking: |
| | CC | Mr. Yong Choi | M | -------- | ------- | -------- | ----- | Through on same flight: |

* GD에서 PIC는 Pilot in Command, FO는 Flight Officer, PUR는 Purser, CC는 Cabin Crew의 약어이다.

▲ GD(General Declaration)의 예

PIC는 비행하는 동안 운항과 안전에 궁극적으로 책임을 지는 기장으로 PIC에 대한 법적인 정의는 나라마다 조금씩 다를 수 있으나, 유엔의 기관인 국제민간항공기구(ICAO, International Civil Aviation Organization)에서는 다음과 같이 정의한다. "파일럿은 비행을 하는 동안 항공기의 운항과 안전에 책임을 진다." 따라서 PIC가 해당 편 비행에 최종적으로 항공기 운항과 안전에 관하여 법적인 책임과 권한이 있다.

FO는 'Co-Pilot'이라고도 한다. 운항에 대한 책임이 PIC 다음으로 부여되며 PIC가 업무 수행이 불가능한 경우에 모든 권한과 책임을 이양받는 기장을 말한다.

*To Be More Professional Crews!*

## GD, PM, CM의 구분

### GD(General Declaration)

항공기 기번, Dead Head를 포함한 승무원 명단, 출 · 도착지, 경유 여부에 따른 구간별 탑승객 수, 전체 탑승객 수, 환자 발생 여부, 검역 특이사항, 경유지 여부 등을 기재한다.

### PM(Passenger Manifest)

탑승객 정보로 알파벳순으로 정리되어 있으며 실제 탑승한 승객의 정보와 반드시 일치해야 하고 GD에 기재한 승객 수와도 일치해야 한다.

### CM(Cargo Manifest)

화물 적하 목록으로 승무원이 활용하는 경우는 없으나 비행 전 지상 직원에게 건네받은 CM을 도착지 지상 직원에게 인계해야 하므로 탑재 여부를 확인해야 한다.

**JB 908 PASSENGER MANIFEST**

| NO | NAME | NATIONALITY | AGE |
|---|---|---|---|
| 1 | GA/NADARA | KOR | 35 |
| 2 | NA/SARABOI | JPN | 23 |
| 3 | JAMES/WALDEN | USA | 55 |
| 4 | RA/MIYOUNG | KOR | 48 |
| 5 | MA/JANGIL | KOR | 22 |
| 6 | BARAM/JIKAHDA | CHN | 43 |
| 7 | SA/YONGJOONG | KOR | 17 |
| 8 | AH/JIMAE | KOR | 65 |
| 9 | JAJANG/MYEONCHOIGO | KOR | 37 |
| 10 | CHAGABDA/CHAGAWA | KOR | 25 |
| 11 | KADURA/TONGSHIN | JPN | 18 |
| 12 | TA/IRENOL | CHN | 75 |
| 13 | PARIDA/BAQRA | BKK | 33 |
| 14 | TOM/MORY | UAS | 56 |

▲ 승객 명단 PM(Passenger Manifest)의 예

Aviapartner 10:16 07/17/20

# CARGO MANIFEST Type 4
## I.C.A.O. Annex 9, appendix 3

Owner or Operator: **JB Airlines**

Marks of Nationality and Registration HL0001 Flight No. JB111 Date 19-Mar-21

Point of loading: Amsterdam, Schiphol Point of unloading: Kuala Lumpur, KUALA LUMPUR

| Pallet/ULD No:<br>LOCO/Transit: | | | | For use by owner /operator | | | |
|---|---|---|---|---|---|---|---|
| No | Airway Bill and Part No | No Of Pieces | Nature of goods | Gross Weight | ORI/DES | Remarks | Official use |

| ULD: BULK KUL | | | | | | | |
|---|---|---|---|---|---|---|---|
| COMMERCIAL CARGO / LOCAL CARGO | | | | | | | |
| 1 | 234-12879082 | 3 | LIVE DOG | 30.5 | AMS/KUL | AVI | X |
| COMMERCIAL CARGO / TRANSIT | | | | | | | |
| 1 | 234-11348963 | 4 | LIVE BIRDS .28 | 70.0 | AMS/DAC | AVI | X |
| 2 | 234-12345678 | 1 | FREQUENCY RESPO | 1.3 | AMS/DEL | SPX | X |
| 3 | 234-34529846 | 1 | SHIPMENT OF POT | 9.4 | AMS/DEL | SPX | X |
| 4 | 232-74625283 | 1 | CONSOL | 6.4 | AMS/MNL | SPX | X |
| 5 | 232-74635241 | 1 | CONSOL | 0.3 | AMS/MNL | SPX DGVS80012035 | T1 |
| 6 | 232-64093746 | 1 | CONSOL | 1.0 | AMS/MNL | | X |
| | Total | 12 | | 118.9 | | | |
| | | | | | | | |
| | | | | | | | |
| | | | | | | | |
| | | | | | | | |
| | | | | | | | |

| ULD: AKE 3664 MH KUL | | | | | | | |
|---|---|---|---|---|---|---|---|
| COMMERCIAL CARGO / LOCAL CARGO | | | | | | | |
| 1 | 234-12837678 | 5/7 | COURRIE GOODS | 252.0 | AMS/KUL | COU | T1 |
| COMMERCIAL CARGO / TRANSIT | | | | | | | |
| 1 | 234-12837748 | 10/20 | TEXTILES | 72.0 | AMS/MEL | SPX | X |

All shipment on this cargo manifest have been handled in accordance with the dutch NCASP.
Consignor is registered under identification code NL/RA00105-00/0112
Prepared by: Mr. Arnold Parlmer

▲ 화물 명단 CM(Cargo Manifest)의 예

### 2 기내식 탑재 이상 여부 최종 확인

기내식 탑재 확인서에 기재된 품목 및 수량이 제대로 탑재되었는지 최종 확인하고 추가로 주문한 물품의 탑재 여부를 반드시 확인한다.

### 3 이례 상황 처리(초과 휴대 수화물, 좌석 중복 승객 등)

객실 사무장은 탑승구에서 승객의 짐이 무게나 부피의 제한범위를 초과하는 경우 초과 휴대 수화물로 처리하여 기내 반입이 불가함을 안내하고, 좌석 배정이 중복되는 경우 지상 직원의 협조하에 재배정되도록 하는 등 이례 상황에 대처한다.

UM 탑승 시 담당 승무원에게 인계하여 좌석 안내 및 제반 도움을 주도록 조치하며 장애 승객 및 유아 동반 승객 탑승 시 도움을 드릴 수 있도록 한다.

각 상황별 응대 요령은 Chapter 4의 '3. 이례 상황 대처'에서 자세히 다루기로 한다.

### 4 기장 보고 후 Door Close

승객 탑승이 완료되었음을 지상 직원이 알리면, 객실 사무장은 기장에게 보고한 후 탑승구를 닫는다.

### 5 Safety Check 지시

사무장은 항공기 Door를 닫고 PA로 전 승무원에게 Safety Check를 지시한다. ("Cabin Crew, Door Side Stand By, Safety Check!")

### 6 Safety Check 완료 점검

객실 사무장은 Safety Check를 지시한 후 All Attendant Call로 Safety Check가 완료되었는지 확인한다.

### 7 PA에 따른 Welcome 인사

객실 승무원의 업무와 동일하므로 관련 내용(p. 113)을 참조한다.

### 8 Safety Check, 안전 업무 수행 확인

객실 Safety Check 상태와 안전 업무 수행 상태를 확인한다.

### 9 Push Back 준비 완료 보고(기장에게 보고)

Safety Check 완료 확인과 안전 업무가 이상이 없음을 확인한 후 기장에게 Push Back

준비가 되었음을 보고한다.

### 10 BGM 종료

Safety Check를 확인한 후 항공기가 이륙을 위해 이동하기 위한 Push Back 준비가 되었음을 기장에게 알리고 재생 중인 BGM을 중단시킨다.

### 11 안전 영상 상영(객실 조명 조절 Dim)

Safety Check 보고 후 방송 담당자가 Welcome 방송을 하고 Welcome 방송에 이어서 안전 영상이 상영되도록 한다. 이 경우 객실 사무장은 객실 조명을 Dim 상태로 조절하여 모니터가 잘 보이도록 하고 승무원이 직접 실연하는 경우에는 객실 조명을 Bright 상태로 조절한다.

### 12 개별적 승객 인사(상위클래스 및 VIP, High Miler, 특별 승객)

객실 사무장은 승객 탑승 시 상위클래스 승객, VIP, 상용 고객이 있는 경우, 감사의 인사를 개별적으로 실시한다.

### 13 이륙 전 안전 점검 최종 확인 및 Jumpseat 착석

안전 영상 상영이 끝나면 객실과 승객의 안전 상태 점검을 마치고, 모든 승무원은 Jumpseat에 착석하여 좌석벨트와 Shoulder Harness를 착용한다. 또한 Taxing 중 이석하는 승객이 없는지 살피고 30 Seconds Review를 하고 Ready Position을 유지한다.

객실 사무장은 기장에게 객실 이륙 준비 완료를 보고하고 이륙 전 객실 조명을 외부 밝기에 맞도록 Dim으로 조절한다.

### 14 기장에게 객실 이륙 준비 완료 보고 및 이륙(Take Off) 방송 직접 실시

객실 사무장은 최종 안전 점검 후 기장에게 객실 이륙 준비가 완료되었음을 보고하며 이륙을 알리는 차임이 들리면 이륙 방송을 실시한다.

이후 나오는 **Quiz 15~31번**에서 관련 내용을 복습한다. 

## 5) 비행 중 업무

| 객실 승무원 | 객실 사무장 |
|---|---|
| 1 Fasten Seatbelt Sign Off 후 서비스 준비 시작<br>• 객실 공백 없도록 객실 순회<br>2 갤리 브리핑 참석<br>3 일반석 편의용품, 헤드폰 서비스<br>4 어린이 기념품 증정<br>5 음료 및 기내식 서비스<br>6 면세품 판매<br>7 입국서류 작성 협조<br>8 객실 청소, 기내 순회 및 승객 응대 | 1 Fasten Seatbelt Sign Off에 따른 객실 조명 조절/객실 온도 확인<br>2 객실 순회<br>3 갤리 브리핑 실시 지도<br>4 음료 및 기내식 서비스 지원<br>5 면세품 판매 시 객실 조명 조절<br>6 입국서류 배포(필요 시)<br>7 기내 순회 및 승객 응대<br>8 이례 상황 대처(불만 고객, 환자 발생 시) |

### (1) 객실 승무원

#### 1 Fasten Seatbelt Sign Off 후 서비스 준비 시작(승객 Care를 위한 객실 순회)

항공기가 이륙 후 정상 고도에 다다르면 좌석벨트 표시등이 꺼지고 방송 담당자는 상시 좌석벨트 착용 안내 방송을 실시한다. Jumpseat에 착석 중이던 승무원들은 일어나 서비스 준비를 시작하고 객실 공백이 없도록 일부 승무원은 객실을 순회하며 승객을 살펴야 한다.

#### 2 갤리 브리핑 참석

서비스 전 승무원들은 갤리에 모여 원활하고 효과적인 서비스가 되도록 정보를 교환하는 갤리 브리핑을 실시한다.

#### 3 일반석 편의용품, 헤드폰 서비스

일반석은 지상에서 완료되지 않은 경우, 이륙 후 승객들이 비행 중 사용할 편의용품과 헤드폰을 제공한다. 편의용품이 없는 경우에는 생략하고, 단거리 노선에서 헤드폰이 아닌 이어폰을 '기념품'으로 갖길 원하는 승객에게는 이어폰을 제공하기도 한다.

#### 4 어린이 기념품 증정

어린이용 기념품이 있는 경우 편의용품과 헤드폰 서비스 시 함께 제공한다. 지상에서 해당 승객이 있는 경우 서비스하나, 안전에 지장을 주지 않는 범위 내에서 서비스하고 완료되지 않은 경우 이륙 후 이어서 제공한다.

### 5 음료 및 기내식 서비스

식전주 서비스가 있는 경우 승객들이 충분히 즐기실 수 있도록 추가 서비스를 하고 빈 컵을 회수한 후 식사 서비스를 진행한다. 근래에는 식전주와 식사를 한 번에 서비스하는 추세로, 이런 경우에는 갤리에서 서비스 용품이 충분히 보충되도록 하여 승객이 원하는 음료를 신속히 서비스할 수 있도록 한다.

### 6 면세품 판매

국제선의 경우 일반적으로 식사 서비스가 종료되면 기내 면세품 판매를 하며 원활한 판매가 되도록 모든 승무원이 협력한다. 판매에만 집중하여 기내 면세품 구매 의사가 없고 휴식을 원하는 승객들에게 불편을 끼치지 않도록 개별 승객의 요구에 적극적으로 대처한다.

### 7 입국서류 작성 협조

도착지 공항에서 필요한 입국서류를 배포하고 작성에 도움이 필요한 승객에게 도움을 제공한다. 점차 도착지별로 입국 절차가 전자 인증으로 바뀌고 있어 기내에서 작성하는 서류가 줄고 있으므로 출발 전 도착지 정보를 잘 숙지하여 안내하도록 한다.

### 8 객실 청소, 기내 순회 및 승객 응대

식사 서비스 종료 시 객실 환경을 정리하고 화장실 청결 상태와 비치품이 충분한지 여부를 확인한다.

## (2) 객실 사무장

### 1 Fasten Seatbelt Sign Off에 따른 객실 조명 조절/객실 온도 확인

객실 사무장은 이륙 중 기내 온도의 변화가 크므로 적절하게 객실 온도를 조절하여 승객이 불편하지 않도록 하고 객실 조명을 밝게 변경하여 서비스 준비를 알린다.

### 2 객실 순회

객실 사무장은 이륙 후 객실을 순회하며 승객들의 요구를 확인하고, 이륙하기 전에 탑승 인사를 마치지 못한 특별 고객에게 감사 인사를 한다.

### 3 갤리 브리핑 실시 지도

객실 사무장은 서비스 시작 전 갤리별로 브리핑이 이루어지도록 지도하여 원활한

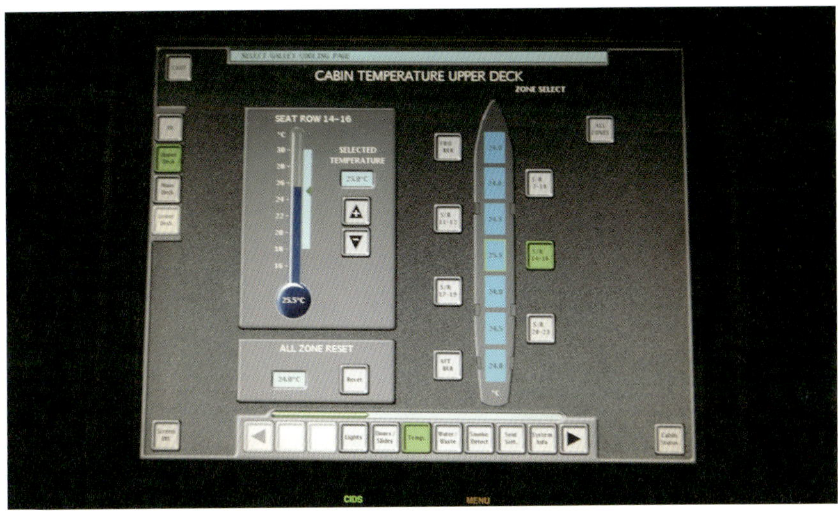


▲ FAP를 통한 온도 조절의 예

서비스가 진행되도록 한다.

### 4 음료 및 기내식 서비스 지원

클래스별로 충원이 필요한 곳에 승무원을 재배치하거나 직접 서비스에 가담하여 승객 불편을 최소화한다.

### 5 면세품 판매 시 객실 조명 조절

면세품 판매 시 객실 조도를 Bright로 변경하거나 야간 비행 시 승객 대부분이 휴식을 취하는 경우에는 Night로 변경하는 등 승객 요구에 적절히 대응해야 한다.

### 6 입국서류 배포(필요시)

입국서류가 필요한 도착지인 경우에는 항공기 출발 전에 지상에서 탑재된 입국서류를 각 클래스별로 배분하여 서비스되도록 한다.

### 7 기내 순회 및 승객 응대

승객 휴식 시 기내 순회를 하며 승객의 요구사항을 해결한다.

### 8 이례 상황 대처(불만 고객, 환자 발생 시)

객실 사무장은 비행 중 발생하는 승객 불만사항에 대해 최종 확인하고 해결할 의무가 있으며 환자 발생 시 신속하고 적절하게 응급처치를 해야 한다.

## 6) 착륙 준비 업무

| 객실 승무원 | 객실 사무장 |
|---|---|
| **1** 객실 사무장 전달 서류 취합 및 전달<br>• 면세품 판매 장부 사본, 재고조사 리스트, 승객 제언 등<br>**2** 기내 설비 이상 보고<br>**3** Galley 정리 및 안전 업무<br>**4** 특별 서비스 요청 승객 하기 절차 안내<br>**5** VIP, High Miler 승객에게 탑승 감사 인사<br>**6** 승객 의복 및 보관품 반환<br>**7** 서비스 용품 회수<br>• Used Cup<br>**8** Sealing 확인<br>• Red Sealing: 주류 및 면세품<br>• Blue Sealing: 소모품(모기지 도착 제외)<br>**9** 최종 안전 점검 및 Jumpseat 착석<br>• Ready Position 및 30 Seconds Review | **1** 인수인계 물품 정리<br>• 입항서류, 환자 승객 서약서, 재고조사 리스트, 면세품 판매 장부 사본, 승객 제언 등<br>**2** 기내 설비 이상 여부 기록(CL)<br>**3** Galley 정리 및 안전 업무 확인<br>**4** 특별 서비스 요청 승객 하기 협조사항 재확인<br>**5** VIP, High Miler, 상위클래스 승객에게 탑승 감사 인사<br>**6** 승객 의복 및 보관품 반환 협조 및 확인<br>**7** 서비스 용품 회수 확인<br>**8** Sealing 확인<br>**9** 객실 조명 조절<br>• Dim 상태로 조절<br>**10** 최종 안전 점검 및 Jumpseat 착석<br>• Ready Position 및 30 Seconds Review |

### (1) 객실 승무원

착륙 준비 단계는 Approaching과 Landing으로 구별된다. Approaching은 도착 20분 전을 알리는 시점으로 추가적인 서비스는 불가하며 서비스된 물품을 회수하는 단계로 안전 점검을 시작해야 한다. Landing 시점은 객실 및 갤리, 화장실 등 최종 안전 점검을 마치고 전 승무원들도 Jumpseat에 앉아 Ready Position을 하고 착륙에 대비해야 하는 시점이다.

*To Be More Professional Crews!*

**기내 표준 신호 체계**

승객이 승무원을 호출하기 위해 Passenger Call을 누르거나 승무원 간에 의사소통을 하기 위해 Handset을 이용하여 통화를 하는 경우, 기류변화 알림, 이·착륙 신호 등 각 상황별로 객실 내 차임이 울린다. 항공사별로 다소 차이가 있으나 대략적인 구분은 다음과 같다.

객실 내 Master Call Light Panel에 각 신호에 따라 해당 버튼 Light가 On되므로 Chime과 함께 육안으로 확인할 수 있다. Passenger Call에는 Blue, Interphone에는 Pink, Lavatory Call에는 Amber Light가 On된다.

**기내 표준 신호와 나타내는 상황**

| 구분 | 표준 신호 | 상황 |
|---|---|---|
| Passenger Call | High Single Chime("땡!") | 승객의 호출 |
| Interphone | High Low Chime("띵똥!") | 승무원 간 전화 |
| Take Off | Fasten Seatbelt Sign 3회 점멸 후 On | 객실 이륙 |
| 이륙 후 정상 고도 도착 시 | Fasten Seatbelt Sign Off | 좌석벨트 상시 착용 |
| Turbulence | Fasten Seatbelt Sign 1회 혹은 2회<br>(심한 기류변화 시) 점멸 후 On | 기류변화 |
| Approaching | Fasten Seatbelt Sign 3회 점멸 후 Off | 착륙 준비 |
| Landing | Fasten Seatbelt Sign 3회 점멸 후 On | 착륙 준비 및 착석 |

▲ 비행 중 Turbulence로 인한 Seatbelt Sign On 상태

▲ Master Call Light Panel

## 1 객실 사무장 전달 서류 취합 및 전달

착륙 준비를 위해 객실 사무장에게 전달해야 하는 각종 서류(면세품 판매 장부 사본, 재고조사 리스트, 승객 제언 등)를 취합하여 전달하여 분실되는 일이 없도록 주의한다.

## 2 기내 설비 이상 보고

비행 중 설비에 이상이 있었던 부분을 최종 보고하여 도착 후 정비되도록 한다.

## 3 Galley 정리 및 안전 업무

갤리 내 유동물질이 없도록 정리하고 객실 내 모든 휴대 수화물이 정해진 위치에 보관되도록 점검한다. 모든 승객이 좌석에 착석하고 좌석벨트를 착용했는지 확인하며, 유아 동반 승객은 좌석벨트를 착용한 보호자가 유아를 직접 안고 있는 상태로 착륙할 수 있도록 안내한다. 승무원 또한 Jumpseat에 착석하여 좌석벨트와 Shoulder Harnesss(어깨 끈)를 착용한다.

*To Be More Professional Crews!*

### 승무원 좌석벨트 착용 규정

- 모든 객실 승무원은 이 · 착륙하는 동안 및 기장의 지시가 있는 경우에 항상 좌석벨트를 착용해야 한다. Shoulder Harness가 장착된 경우 어깨끈을 포함한다.
- 좌석벨트와 Shoulder Harness가 장착된 좌석에 착석하는 자는 비행 중요 단계(Critical Phases of Flight) 동안 좌석벨트와 어깨끈을 착용하고 있어야 한다.(다만, 비행 중요 단계라 하더라도 화재 진압, 응급환자 구호 등의 긴급상황이 발생한 경우는 예외로 한다.)
- 빈 좌석에 있는 좌석벨트와 어깨끈은 승무원의 임무 수행을 방해하거나 비상사태 발생 시 탑승자의 신속한 탈출을 방해하지 않도록 조치해야 한다. 따라서 빈 좌석에 있는 좌석벨트가 복도 쪽으로 흘러나와 있지 않은지 수시로 확인하고 정리하는 것 또한 객실 승무원의 안전 업무에 해당한다.

## 4 특별 서비스 요청 승객 하기 절차 안내

하기 시 도움이 필요한 승객에게 하기 절차를 개별적으로 안내한다. 예를 들어 휠체어 승객의 경우, 출발 전에 위탁 수화물로 처리된 개인용 휠체어가 항공기 출입구에 준비되는 것을 확인한 후 하기하시는 것을 도와드릴 것을 안내한다. UM 승객은 일반석 승객에 앞서서 하기할 수 있도록 하고 도착 시 필요한 안내를 개별적으로 한다.

## 5 VIP, High Miler 승객에게 탑승 감사 인사

출발 전에 개별 인사를 한 것과 동일하게 VIP와 상용 고객에게 탑승 감사 인사를 하고, 비행 중 불편한 점이 있었다면 다시 한번 사과를 드리며, 최종 목적지가 있는 경우 필요한 안내를 한다. 상위클래스 담당 승무원은 승객 모두에게 개별적으로 감사 인사를 한다.

### 6 승객 의복 및 보관품 반환

착륙 준비를 위해 승객에게 보관을 의뢰받았던 의복이나 물품을 반환한다.

### 7 서비스 용품 회수

승객에게 제공했던 서비스 용품(Used Cup, 헤드폰 등)을 회수하여 재사용이 가능한 용품은 별도로 보관한다. 이때 이어폰을 제공한 경우에는 재활용하지 않으므로 회수하지 않는다. 도착 시까지 사용을 원하시는 승객은 승객 하기 시 앞 좌석 주머니에 보관하도록 안내하고, 회수 또한 승객이 하기한 후 개별적으로 한다.

### 8 Sealing 확인

각종 Cart 혹은 Compartment에 보관 중인 주류나 면세품은 붉은색 일회용 자물쇠인 Red Seal을 이용하여 잠그고, 그 밖의 소모품은 파란색 Seal을 이용하여 잠근다. 다만 모기지에 도착하는 경우 소모품은 전량 하기하므로 Sealing할 필요가 없다.

*To Be More Professional Crews!*

**Sealing**

잠그거나 밀봉하는 것을 말하며, 기내에 보관 중인 주류와 면세품은 도착 전에 붉은색 Red Seal을, 소모품 보관장소에는 파란색 Blue Seal을 이용하여 잠근다. 단, 모기지에 도착하는 경우에는 소모품 보관장소를 제외하고 주류와 면세품 보관장소에만 Red Seal을 한다. 면세품 중 고가품의 경우에는 도착 후 지상 조업원과 재고량을 상호 확인한 후 Red Seal을 한다.

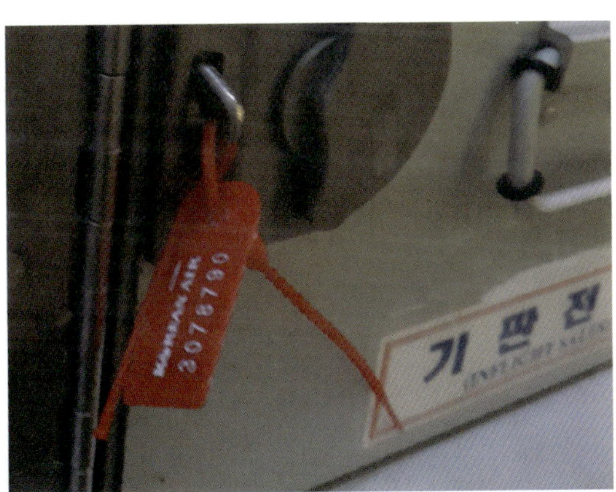


▲ Red Seal 활용의 예

### 9 최종 안전 점검 및 Jumpseat 착석
일련의 안전 점검을 완수하고 해당 Jumpseat에 착석하여 Seatbelt와 Shoulder Harness를 착용하고 Ready Position을 취하며 30 Seconds Review를 한다.

## (2) 객실 사무장
### 1 인수인계 물품 정리
객실 승무원들로부터 받은 승객 제언이나 재고조사 리스트, 면세품 판매 장부 사본, 서비스 용품 재고조사 리스트(모기지 도착 시에는 필요 없음) 등을 취합한다. 또한 출발 전에 지상 직원에게서 인계받은 입항서류 및 환자 승객 서약서(해당 승객 탑승 시) 등을 정리해 둔다.

### 2 기내 설비 이상 여부 기록(CL)
기내 설비 이상에 대한 보고를 받은 부분은 CL(Cabin Log)에 기록하여 정비가 이루어지도록 한다.

### 3 Galley 정리 및 안전 업무 확인
안전 업무에 대해 최종적으로 재확인한다.

### 4 특별 서비스 요청 승객 하기 협조사항 재확인
특별 서비스를 요청한 승객에게 하기 시 필요한 도움을 제공하도록 담당 승무원에게 지시하고, 도착 후 지상 직원에게 요청할 사항을 재확인한다.

### 5 VIP, High Miler, 상위클래스 승객에게 탑승 감사 인사
객실 사무장은 위 승객뿐만 아니라 비행 중 불만을 제기했거나 특별히 인사를 드려야 할 승객을 대상으로 Farewell 인사를 개별적으로 실시한다.

### 6 승객 의복 및 보관품 반환 협조 및 확인
승객 의복 및 보관품 반환 여부를 최종 확인한다.

### 7 서비스 용품 회수 확인
승객에게 제공했던 서비스 용품(Used Cup, 헤드폰 등)을 회수하고 규정에 맞게 보관했는지 확인한다.

### 8 Sealing 확인

도착 전에 주류와 면세품, 소모품 등을 보관한 Cart 혹은 Compartment가 잠금장치(Seal)를 이용하여 Sealing되었는지 확인한다.

### 9 객실 조명 조절

착륙 준비를 위해 객실 조명을 Dim으로 조절하고, B787-9 항공기인 경우 전 좌석의 Window Shade를 Open한다. B787-9은 승객이 자동으로 Window Shade 개폐를 조절할 수 있도록 되어 있으나 이·착륙 시에는 객실 사무장이 전 좌석 Window Shade를 Open으로 지정할 수 있다.

▲ B787-9 항공기의 EDW(Electronic Dimmable Window) 조절 버튼

### 10 최종 안전 점검 및 Jumpseat 착석

일련의 안전 점검을 완수하고 해당 Jumpseat에 착석하여 Seatbelt와 Shoulder Harness를 착용하고 Ready Position을 취하며 30 Seconds Review를 한다.

## 7) 착륙 후 업무

| 객실 승무원 | 객실 사무장 |
|---|---|
| ❶ Taxing 중 승객 착석 유도<br>❷ Safety Check<br>• 항공기 완전 정지 후 사무장의 Safety Check 지시에 따라 실시<br>• All Attendant Call로 보고<br>❸ 하기 인사<br>• 하기 우선 승객 배려<br>❹ 특별 서비스 요청 승객 하기 협조<br>❺ 유실물 점검<br>❻ 하기 용품 정리<br>• 기물 등 모기지 도착 시 세척을 위해 하기되어야 하는 물품 정리 | ❶ Safety Check 지시<br>• All Attendant Call로 지시 및 확인<br>• 항공기 완전 정지 후<br>❷ Door 개방<br>• Sealbelt Sign Off 확인 후<br>❸ Ship Pouch 인계 및 도착지 공항 규정 확인<br>• 운송서류 인계<br>• 도착지별 검역 실시 등 운송 직원의 안내에 따라 규정 준수<br>❹ 하기 인사<br>• 하기 우선 승객 배려<br>❺ 특별 서비스 요청 승객 인계 확인<br>❻ 이례 상황 발생 시 방송<br>• 승객 하기 지연 안내 방송(도착지 공항 요청 시)<br>• 탑승교 연결 지연 안내 방송<br>• Step Car를 이용한 하기 안내 방송<br>❼ 유실물 점검 최종 확인<br>❽ 객실 순회 및 안전 점검 |
| **승무원 하기 후** | |
| ❼ 디브리핑 참석 | ❾ 디브리핑 실시<br>❿ 비행 관련 서류 해당 부서 전달<br>⓫ 비정상 상황에 대한 보고 |

### (1) 객실 승무원

#### ❶ Taxing 중 승객 착석 유도

착륙 후 항공기가 완전히 멈추기 전까지 승객들이 착석하고 있도록 안내해야 한다.

#### ❷ Safety Check

항공기가 완전히 정지하면 사무장은 Safety Check를 PA로 지시하고 전 승무원은 Slide Mode를 정상위치로 변경한다. 이어서 사무장의 All Attendant Call을 받아 Safety Check를 했음을 보고한다.

### 3 하기 인사
담당 Door 근처에서 하기 인사를 하며, 하기 시 우선 승객을 배려하고, 응급환자가 있는 경우에는 최우선적으로 하기하도록 협조한다.

### 4 특별 서비스 요청 승객 하기 협조
담당구역에 혼자 여행하는 어린이나 노약자, 유아 동반 승객 등 특별 서비스 요청 승객이 있는 경우, 승객 하기에 도움을 드린다.

### 5 유실물 점검
승객 하기 후 신속하게 유실물 점검을 하여 승객 물품이 분실되는 일이 없도록 한다.

### 6 하기 용품 정리
비행 중 사용한 기물 등은 교대팀이 사용할 수 있도록 Compartment에 잘 정리하여 보관하고, 모기지 도착인 경우에는 세척을 위해 전량 하기될 수 있도록 한다.

### 7 디브리핑 참석
전 승무원은 항공기에서 하기하여 항공기 주변에서 실시하는 Debriefing에 참석한다. Debriefing은 비행 중 승객 불편사항 보고, 기내 면세품 판매 상황, 회사 전달 서류 담당자 확인 등 모든 비행의 종결을 확인하는 브리핑을 의미한다.

## (2) 객실 사무장

### 1 Safety Check 지시
항공기가 완전히 정지하면 PA를 이용하여 전 승무원에게 Safety Check를 지시하고 All Attendant Call을 하여 Safety Check 완료 보고를 받는다.

### 2 Door 개방
Door를 개방하기 전에 다시 한번 Slide Mode가 정상위치인지 확인하고, Door 주변에 장애물이 없는지 살핀다. 승객 하기용 출입문 개방은 Seatbelt Sign이 Off된 후 실시한다.

소형 기종을 제외한 항공기 출입문 개방은 외부에서 실시한다. Bridge 연결이 지연되거나 Step Car를 이용하여 하기하는 경우 등 이례 상황이 발생하면 안내 방송을 실시한다. 객실 조명은 Bright로 변경하고 BGM을 재생한다.

### 3 Ship Pouch 인계 및 도착지 공항 규정 확인

Door를 개방한 후 지상 직원에게 운송에 필요한 서류가 담긴 Ship Pouch를 인계하며, 도착지 규정에 따라 검역관의 기내 검사 등이 이루어지는 경우에는 절차에 따르고 해당 안내 방송을 실시한다.

### 4 하기 인사

응급환자, UM, VIP 등 우선적으로 하기해야 하는 승객이 먼저 내리실 수 있도록 조치하고, 마지막 승객까지 잊지 않고 하기 인사를 한다.

### 5 특별 서비스 요청 승객 인계 확인

UM, VIP, 환자 승객, 연결 시간이 촉박한 환승 승객, 도움이 필요한 승객 등 특별 서비스 요청이 있는 승객이나 지상 직원에게 인계해야 하는 승객이 있는 경우, 착오 없이 정보를 전달한다.

### 6 이례 상황 발생 시 방송

도착지 공항의 요청이 있는 경우에 승객 하기 지연에 대한 안내 방송을 실시하고 승객 불편 예상에 따른 안내 방송도 실시한다. 예를 들어 항공기 정지 후 탑승교나 Step Car 연결이 늦어지는 경우나, 도착지 공항의 요청이 있는 경우 등 승객 하기에 지연이 발생하면 그에 따른 안내 방송을 실시한다.

### 7 유실물 점검 최종 확인

승객이 하기한 후 승객 유실물 점검이 이루어지도록 지시하고 확인한다.

### 8 객실 순회 및 안전 점검

모든 Door의 Safety Check 상태가 정상위치(Manual Position 혹은 Disarmed Position)에 있는지 점검하고, 객실 내 안전 점검을 위해 전체 객실을 순회한다. Bunk가 있는 항공기는 Bunk 내 이상 여부도 함께 확인한다.

### 9 디브리핑 실시

항공기에서 하기하여 Ship Side(항공기 주변)에서 실시하는 Debriefing을 주관한다.

### 10 비행 관련 서류 해당 부서 전달

각종 서류는 해당 부서에 제출되도록 한다. 사무장이 전달할 서류 외에 담당 승무원이 전달할 서류가 있는 경우, 업무 분장을 확실히 한다. 특히 승객의 개인정보가 담긴 SHR은 파쇄하거나 공항지점에 전달하여 외부로 유출되지 않도록 유의해야 한다.

### 11 비정상 상황에 대한 보고

비행 중 비정상 상황이 발생한 경우에는 사건의 경위와 결과를 일목요연하게 정리하여 사내 사이트를 통해 보고한다. 그러기 위해서는 사건 발생 시 시각과 상황을 정리해 두는 것이 필요하다.

이후 나오는 **Quiz 32~40번**에서 관련 내용을 복습한다. 

1. 객실 승무원 교육에는 어떤 과정이 있는지 설명해 보자.

2. 객실 승무원 업무 절차 중 비행 준비부터 터미널 이동 전까지 업무를 설명해 보자.

3. 객실 브리핑 준비 내용을 설명해 보자.

4. 브리핑 자료(p. 73)를 보고 각 항목(1~15번)을 설명해 보자.

5. 조종실 출입 절차를 설명해 보자.

6. 항공 보안 단계를 설명해 보자.

7. Taser 사용 시 주의점을 설명해 보자.

8. 터미널 도착 후 객실 승무원의 업무 절차를 설명해 보자.

9. 항공기 도착 후 승객 탑승 전까지 객실 승무원의 업무 절차를 설명해 보자.

10. 항공기 도착 후 승객 탑승 전까지 객실 승무원의 업무 중 객실 점검 요령을 설명해 보자.

11 PA가 무엇인지 설명해 보자.

12 객실 사무장의 업무 중 CL 점검이 무엇인지 설명해 보자.

13 객실 사무장의 업무 중 IFE(In-Flight Entertainment) 시스템 점검 요령을 설명해 보자.

14 객실 사무장의 업무 중 Potable Water 탑재량 확인이 무엇인지 설명해 보자.

15 휴대 수화물 허용 기준(대한항공 기준)을 설명해 보자.

16 제한적으로 기내에 반입이 가능한 품목에는 무엇이 있는지 설명해 보자.

17 SHR이 무엇이며 취급 시 주의사항이 무엇인지 설명해 보자.

18 유아 동반 승객 탑승 시 안내 요령을 설명해 보자.

19 임산부 승객 탑승 시 안내 요령을 설명해 보자.

20 청각장애 승객 탑승 시 안내 요령을 설명해 보자.

21 시각장애 승객 탑승 시 안내 요령을 설명해 보자.

22 휠체어 승객 탑승 시 안내 요령을 설명해 보자.

23 지팡이 보관 요령을 설명해 보자.

24 UM 응대 요령을 탑승 시 - 비행 중 - 하기 시점별로 설명해 보자.

25 Pet(반려동물) 동반 승객을 대상으로 한 비행 중 안내사항이 무엇인지 설명해 보자.

26 비상구 좌석 착석 승객의 적정성 기준이 무엇인지 설명해 보자.

27 Push Back이 무엇인지 설명해 보자.

28 이륙 전 Safety Check 요령을 설명해 보자.

29 30 Seconds Review와 Ready Position이 무엇인지 설명해 보자.

30 입항서류에는 어떤 것들이 있는지 설명해 보자.

31 비행을 위한 Door Close 시점부터 이륙 방송까지 객실 사무장의 업무 절차를 설명해 보자.

32 이륙 후 Fasten Seatbelt Sign이 꺼진 후부터 착륙 준비 전까지 객실 사무장의 업무를 설명해 보자.

33 착륙 준비 시 객실 승무원의 업무를 설명해 보자.

34 기내 표준 신호 체계에 대해 설명해 보자.

35 착륙 전 주류 및 면세품과 소모품 보관장소 Sealing 절차를 설명해 보자.

36 Cabin Log가 무엇인지 설명해 보자.

37 Taxing 중 안전 업무를 설명해 보자.

38 착륙 후 Safety Check 절차를 설명해 보자.

39 Door 개방 시 주의점을 설명해 보자.

40 착륙 후 객실 사무장의 업무를 설명해 보자.

SERVICE ATTITUDE OF CABIN CREW

Chapter 4

# 서비스 자세

**학습 목표**

I. 서비스 기본 자세를 취할 수 있다.

II. 식음료 시 주의해야 할 서비스 자세를 취할 수 있다.

III. 이례 상황 대처 요령을 이해할 수 있다.

| NCS 능력단위 명칭 | 능력단위 요소 |
| --- | --- |
| 객실 승무 관리<br>1203010509_16v2 | **3. 불만 승객 관리하기**<br>1203010509_16v2.3 |
| 고객 만족 서비스<br>1203010513_16v1 | **1. 서비스 마인드 함양하기**<br>1203010513_16v1.1 |
| | **2. 이미지 메이킹하기**<br>1203010513_16v1.2 |
| | **3. 불만 고객 대처하기**<br>1203010513_16v1.3 |
| 항공 서비스 매너<br>1203010514_16v1 | **1. 기본 매너 갖추기**<br>1203010514_16v1.1 |
| | **2. 항공 서비스 매너 관리하기**<br>1203010514_16v1.2 |

### 3. 불만 승객 관리하기 수행준거

1 객실 서비스 및 객실 안전 규정에 따라 불만 상황에 대한 원인을 파악할 수 있다.
2 객실 서비스 및 객실 안전 규정에 따라 경청한 후 불만에 대한 해결 방안을 모색할 수 있다.
3 객실 서비스 및 객실 안전 규정에 따라 해결 방안에 대한 구체적인 행동을 보여줄 수 있다.
4 객실 서비스 및 객실 안전 규정에 따라 해당 승객에 대한 만족도를 재확인할 수 있다.

### 1. 서비스 마인드 함양하기 수행준거

1 객실 서비스 규정에 따라 고객 만족 서비스를 위한 서비스 마인드를 함양할 수 있다.
2 객실 서비스 규정에 따라 고객 만족 서비스를 위한 원활한 소통을 할 수 있다.
3 객실 서비스 규정에 따라 고객 만족 서비스를 위한 다양한 문화적 특성을 파악할 수 있다.

### 2. 이미지 메이킹하기 수행준거

1 객실 서비스 규정에 따라 필요한 용모 복장을 단정히 할 수 있다.
2 객실 서비스 규정에 따라 필요한 호감 주는 표정을 관리할 수 있다.
3 객실 서비스 규정에 따라 필요한 호감 주는 음성을 표현할 수 있다.
4 객실 서비스 규정에 따라 상황별 기본 매너를 지킬 수 있다.

### 3. 불만 고객 대처하기 수행준거

1 객실 서비스 규정에 따라 고객 행동유형을 파악할 수 있다.

2 객실 서비스 규정에 따라 불만 고객을 유형별로 대응할 수 있다.

3 객실 서비스 규정에 따라 불만 고객에 대한 대처 결과를 보고할 수 있다.

### 1. 기본 매너 갖추기 수행준거

1 객실 서비스 규정에 따라 고객 만족 서비스를 위한 서비스 마인드를 함양할 수 있다.

2 객실 서비스 규정에 따라 고객 만족 서비스를 위한 원활한 소통을 할 수 있다.

3 객실 서비스 규정에 따라 고객 만족 서비스를 위한 다양한 문화적 특성을 파악할 수 있다.

### 2. 항공 서비스 매너 관리하기 수행준거

1 객실 서비스 규정에 따라 필요한 용모 복장을 단정히 할 수 있다.

2 객실 서비스 규정에 따라 필요한 호감 주는 표정을 관리할 수 있다.

3 객실 서비스 규정에 따라 필요한 호감 주는 음성을 표현할 수 있다.

4 객실 서비스 규정에 따라 상황별 기본 매너를 지킬 수 있다.

# 1 기본예절

서비스의 기본은 상대방의 입장에서 불편하지 않고 편안함을 느낄 수 있도록 하는 것이며, 상대방을 존중하고 배려하는 마음이 전제되어야 한다. 기본 원칙을 지키지 못하는 기내 상황에서는 융통성 있게 변형하여 서비스할 수 있으나, 상대방을 존중하고 배려하는 마음이 전달되지 못한다면 기본 원칙을 지키지 못하는 불가피한 상황일지라도 승객에게 불쾌함만을 주게 된다.

따라서 항상 서비스의 기본 원칙이 몸에 배도록 훈련하는 것이 필요하며, 이와 동시에 승객을 응대하는 객실 승무원의 마음가짐 또한 기본 원칙 못지않게 매우 중요하다. 기본예절의 자세한 내용을 구체적으로 살펴보면 다음과 같다.

### 1) 태도

객실 승무원은 언제나 승객의 가시권에서 바른 자세를 유지하고 올바른 서비스 동작으로 승객을 대하며, 업무 지식 및 비행 정보를 숙지하여 정확한 답변을 제공하며, 탑승한 승객 모두에게 관심을 갖고 편안한 비행이 되도록 노력한다.

#### (1) 승객 응대의 신속성

승객 요구사항이 있는 경우에 즉시 해결하도록 노력하고, 즉시 해결이 불가능한 경우에는 해결 가능한 시점을 안내하여 승객이 막연히 기다리거나 응대가 소홀하다고 느끼지 않도록 한다.

#### (2) 승객 응대의 공평성

외국인 승객이나 특정 승객에게 추가적인 배려를 하게 되는 경우, 다른 승객들이 불쾌해하거나 소외감을 느낄 수 있으므로 모든 승객을 친절하고 공평한 태도로 대해야 한다.

#### (3) 해결 불가 시 대체 서비스

승객의 요구사항을 해결하는 것이 불가능할 경우에는 이유를 설명하여 이해시키고,

고객의 불편이 최소화되도록 대체할 만한 서비스를 제공하거나 방법을 제안하는 것이 좋다.

### (4) 비행 정보 숙지

승무원은 전문 서비스인으로서 업무 지식에 정통해 승객의 질문에 항상 정확한 답을 할 수 있어야 한다. 해당 편의 정보인 비행시간, 비행경로, 목적지 도착 예정시간, 비행정보 및 도착지 국가 출입국 규정을 숙지하고 기종별 좌석 사용법, 위성전화 장착 위치, 식사 메뉴 구성, 재료와 조리법 등을 정확히 숙지하여 승객의 질문에 항상 정확하게 답할 수 있도록 한다.

## 2) 표정과 시선

승객 응대 시 표정은 항상 밝게 유지하며 눈을 마주치며 승객의 기분이나 상황 등에 따라 적절하게 응대한다.

객실 구조상 승객의 옆에서 응대하게 되는 경우가 많으나, 되도록 승객을 대할 때에는 승객의 눈을 보고 응대할 수 있도록 정면에서 응대해야 한다. 고개를 돌리지 않은 상태로 승객을 응대할 경우에 흘겨본다는 오해를 받을 수 있다. 특히 앉아 있는 승객을 서서 내려다보면 승객 입장에서는 승무원을 올려다보게 되어 불편할 수 있으므로, 장시간 대화를 나누게 될 경우에는 눈높이 자세를 취하여 승객과의 시선을 편하게 하는 것이 좋다.

*To Be More Professional Crews!*

### 눈높이 자세

눈높이 자세는 승객과 장시간 대화를 나누거나 승객에게 사과할 때 등 필요한 경우에 취하는 자세로, 상위클래스에서는 메뉴 주문을 받을 때 취하기도 한다.

우선 승객을 정면으로 볼 수 있도록 승객의 1열 앞이나 승객 좌석 팔걸이 옆쪽에서 무릎을 꿇고 앉은 자세로 응대한다. 무릎 중 승객 쪽 무릎만을 바닥에 닿도록 하고, 다른 쪽 무릎은 약간 세워서 상체가 흔들리지 않도록 안정된 자세를 취한다. 이때 기내화가 벗겨지지 않도록 주의하며 승객 좌석 팔걸이에 기대지 않도록 유의한다.

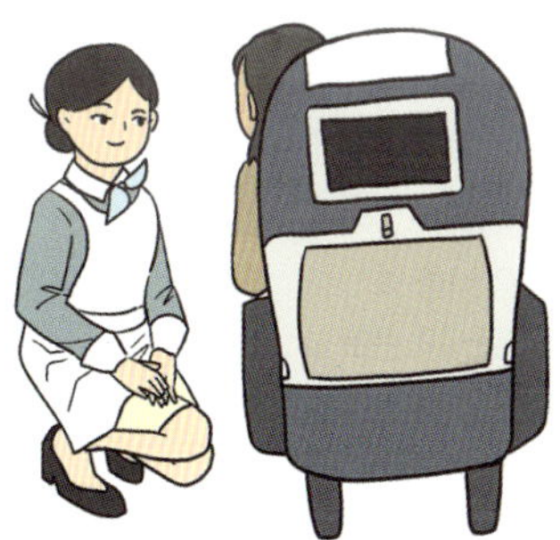

▲ 눈높이 자세의 예

## 3) 자세

### (1) 인사하는 자세

객실 승무원은 탑승 인사부터 하기 인사까지 승객에게 다양한 인사를 하게 되는데, 그때마다 존중하는 마음을 담아 올바른 인사를 해야 한다. 기본적인 인사법은 다음과 같다.

인사하는 방법

<table>
<tr><th>여성</th><th>남성</th></tr>
<tr><td colspan="2">먼저 인사를 받는 사람을 향해 바른 자세로 선다.</td></tr>
<tr><td>발은 발뒤꿈치를 붙이고 발끝을 15~30도 정도 벌려 선다.</td><td>남성이 여성보다 좀 더 넓게 벌려 선다.</td></tr>
<tr><td colspan="2">가슴과 등을 자연스럽게 곧게 펴고 고개가 앞으로 떨궈지지 않도록 바른 자세를 유지한다.</td></tr>
<tr><td colspan="2">어깨의 힘을 빼고 어깨선이 굽거나 좌우가 비대칭되지 않도록 한다.</td></tr>
<tr><td>오른손이 위로 오도록 하여 두 손을 앞으로 모으며, 손가락이 자연스럽게 안으로 모이게 하여 엄지 손가락을 포함해서 손가락에 힘을 주어 일자로 뻗쳐 보이지 않도록 한다.</td><td>남성은 가볍게 주먹을 쥐고 바지의 재봉선에 자연스럽게 붙인다.</td></tr>
<tr><td colspan="2">겨드랑이를 지나치게 붙이거나 반대로 팔꿈치를 앞쪽으로 향하도록 하지 않고 편안한 각도를 유지한다.</td></tr>
<tr><td colspan="2">인사를 할 때에는 상대방의 눈을 보며 밝고 쾌활한 목소리로 인사말을 건넨다. 인사말을 하는 동시에 상체를 굽혀서 인사말이 바닥을 향하지 않도록 인사말을 먼저 건네고 상체를 굽히도록 한다.</td></tr>
<tr><td colspan="2">상체를 정중히 굽히는데, 이때 등이 구부정해지거나 고개가 떨궈지지 않고 허리가 축이 되어 상체가 숙여지도록 한다.</td></tr>
<tr><td colspan="2">허리를 기준으로 상체를 굽힌 상태에서 잠시(0.5~1초 정도) 멈춘다. 멈춤이 없이 바로 상체를 세우면 진실성이 없어 보이고 존중하는 마음이 전달되지 않으니 주의한다.</td></tr>
<tr><td colspan="2">상체를 숙일 때 시선은 자신의 발을 보는 것이 아니라 발끝 1~2m 앞에 두어 자연스럽게 시선이 아래를 향하도록 한다.</td></tr>
<tr><td colspan="2">잠시 멈추었다가 다시 몸을 천천히 일으킨다.</td></tr>
<tr><td colspan="2">바로 서서 상대방의 눈을 보며 밝은 표정을 짓는다.</td></tr>
<tr><td colspan="2">이때 상체를 숙이는 속도가 일으키는 속도보다 더 빨라야 한다.</td></tr>
</table>

### 인사의 종류

**■ 목례(目禮)**

상체를 15도 정도 숙이는 약식의 인사로, 좁은 공간에서 할 때와 큰 시간차 없이 동일인을 자주 마주친 경우에 할 수 있다. 기내나 복도에서 승객과 마주칠 때, 한 승객과 자주 마주치는 경우에 목례로 예의를 갖출 수 있다.

**■ 보통례**

상체를 30도 정도 숙이는 가장 일반적인 인사로, 승객 탑승 시나 하기 시에 한다.

**■ 정중례**

45도 정도로 상체를 깊게 숙이는 인사로, 깊은 감사와 사과를 표할 때 한다. 승객 탑승이 완료된 후 항공기가 출발하기 전 Welcome 방송에 맞춰 전체 승객을 향해 하는 Welcome 인사 시에 정중례를 한다.

☞ 우리나라 저비용 항공사 중 한 곳에서는 하트 손인사로 Welcome 인사를 대신하기도 한다.

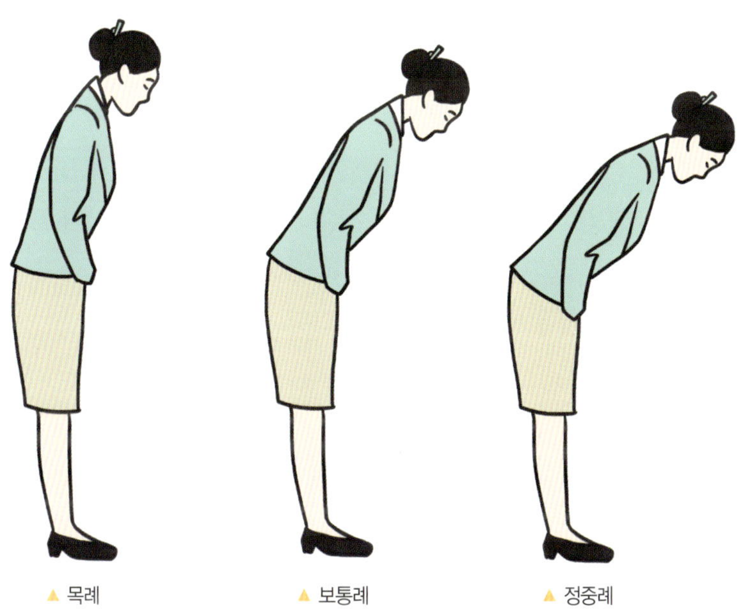

▲ 목례 ▲ 보통례 ▲ 정중례

## (2) 걷는 자세

객실 바닥은 걸을 때 울림이 있으므로 객실을 이동할 때에는 걸음걸이로 인해 승객에게 방해가 되지 않도록 조심하고 주머니에 손을 넣고 걷거나 뒷짐을 지지 않는다. 그리고 환자 발생 등 응급한 상황이 아니라면 뛰지 않고, 급한 경우 빠른 걸음으로 이동한다.

### (3) Cart 이동 시 자세

카트는 2인 1조가 되어 진행 방향에 있는 승무원이 당기고 반대편 승무원이 밀어서 이동시키나, 복도를 지날 때 승객의 신체 일부가 카트나 카트 바퀴에 닿아 다치는 경우가 있으므로 진행 방향을 잘 살피고 '실례합니다', '조심하십시오' 등의 말을 하여 안내한다. 혼자 카트를 이동시킬 경우에는 미는 방향에 서지 말고 진행 방향에 위치하여 끌어당기며 이동함으로써 카트와 승객이 부딪치는 일이 없도록 한다.

### (4) Galley 근무 시 자세

Galley와 승객 좌석은 커튼 하나로 공간이 분리되는 만큼 승객의 휴식을 방해하지 않도록 큰 목소리로 대화하지 않고, 작업 시 Compartment, Cart, Carry-on Box를 여닫을 때에는 반드시 손잡이를 잡고 소음을 최소화한다.

Galley는 식음료를 취급하는 장소이므로 항상 청결하고 정돈된 모습을 유지한다. 객실을 오갈 때 Galley Curtain은 눈높이 이상의 부분을 잡아 펄럭임을 방지하고 식사 서비스 시 Galley Curtain은 묶어 둔다.

### (5) 복도 보행 시 자세

좁은 복도에서 승객과 마주칠 경우에는 가볍게 목례를 하며 승객이 먼저 지나가도록 길을 양보하고, 양보를 받은 경우에는 감사의 인사를 전한다. 좌석에 앉아 계신 승객들에게 방해가 되지 않도록 각별히 조심하고 복도 쪽으로 나와 있는 승객의 발이나 팔꿈치 등을 치는 일이 없도록 주의를 기울인다.

### (6) 서 있는 자세

바르게 선 자세는 우선 턱을 당기고 시선은 정면을 향하며 등과 가슴을 곧게 편 자세이다. 다리는 붙이고, 손은 공수하거나 남 승무원인 경우 자연스럽게 내려놓는다. 객실에서는 승객과 마주하고 있지 않더라도 뒷짐을 지거나 Jumpseat 등에 기대어 서지 않고 양쪽 다리에 균등하게 힘을 실어 바른 자세를 유지한다.

바르게 선 자세는 여성과 남성의 경우 약간 다르다. 여성인 경우 오른손이 위로 오도록 손을 가지런히 모아 공수를 하고, 모은 손의 위치가 너무 위로 올라가거나 아래로 처지지 않도록 하며, 겨드랑이 간격도 자연스럽게 하고 허리를 곧게 세워 상대방을 응시하거나 정면을 바라본다. 다리는 뒤꿈치를 붙이고 일자로 서거나 앞볼을 11

시 5분 방향으로 벌려 균형을 유지한다.

남성은 공수를 하거나 양팔을 자연스럽게 내려 손을 모아 공수를 하는 경우에 왼손이 위로 오도록 손을 모으고, 양팔을 차려자세로 내리는 경우에는 지나치게 허리에 붙여 긴장되어 보이지 않도록 한다. 발 뒤꿈치를 붙이고 앞볼은 10시 10분 방향만큼 벌려 균형을 유지한다.

▲ 바르게 선 여성의 공수자세 ▲ 바르게 선 남성의 차려자세 ▲ 바르게 선 남성의 공수자세

### (7) 앉는 자세

허리는 펴고, 의자 등받침 부분까지 깊게 앉으며, 뒤로 기대지 않는다. 앉아 있을 때에도 팔짱을 끼지 않고, 손은 자연스럽게 무릎 위에 올리며 다리는 꼬지 않는다. 다만, 이·착륙 시에는 안전 규정에 따른다.

### (8) 방향 안내 시 자세

방향을 안내할 때에는 직접 해당 장소까지 동행하여 안내하거나, 손가락을 가지런히 모아 손바닥을 위로 오도록 하여 방향을 안내한다.

오른쪽의 것을 안내할 경우에는 오른팔을, 왼쪽의 것을 안내할 경우에는 왼팔을 이용하며, 뒤편을 안내할 경우에는 몸을 돌려 안내해야 한다. 이때 시선은 방향만 바라보지 않도록 하여, 승객의 눈-가리키는 방향-승객의 눈으로 이동한다. 또한 손가락이나 턱으로 안내하지 않도록 유의하며, 사람을 지목하여 안내할 경우에는 한 손이 아닌 두 손을 이용하여 왼손이 오른손을 받치는 모양으로 안내한다.

### (9) 승객 호출 시 응대 자세

승객이 Passenger Call을 누른 경우, 해당 승객의 말을 끝까지 경청한 다음 버튼을 리셋한다.

### (10) 인터폰 응대 자세

인터폰이 울리면 가장 가까운 곳에 있는 승무원이 바로 핸드셋을 들어 응답한다. 인터폰을 사용하여 응대할 때에는 먼저 해당 인터폰의 위치와 본인의 이름을 함께 말한다. 예를 들어 "L3 김사랑입니다." "Upper Deck Galley 김사랑입니다."라고 대답한다. 인터폰은 핸드셋을 통해 승무원 간에 의사소통을 할 수 있는 통신시스템이며 모든 Jumpseat과 Cockpit, Bunk, Galley 내에 설치되어 있으므로, 연락이 온 핸드셋의 위치와 해당 승무원의 이름을 말하고 의사소통을 한다.

### (11) 유니폼 착용 시 자세

유니폼을 착용할 때에는 항상 청결하고 단정한 상태를 유지하며 항공사 규정에 맞추어 착용한다. 신분이 드러나는 유니폼을 입고 있는 경우, 기내뿐만 아니라 도착 후 자택이나 호텔로 이동할 때까지도 주의해야 한다.

## 4) 승객 호칭

승객의 직업이나 직위 등 회원 정보가 공개된 경우에는 직위를 이용하여 호칭한다. 사전에 승객의 이름과 직함을 파악하여 호칭하는 인식 서비스는 개별 승객 한분 한분을 특별히 모시기 위한 것이지만, 신분을 드러내고 싶어하지 않는 승객도 있으므로 '고객님' 혹은 '손님'으로 호칭한다.

외국인 승객도 인식 서비스를 하여 'Dr. Jason', 'Professor', 'Kevin' 등으로 호칭하며, 어린이 승객에게는 반말을 지양하고 존중하는 마음을 담아 대화하고 'ㅇㅇ손님', 혹은 'ㅇㅇㅇ어린이'라고 호칭하는 것이 좋다.

## 5) 대화법

승객과 대화할 때에는 끝까지 경청하며 긍정적인 자세를 취하고, 토론이나 논쟁을 하는 일이 없도록 주의한다. 또한 호의적인 태도를 유지하되, 장난스러운 태도로 대하는 일이 없도록 정중하게 응대한다.

### (1) 대화 형식

고객에게 신뢰를 얻을 수 있도록 정확한 발음과 적절한 속도를 유지하고 표준어와 높임말을 사용하여 정중하게 대화한다. 그리고 반토막 말이나 승무원 간에 사용하는 전문용어는 사용하지 않는다. 예를 들어, Galley, Delay, RS 승무원 등으로 표현하지 말고 주방, 지연, 현지 승무원 등으로 표현하도록 한다.

같은 말이라도 부정형보다는 긍정형으로, 명령형보다는 청유형으로 표현하는 것이 좋다. 예를 들어 "서 계시면 안 됩니다."라는 표현보다 "앉아 주십시오." 또는 "앉아 주시겠습니까?" 등의 청유형으로 전달하는 것이 바람직하다. 또한 승무원 상호 간에 주고받는 대화도 표준어와 높임말을 사용하여 승객들에게 불쾌감을 주는 일이 없도록 한다.

### (2) 목소리 크기

목소리 크기도 상황에 맞추어 조절하는 것이 좋다. 기내 판매 승객 휴식 시점에는 목소리를 크게 하지 않고 기내 판매 시에도 판매에 관심이 있는 승객과 일대일로 대화를 나누듯이 하여 주위 승객에게 불편을 끼치지 않도록 한다. 또한 갤리에서 승무원 간에 이야기를 나눌 때에도 목소리가 밖으로 나가지 않도록 주의한다.

## 6) 그 외 주의사항

- 객실 승무원은 승객이 서비스에 대한 감사의 표시라고 말할지라도 승객에게서 어떠한 금품도 받아서는 안 된다.
- 비행 종료 후에 기내의 모든 물품을 기내 밖으로 반출하여 사용해서는 안 된다.
- 제3자 전달을 목적으로 승객에게서 서신이나 물품을 건네받아서는 안 된다. 관세법에 저촉되거나 불법적인 일에 연루될 가능성을 배제할 수 없기 때문에 이러한 부탁을 받았을 경우에는 정중히 거절하도록 한다.
- 객실 승무원도 일반 승객과 동일하게 출입국 시 **관세법**에 저촉되는 물건을 반입하거나 반출해서는 안 된다.
- 비행 중 획득한 **승객에 관한 정보**는 비밀로 해야 하며, 관련 서류는 폐기하거나 지점 사무실에 전달해야 한다. 개인정보 보호 강화를 위해 승객 정보가 기재되어 있는 SHR(Special Handling Request) 및 기타 서류는 국제선의 경우 사무장이 취합하여 운송 직원에게 전달하고, 국내선의 경우 공항 내 지점 사무실에 직접 전달한다.
- 한국 입국 시 승무원의 휴대품 면세범위는 해외에서 취득한 상품의 총 가격이 US$

기준으로 150 이하에 상응해야 하며, 1리터 이하의 주류는 1병까지 가능하다. 주류는 총 가격이 US$ 400 이하여야 하며 구입 횟수 또한 제한되므로 규정을 어기는 일이 없도록 주의한다.

- 객실 승무원은 항상 건강 관리에 신경을 써서 비행 근무에 무리가 없도록 해야 한다. 비행 근무 전에 스쿠버다이빙을 하는 경우 감압증 현상이 올 수 있으므로 24시간 이내에 비행을 금지하고 있고, 비행 전에 수혈을 하는 것 또한 빈혈이나 저산소증을 유발할 수 있으므로 72시간 이내에 수혈을 해서도 안 된다.
- 객실 승무원은 비행 중에는 물론이고 대기 근무 중에도 알코올 음료를 마셔서는 안 된다. 음주 후 12시간 이내에는 비행 근무가 불가하고, 유니폼을 입고 음주하거나 향정신성 물질을 복용해도 비행 근무를 할 수 없다.

이후 나오는 **Quiz 1~7번**에서 관련 내용을 복습한다. 

## 2 식음료 서비스 자세

### 1) 주문 접수 시 자세

- 비행 준비 시 해당 편에 서비스되는 식사의 종류와 식재료, 조리법 등을 숙지하여 승객에게 정확한 안내를 할 수 있도록 한다.
- 경우에 따라서는 승객의 기호에 맞게 추천할 수 있어야 한다.
- 식음료를 추천할 때에는 이해하기 쉽게 설명한다.
- 주문을 받을 때에는 항상 메모지 등을 활용하여 승객 요구가 적시에 해결되도록 노력하고 승객의 좌석번호를 정확히 기억하여 잘못 제공되는 일이 없도록 한다.
- 상위클래스에서 식사 주문을 받을 때에는 눈높이 자세를 취하여 승객의 편의를 도모한다.
- 건강식이나 종교식을 주문한 승객의 경우, 해당 식사가 잘못 전달된다면 대체할 수 있는 별도의 기내식이 없으므로 각별히 주의한다.
- 주문한 식음료를 즉시 제공하기가 곤란한 경우에는 그 사유를 설명하여 이해를 구하고, 서비스 가능 시각을 알려 승객 불만을 최소화한다.

### 2) 서비스 시 자세

- **창측 승객**과 안쪽 승객부터 먼저 주문을 받고 먼저 제공한다.
- **남녀 승객**이 같이 앉아 있는 경우에는 여자 승객에게 먼저 주문을 받고 먼저 제공한다.
- **어린이 동반 승객**의 경우에는 어린이 승객에게 먼저 주문을 받고 먼저 제공한다.
- **노인 승객**이 같이 앉아 있는 경우에는 노인 승객에게 먼저 주문을 받고 먼저 제공한다.
- 식음료를 제공하기 전에 먼저 승객의 **테이블**을 펴 드리나, 창측 승객에게는 양해를 구하여 승객이 직접 테이블을 펴 줄 것을 요청드린다.
- 창측 승객과 안쪽 승객에게 서비스를 할 때 **통로측 승객의 공간을 거쳐서 서비스**하게 되므로 통로측 승객에게 먼저 양해를 구한다.
- 서비스할 때에는 무언(無言)으로 서비스하지 않고 **적절한 말**을 건넨다.

- 뜨거운 식음료는 뜨겁게, 차가운 식음료는 차갑게 서비스될 수 있도록 준비하고 제공하기 전에 반드시 **상태**를 확인한다.
- **뜨거운 식음료**를 서비스할 때에는 "뜨거우니 조심하십시오."라는 내용의 말로 안내하며, 승객 앞에서 뜨거운 음료를 따라야 하는 경우에는 통로 쪽에서 음료를 따라 제공한다.
- 승객을 바라보며 서비스하므로 **왼편에** 계신 승객에게는 왼손으로, **오른편에** 계신 승객에게는 오른손으로 제공하는 것이 자연스러우나, 너무 뜨겁거나 무거운 것을 드릴 때에는 본인이 편한 손을 사용한다.
- 모든 서비스 용품은 가능한 한 **뒷면이 보이지 않도록** 사용하고, 승객에게 전달할 때에도 허리 중앙에 위치시켜 허리 밑으로 떨어뜨리지 않도록 한다. 예를 들어 빈 쟁반을 들고 객실에서 이동하는 경우, 팔꿈치를 자연스럽게 접어 쟁반이 허리 위치에서 수평으로 들린 상태를 유지하는 것이 좋다.

쟁반을 든 상태의 자세

- **주요리**가 담긴 용기는 승객 앞 안쪽으로 놓이도록 제공하며, 쟁반 또는 접시가 승객의 머리 위로 지나가게 해서는 절대로 안 된다.

주요리 위치의 정리

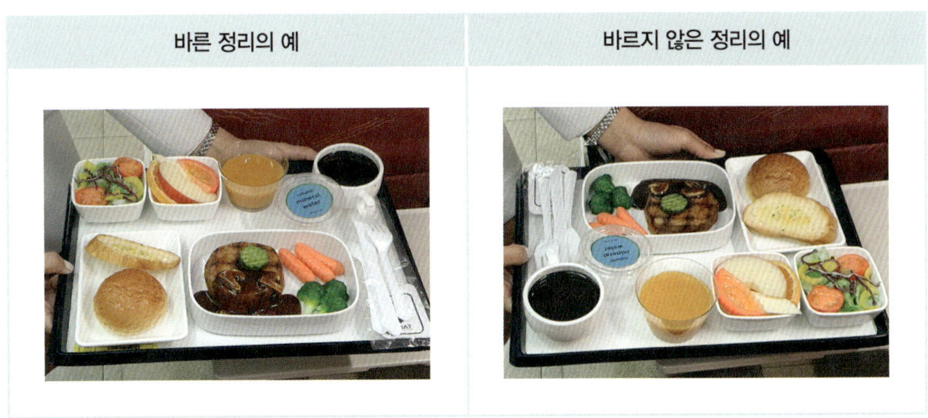


- 음식이 담긴 부분에 **손이 닿지 않아야 하므로 유리잔이나 컵을 전달할 때**에는 잔의 하단 부분이나 Stem 부분을 잡는다.

컵 전달 시 손의 위치

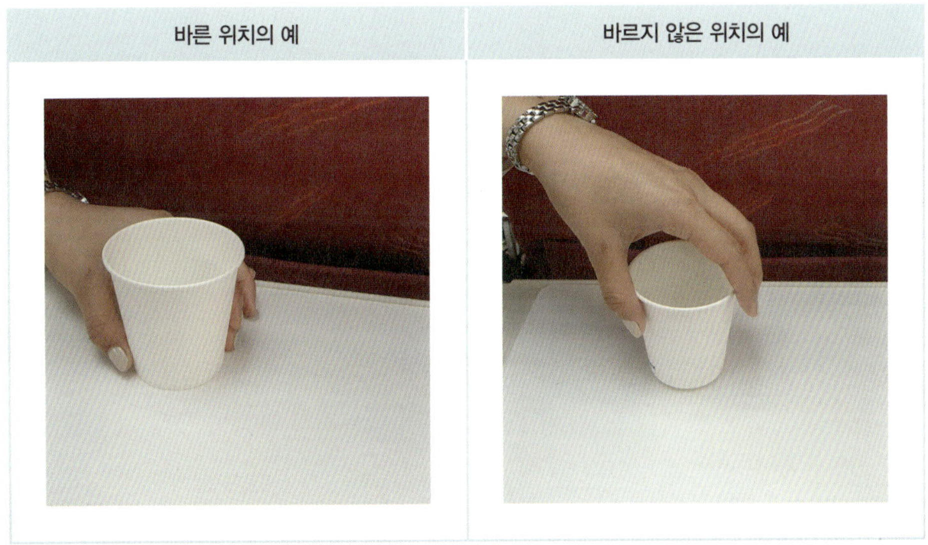


- 상위클래스에서 찬 음료를 서비스할 경우에는 **컵받침(Coaster)**을 사용한다. 일반석에서는 Coaster 서비스가 없으며 모든 음료 서비스 시 Cocktail Napkin을 제공한다.

▲ Coaster를 이용한 음료 서비스

- 잔에 **얼음**을 넣을 때에는 얼음을 먼저 넣은 후 음료를 따른다.
- **뜨거운 음료**는 승객 테이블에 놓아 드리는 것을 원칙으로 하고 반드시 뜨거우니 조심하라는 안내를 해야 한다.
- **음료**는 잔을 가득 채우지 않고 7, 8부 정도를 담아서 드리며, **기류변화** 시에는 반 정도만 채워 드리고 안전을 위해 여러 번에 나누어 서비스됨을 안내한다.
- 승객이 포크나 수저 등 **서비스 용품을 떨어뜨렸을 때**에는 먼저 동일한 서비스 용품을 새로 제공하고, 떨어진 서비스 용품은 타월(면 타월 혹은 페이퍼 타월)이나 Cocktail Napkin을 사용하여 집고 즉시 주방으로 가서 치운다.
- 식음료 서비스는 **기종별로 정해진 진행 방향**대로 실시하며, 회수도 동일한 방향으로 한다.

### 3) 서비스 용품 회수 시 자세

- 식음료 서비스 후 **적절한 시점**에 회수하여 승객이 불편하지 않도록 한다.
- 식사를 먼저 끝낸 승객의 경우, 더 필요한 것이 없는지와 만족도 등을 여쭙고 승객의 의향을 물어 먼저 회수한다.
- 회수를 요청한 승객의 경우에는 개별적으로 치워 드리고 그 외 승객은 **서비스한 순서대로 회수**한다.
- 식음료 회수 시에는 승객의 **만족도와 회수해도 되는지를 반드시 확인**한다.
- 회수는 **통로측 승객부터** 하며, 창측 승객이 먼저 식사를 마치고 치워 주기를 원하는 경우에는 통로측 승객에게 양해를 구하고 회수한다.

- Meal Cart를 이용하여 **Tray를 회수**할 때에는 Cart 상단부터 차례대로 끼워서 정리한다. 한 칸에 여러 개의 Tray가 들어가는 경우 안쪽부터 개수대로 끼워 넣어 Meal Cart에 탑재된 Tray 개수만큼 제대로 회수되도록 한다.
- 회수용 Meal Cart 상단에 물티슈와 타월 등을 준비하여 필요한 경우 **승객 테이블을 닦아 드린다**.
- Tray를 잡을 때에는 Tray의 **긴 쪽이 통로와 평행이 되도록** 잡고, 빈 컵 등을 Tray로 회수할 때에도 **Tray를 통로 쪽에** 위치시켜 회수한다.
- Tray 회수 시 회수한 용품은 **몸의 가까운 쪽부터** 정리하여 올리고 특히 무거운 것이나 부피가 큰 것은 몸쪽으로 놓는 것이 **통로**로 떨어지는 것을 방지할 수 있어 안전하다.

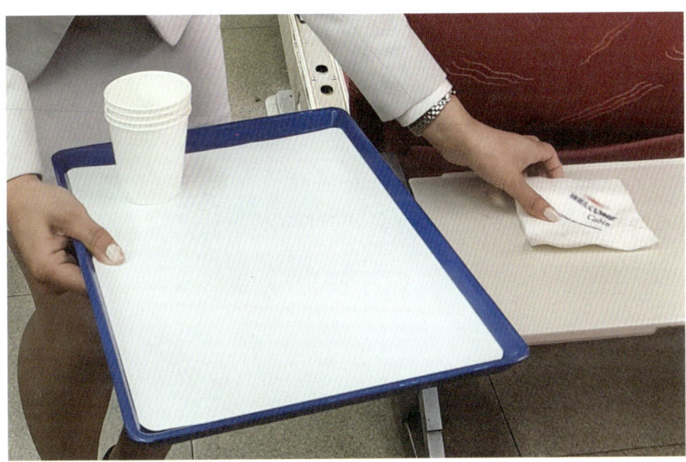

▲ 회수 자세

이후 나오는 **Quiz 8~12번**에서 관련 내용을 복습한다. 

## 3 이례 상황 대처

### 1) 불만 승객 응대

고객의 제언은 칭송과 불만 사항 모두가 서비스 개선을 위해 중요하므로 불만 고객이 발생하는 경우 최선을 다하여 고객의 소리에 경청해야 한다. 고객 불만 전파에 관한 연구를 보면 100명의 불만 고객이 있다면 그중 6%는 직접 회사를 상대로 이야기하고, 63%는 침묵하는 대신 재구매나 재방문을 하지 않는다고 한다. 그리고 31%는 주위에 소문을 내거나 험담을 하여 결과적으로 많은 사람들에게 기업의 부정적인 이미지가 전파된다고 할 수 있다.

따라서 기내에서 불만을 제기하는 고객이 불편 사항을 이야기할 때에는 처음부터 성의 있는 태도로 끝까지 경청하고 고객 지향적인 자세로 불만 고객이 충성 고객으로 전환될 수 있도록 노력해야 한다. 기내에서 불만 승객이 발생하면 신입 승무원일지라도 우선적으로 담당 승무원이 책임지고 해결하고자 노력해야 하고, 상급자와 객실 사무장에게 보고하여 최종적으로 고객 불만이 해소되도록 노력해야 한다.

경우에 따라 기내 난동이나 안전 및 보안에 관계된 일이거나 지상과의 조율이 필요한 경우, 객실 사무장은 기장에게 상황을 보고한다. 그리고 비행이 종료된 후에는 해당 사항에 관하여 회사에 보고하여 추가적으로 회사 차원의 조치가 이루어지도록 한다.

#### (1) 응대 절차

불만을 토로하는 승객에게는 승객의 불평 등을 처음부터 끝까지 경청하고 이를 해결하도록 노력하는 자세를 보여야 한다. 불만 승객이 발생하면 해당 승무원이 일차적으로 해결한 후 객실 사무장에게 보고하며, 객실 사무장은 비행 종료 전까지 최상의 조치를 취하도록 한다. 그러나 일차적인 책임이 담당 승무원에게 있는 만큼 도착하기 전까지 해당 승객의 불만이 해결되도록 최선의 노력을 다해야 한다.

원만한 해결이 불가할 때에는 비행 종료 후 즉시 Cabin Report를 상세히 작성하여 제출한다. 서비스가 제안되거나 회사 차원에서 대응이 필요한 불만인 경우, 기내에서 해결되었더라도 객실 사무장이 판단하여 Cabin Report를 제출하기도 한다.

### (2) 응대 요령

불만 고객을 응대하는 경우에는 무엇보다 승객의 이야기를 끝까지 듣는 것이 중요하다. 즉 승객의 말에 공감하고 있으며, 말하고자 하는 바를 이해하고자 노력하는 적극적 경청의 자세를 취해야 한다. 응대 요령은 맨 먼저 경청하고 인정하며 고객의 의사를 확인하는 순서로 접근하는 것으로, 각 단계별 주의점은 다음과 같다.

**경청 - 인정 - 확인 방법**

| 단계 | 주의점 |
|---|---|
| 경청 | 승객이 불만 사항을 충분히 이야기할 수 있도록 끝까지 경청하는 것이 중요하다. 이때 아무 호응 없이 듣기만 한다면 적극적 경청이 될 수 없다. 승객의 감정과 논리를 이해하고 있다는 공감의 표현을 하면서 경청하는 것이 중요하다. |
| 인정(사실, 감정) | 승객의 이야기를 끝까지 경청하고 난 후에는 승객이 불만을 느끼는 데 이유가 있음을 인정하는 것이 중요하다. 불만 사항이 어떤 것인지 그 사실관계를 정리하고, 승객의 감정을 잘 이해하고 있음을 알리는 것이 필요하다. |
| 확인 | 해결 방안을 제시하거나 대체 서비스를 제공하여 승객의 만족 정도를 확인해 최종적으로 불만요소를 제거하고 승객의 상태를 확인한다. 항공기가 도착지에 도착할 때까지 해당 승객에게 지속적으로 관심을 갖고 배려하도록 한다. |

그 밖의 불만 고객 응대 요령은 L·A·S·T 기법이다. 경청하고 사과하며 해결책을 제시하고 감사의 뜻을 전하는 접근으로, 각 단계별 주의점은 다음과 같다.

**L·A·S·T 기법**

| 단계 | 주의점 |
|---|---|
| Listen | 승객이 경험한 문제가 무엇인지 파악하는 단계로 문제가 무엇인지, 어떻게 해결할 수 있는지 생각하며 승객이 하는 이야기를 진정으로 듣는 것이 중요하다. 승객이 이야기하는 동안 시계를 본다거나 시선을 다른 곳에 두거나 하지 않고 경청하고 있음을 보여 주도록 한다.<br>승객에게 들은 내용을 다시 정리하여 승객이 이야기한 부분을 제대로 이해했는지 확인한다.<br>경우에 따라 무례한 태도를 보이는 승객이 있더라도, 미소를 잃지 않고 최대한 친절하고 예의 바른 태도를 유지하는 것이 필요하다. 기꺼이 돕고 싶으나 승객의 무례한 말이 방해가 되고 있으니 진정해 주기를 승객에게 요청한다. |
| Apologize | 자신의 책임이 아니더라도 승객이 그런 경험을 하게 된 것에 대해 사과하고 죄송함을 표현한다. |

| 단계 | 주의점 |
| --- | --- |
| Solve | 해결 가능한 경우: 고객이 느끼는 불편 사항을 해결할 수 있는 경우에는 바로 해결책을 제시한다.<br><br>해결하지 못하는 경우: 즉시 도움을 줄 수 없는 사안인 경우에는 상급자나 사무장에게 확인해 도와드릴 수 있음을 알린다. |
| Thank | 불만 사항을 알려 준 것에 감사의 마음을 전한다. |

## 2) 좌석과 관련된 승객 안내

### (1) 좌석 중복 승객

같은 좌석을 중복해서 배정받은 승객이 발생한 경우, 각 승객의 탑승권을 보고 날짜, 편명, 이름, 좌석번호를 확인하고, 좌석 중복 배정으로 판명되면 정중히 사과한다. 그리고 신속히 지상 직원에게 좌석 재배정을 요청하고, 담당 승무원은 조정된 좌석으로 해당 승객을 안내한다.

| 좌석 중복 승객 응대 절차 요약 |
| --- |
| ❶ 중복 좌석 승객 모두의 탑승권을 보고 날짜, 편명, 이름, 좌석번호를 확인한다.<br>❷ 나중에 탑승한 승객에게는 Galley 근처에서 기다리도록 양해를 구한다.<br>기다리는 동안 Jumpseat에 착석할 경우 비상구를 가려 안전 규정에 위배될 수 있으므로 Jumpseat으로 안내하지 않는다.<br>❸ 객실 사무장에게 보고한다.<br>❹ 객실 사무장은 지상 직원에게 좌석 재배정을 요청한다.<br>❺ 담당 승무원은 재배정한 좌석으로 해당 승객을 안내한다.<br>❻ 좌석에 여유가 있는 경우, 나중에 탑승한 승객을 승객이 선호하는 좌석으로 안내한다. |

### (2) 좌석 분리 승객

승객 탑승 중 좌석 분리 승객이 자리 변경을 요청하는 경우, 항공기 출발 시각까지 시간적 여유가 있는 경우에는 운송 직원과 협의하여 재조정한다. 그러나 항공기 출발 시각까지 좌석 조정이 불가한 경우에는 운송 직원에게서 전달받은 관련 정보를 활용하여 이륙 후에 조치한다. 이륙 후에 조정하게 될 때에는 해당 편 좌석 상황을 확인하고 다른 승객의 동의를 받은 후 좌석이 재배정될 수 있음을 안내한다.

비행 중 좌석 재배정을 원하는 승객이 있는 경우, SHR을 참조하여 해당 편 좌석 상황을 확인하고 주위 승객들의 동의를 얻어 재배정한다. 특히 다른 승객의 좌석 변경을 위해 협조를 구해야 하는 경우에는 혼자 여행하는 승객을 대상으로 의향을 물을 수 있으나, 탑승 전에 좌석 변경 불가를 요청한 승객에게는 협조를 구하지 않는다.

#### (3) 탑승 시 좌석 변경 요청 승객

승객이 기내에서 좌석 변경을 요청하는 경우, 동일한 클래스 내에 변경이 가능한 좌석이 있을 때 좌석 변경을 실시하며, 좌석을 이동하게 되는 경우에는 옆자리 승객에게 양해를 구해야 한다. 항공기 안전과 보안을 위한 것이 아니라면 좌석 변경으로 인해 출발이 지연되지 않도록 한다.

#### (4) 비상구 좌석 착석 승객

비상구 좌석 승객은 발권 시 발권 직원에게 비상구 좌석에 대한 안내를 받고 탑승하지만, 객실 담당 승무원은 비상구 좌석에 배정된 승객의 적절성 여부를 Push Back 이전에 확인해야 한다. 비상구 좌석에 착석한 승객은 비상시 승무원과 함께 다른 승객의 탈출을 돕도록 되어 있다. 따라서 노약자나 어린이보다는 승무원, 항공사 직원, 건장한 성인 위주로 좌석을 배정하도록 한다.

### 3) 초과 휴대 수화물 처리

승객 탑승 시 초과 휴대 수화물을 들고 오는 승객을 발견하면 기내 반입이 불가함을 안내하고 운송 직원의 도움을 받아 승객의 최종 목적지까지 일반 화물로 보내도록 조치해야 한다. 이때 짐 안에 현금이나 중요 서류 등이 있는지 확인하고, 있는 경우에 승객이 꺼내어 직접 소지하도록 한다. 깨지기 쉬운 수화물이 있다면 승객의 서명을 받은 후 운송 직원에게 정보를 전달하여 'Fragile Tag'이 부착되도록 한다.

초과 휴대 수화물을 탑승구 앞에서 일반 화물로 보내는 경우 항공사에 따라서 초과 요금이 부과되기도 한다. LCC 대부분은 초과 요금을 부과하고 있다.

### 4) Tarmac Delay(활주로 지연) 시 승객 응대

Tarmac Delay Rule이란 미국 교통부(DOT, Department of Transportation)의 Tarmac Delay Rule(활주로 지연 규정)에 따라 괌을 포함하여 미국 지역을 출·도착하는 모든 항공편이 활주로 이동 중 지연 상황이 발생하는 경우에 승객에게 제공하는 서비스를 말한다. Tarmac Delay Rule에 따라 지연 발생 4시간 내에 승객이 하기할 기회를 제공해야 하며 2시간 내에 간식 및 물을 포함한 음료수를 제공해야 한다.

또한 지연 사유와 후속 조치에 대한 정확한 안내와 기내 방송을 주기적으로 하여 승객 불만을 최소화하며, 지연이 지속되어 의료진의 도움이 필요한 승객 발생 시 즉각 의료 서비스를 받을 수 있도록 조치한다. 이외에도 승객 불만 사항이나 지연에 따른 연결편 상황 등 자세한 사실관계를 기록하여 사후 보고 시 참고할 수 있도록 한다.

### (1) 국내 공항 지연 규정 개요

Tarmac Delay Rule과 같은 맥락으로 국내 공항에서 이동하는 중 지연이 발생한 경우, 국토교통부 '항공교통이용자 보호기준'에 따라 탑승 승객에게 제공되는 서비스를 규정한 것이다. 승객을 탑승시킨 상태로 국내선은 3시간, 국제선은 4시간을 초과하여 이동 지역 내에 지연해서는 안 된다는 것이 주요 내용이다.

| 지연 시간 기준 |
|---|
| 항공기 문이 닫힌 후 이륙 전까지의 시간, 항공기 착륙 후 하기를 위해 문이 열릴 때까지의 시간을 기준으로 한다.<br><br>• **예외사항:** 기상 상태나 정부기관의 지시가 있는 경우, 안전이나 보안상의 사유가 있는 경우, 승객이 하기할 경우 공항 운영에 혼란을 초래할 수 있다는 정부기관의 의견이 제시된 경우는 예외로 한다. |

### (2) 주의사항

공항 지연 시간이 30분을 경과할 때마다 지연 사유와 자세한 후속 조치에 대한 기내 방송을 한다. 지연 시간이 2시간 지속되는 경우에는 기장에게 확인한 후 서비스 가용 시간이 있다고 판단되면 음식물을 제공하고, 사후 보고해야 하는 구체적 상황을 기록하여 보고서 작성 시 참고한다.

## 5) 응급 환자 대응

비행 중 승객의 건강이 악화되지 않도록 사전에 보살피고 도움을 드리는 것이 필요하나, 불가피하게 환자가 발생한 경우에는 담당 승무원뿐만 아니라 전체 승무원이 협조하여 절차에 맞게 신속하게 대응하는 것이 무엇보다 중요하다. 최초로 환자를 발견한 승무원은 즉시 사무장에게 보고하고 즉시 응급처치를 실시하며, 사무장은 기내에 전문 의료진이 탑승했는지를 파악하기 위해 Doctor Paging을 한다. 전문 의료행위가 가능한 승객이 있다면 신분증을 확인하고 도움을 받는다.

전문 의료진은 의사, 한의사, 치과의사, 간호사, 조산사로 한정한다. 그러나 전문

의료진이 탑승하지 않은 경우에는 안전교범을 참고하여 조치하고 기장에게 보고한 후 EMCS(Emergency Medical Call System)에 연락한다. 이때 환자 승객의 인적 사항, 현재 상태, 기저 질환, 소지 약품 등 관련 정보를 확인해 기장에게 전달해야 한다. 기장은 Company Radio(위성통신 장비)를 통해 지상과 교신하며, 필요에 따라 사무장이 직접 교신할 수 있다. 의료진이 탑승한 경우, 기내 의료장비를 제공하여 응급처치를 돕고, 필요시 EMCS를 이용하여 상황에 적극 대처한다.

의료진이나 EMCS를 통해 기내 의료장비를 사용했다면 그 내역을 Cabin Log에 기재하여 다음 편 비행에서 교체될 수 있도록 한다. 또한 의료진의 인적 사항, 의사 면허번호 등을 전달받아 회사에 보고하며, 필요에 따라 주변 승객의 진술서 등을 확보해 두어야 한다. 객실 사무장은 도착 후 환자 발생에 관한 보고서를 제출한다.

*To Be More Professional Crews!*

**EMCS 및 EMK**

**EMCS(Emergency Medical Call System, 응급 의료 전화 시스템)**

비행 중 언제든 유선을 통해 회사가 지정한 전문 의료진의 도움을 받을 수 있는 시스템을 말한다.

**EMK(Emergency Medical Kit, 전문 의료인만이 사용 가능한 의료용구)**

모든 항공기에는 항공안전법 시행규칙 제110조에 따라 구급의료용품(First-aid Kit), 감염예방의료용구(Universal Precaution Kit) 및 비상의료용구(Emergency Medical Kit)를 탑재해야 한다. 비행거리가 2시간을 초과하고 승객 좌석 수가 100석을 초과하는 항공기의 경우에는 전문의사 또는 비행 중 응급처치 자격을 갖춘 사람이 사용할 수 있는 비상 의료용구를 1조 이상 탑재해야 한다.

## 6) 기내 불법 행위자 대응

비행 중 불법행위를 하는 승객이 발생하는 경우, 단계별 대응 절차를 숙지하여 응대해야 한다. 구두 경고와 경고장 제시에도 불법 행위를 멈추지 않는 경우, 보안장비를 이용하여 제압하고 구금조치를 취한다.

불법 행위로 인해 경찰에 인계될 수 있음과 처벌에 대한 고지를 한 경우에는 서비스를 받는 승객이 아닌 피의자로서 단호하고 강경한 태도를 유지한다. 해당 승객과 불필요한 대화를 중단하고 기내 안전을 위해 단계별 대응 절차에 상응하여 조치한다.

**행위 유형별 대응 절차**

| 단계 | 행위 유형 | 대응 절차 |
|---|---|---|
| 1 | 수상한 행동이나 구두로 위협하는 경우 | 구두 조치, 경고장 제시<br>기장 및 승무원 간 정보 공유 |
| 2 | 물리적 폭력 행위가 있는 경우 | 보안장비를 이용하여 제압하고 구금조치 |
| 3 | 목숨을 위협하는 경우 | 보안장비를 이용하여 제압하고 구금조치하고, 제압을 위해 물리력 행사 및 주변 승객에게 필요한 모든 도움 요청 |
| 4 | 조종실 침범 또는 침범을 시도하는 경우 | 보안장비를 이용하여 제압하고 구금조치하고, 제압을 위해 가능한 모든 물리력 행사 및 주변 승객에게 필요한 모든 도움 요청 |

참고 기사

## 불만족한 소비자를 조심하십시오: 그들은 Blab을 좋아합니다[1]

고객 불만은 이야기가 퍼지고 장식될 때 직접 관여하지 않은 쇼핑객에게 훨씬 더 큰 영향을 미친다고 연구원들은 밝혔습니다. 설문 조사에 응한 거의 절반(48%)은 다른 사람의 부정적인 경험 때문에 과거에 매장을 피했다고 답했습니다. 직접 문제를 겪은 사람들의 경우 33%는 돌아오지 않을 것이라고 '확실히' 또는 '아마 없을 것'이라고 답했습니다. 이 데이터는 1,186명의 쇼핑객을 대상으로 한 설문 조사를 기반으로 합니다.

1) 출처: 온라인 저널 Knowledge@Wharton 기사(2006.03.08.)에서 인용. https://knowledge.wharton.upenn.edu/article/beware-of-dissatisfied-consumers-they-like-to-blab/

참고 기사

## 고객 불만 관리의 성공 포인트[2)]

불만 고객에서 충성 고객으로

평소에 아무런 문제를 느끼지 못하는 고객은 일반적으로 10% 정도의 재구매율을 보인다. 그러나 불만을 말하러 온 고객에게 진지하게 응대할 경우 불만 고객의 65%가 다시 해당 기업의 제품과 서비스를 이용한다고 한다. 기업은 차별화된 고객 불만 관리를 통해 소비자들의 부정적 인식을 긍정적으로 바꿈으로써 해당 기업과 제품에 대한 불만 고객을 충성 고객으로 바꿀 수 있도록 노력해야 할 것이다.

이후 나오는 **Quiz 13~20번**에서 관련 내용을 복습한다. 

2) 출처: LG주간경제 기사(2007.01.05.)에서 인용. http://www.lgeri.com/report/view.do?idx=2387

1. 눈높이 자세로 승객을 응대하는 실습을 해 보자.

2. 상황에 맞는 인사를 연습해 보자. (목례, 보통례, 정중례)

3. Cart 운반 시 주의점을 고려하여 객실 통로를 이동해 보자.

4. 바르게 서기, 바르게 앉기, 방향 안내하기를 연습해 보자.

5. L3 담당이라고 가정하고 인터폰 응대를 해 보자.

6. 승객이 호출했다고 가정하고 바르게 응대해 보자.

7 객실 승무원의 건강 관리를 위해 수혈, 스쿠버다이빙 등 제한되는 사항을 설명해 보자.

8 승객의 요구를 즉시 해결하기 어려운 경우에 응대하는 요령을 설명해 보자.

9 서비스 시 지켜야 하는 바른 자세를 설명해 보자.

10 서비스 용품을 회수하는 자세를 설명해 보자.

11 식사 제공 시 바른 자세를 연습해 보자.

12 뜨거운 음료 서비스를 연습해 보자.

13 불만 승객 응대 절차를 설명해 보자.

14 좌석이 중복된 승객 응대 절차를 설명해 보자.

15 초과 휴대 수화물 처리 절차를 설명해 보자.

16 국내 공항 지연 발생 시 승객 응대 절차를 설명해 보자.

17 응급환자 발생 시 대응 절차를 설명해 보자.

18 EMCS가 무엇인지 설명해 보자.

19 기내 불법 행위자에게 대응하는 절차를 설명해 보자.

20 기내 전문 의료진이 사용할 수 있는 의료장비는 무엇이며 전문 의료진이란 누구를 의미하는지 설명해보자.

# FLIGHT DUTIES **DURING CRUISE**

Chapter 5

# 이륙 후 비행 중 업무

**학습 목표**

I. 이륙 후 비행 중 업무를 이해할 수 있다.

II. 서비스 절차별 업무를 수행할 수 있다.

III. 기내 음료의 특성을 이해할 수 있다,

IV. 기내 특별식의 종류와 서비스 시 주의점을 이해할 수 있다.

| NCS 능력단위 명칭 | 능력단위 요소 |
|---|---|
| 기내 안전 관리<br>1203010501_15v2 | **3. 비행 중 안전 · 보안 관리하기**<br>1203010501_15v2.3 |
| 비행 중 서비스<br>1203010504_13v1 | **1. 기내 음료 제공하기**<br>1203010504_13v1.1 |
| | **2. 기내식 제공하기**<br>1203010504_13v1.2 |
| | **3. 기내 오락물 제공하기**<br>1203010504_13v1.3 |
| | **4. 면세품 판매하기**<br>1203010504_13v1.4 |
| | **5. 객실 상태 점검하기**<br>1203010504_13v1.5 |
| 기내 음료 서비스<br>1203010510_16v1 | **1. 기내 음료 파악하기**<br>203010510_16v1.1 |
| | **2. 기내 음료 제공하기**<br>1203010510_16v1.2 |
| 항공 서비스 업무 기본<br>1203010511_16v1 | **1. 항공 서비스 관련 서류 확인하기**<br>1203010511_16v1.1 |

## 3. 비행 중 안전 · 보안 관리하기 **수행준거**

1 객실 안전 규정에 따라 승객에게 상시 벨트 착용 여부를 확인하고, 안내를 할 수 있다.

2 객실 안전 규정에 따라 승객의 기내 흡연 여부를 확인하고, 제지할 수 있다.

3 객실 안전 규정에 따라 밀폐공간 내부 상태를 확인하여, 조치할 수 있다.

4 객실 안전 규정에 따라 항공기 운항 중 행동이 의심스러운 승객의 동태 및 이상 물건에 대해 신속히 보고할 수 있다.

5 객실 안전 규정에 따라 난기류(Turbulence) 발생 시 승객에게 안내 방송을 하고, 필요 조치를 할 수 있다.

## 1. 기내 음료 제공하기 **수행준거**

1 객실 서비스 규정에 따라 비알코올 음료(Cold Beverage, Hot Beverage)에 관한 정보를 승객에게 전달할 수 있다.

2 객실 서비스 규정에 따라 다양한 칵테일 제조에 필요한 술의 종류와 첨가 음료에 관한 정보를 숙지하여, 제조할 수 있다.

3 객실 서비스 규정에 따라 다양한 와인에 관한 정보를 파악하여, 서비스 및 회수할 수 있다.

## 2. 기내식 제공하기 수행준거

1 객실 서비스 규정에 따라 기내에서 제공되는 식사를 위한 세팅(Setting) 및 데우기(Heating) 등을 수행할 수 있다.

2 특별서비스요청서(SSR: Special Service Request)에 따라 특별식을 확인 후, 서비스 및 회수할 수 있다.

3 객실 서비스 규정에 따라 승객 선호를 확인하여, 테이블 매너에 따른 기내식을 서비스 및 회수할 수 있다.

## 3. 기내 오락물 제공하기 수행준거

1 객실 서비스 규정에 따라 기내에서 제공되는 오락물 상영을 위한 기내 시설물과 기물을 사용할 수 있다.

2 객실 서비스 규정에 따라 비행 중 서비스되는 상영물에 관한 종류와 내용을 고객에게 전달할 수 있다.

3 객실 서비스 규정에 따라 조명 및 객실 상태를 점검하고, 오락물을 제공할 수 있다.

## 4. 면세품 판매하기 수행준거

1 객실 서비스 규정에 따라 면세품 판매를 위한 기본적인 상품을 세팅하고, 판매할 수 있다.

2 객실 서비스 규정에 따라 국가별 면세품 구매 한도에 관한 정보를 전달할 수 있다.

3 객실 서비스 규정에 따라 면세품 판매 전·후 재고 파악 및 인수인계를 위한 서류를 정리할 수 있다.

## 5. 객실 상태 점검하기 수행준거

1 객실 서비스 규정에 따라 고객 서비스를 위해 객실 시설물을 수시로 점검하고, 조치를 할 수 있다.

2 객실 서비스 규정에 따라 기내식 서비스 후 객실 통로 및 주변을 청결히 할 수 있다.

3 객실 서비스 규정에 따라 승객의 쾌적한 여행을 위해 객실 내 온도 및 조명을 관리할 수 있다.

## 1. 기내 음료 파악하기 수행준거

1 객실 서비스 규정에 따라 비알코올 음료(Cold Beverage, Hot Beverage)에 관한 정보를 파악할 수 있다.

2 객실 서비스 규정에 따라 다양한 칵테일 제조에 필요한 술의 종류와 첨가 음료에 관한 정보를 파악할 수 있다.

3 객실 서비스 규정에 따라 다양한 와인에 관한 정보를 파악할 수 있다.

### 2. 기내 음료 제공하기 수행준거

**비행 중 서비스 1. 기내 음료 제공하기**(1203010504_13v1.1) 수행준거와 동일함

### 1. 항공 서비스 관련 서류 확인하기 수행준거

1 객실 서비스 규정에 의해 담당구역별 도착지 입국에 필요한 서류를 배포할 수 있다.
2 객실 서비스 규정에 따라 도착지 국가의 출입국 규정을 숙지하여 승객에게 정확히 안내할 수 있다.
3 객실 서비스 규정에 따라 도착 전 입국에 필요한 서류의 작성 여부를 점검하고, 조치할 수 있다.
4 객실 서비스 규정에 의해 특수 고객에게 필요한 서류 작성에 협조할 수 있다.

항공기가 이륙하여 정상고도에 다다르면 좌석벨트 표시 등이 꺼지고 승무원들은 Jumpseat에서 일어나 노선별로 정해진 서비스를 수행한다. 이륙 후부터 착륙 후 모든 업무가 종료될 때까지 국제선 중·장거리 비행의 일반석을 기준으로 한 서비스 절차는 다음과 같다. 이륙 전 업무는 『NCS 항공객실서비스: 비행 준비부터 이륙 전 서비스』에 상세히 기재하였다.

**이륙 후부터 업무 종료 시까지의 업무 절차**

| 비고 | 업무 |
|---|---|
| 좌석벨트 표시등 꺼짐<br>방송 상태 모니터링 실시 - 이륙 후 첫 번째 방송 | 좌석벨트 상시 착용 안내 방송 |
| 이륙 전 Dim으로 조절한 조명을 단계별로 조정 | 객실 조명 조절 |
| | 객실 점검 및 화장실 점검 |
| 안전에 지장이 없다면 지상에서 서비스 가능 | 헤드폰 & Amenity Kit(편의용품) & Child Giveaway(어린이 기념품) 제공 |
| 객실 내 승객 Care 담당 승무원 지정 | 갤리 브리핑 |
| | 타월 서비스 및 회수 |
| 별도의 식전주 서비스가 있는 경우 | 식전주 서비스, 리필 서비스 및 회수 |
| | 식사(Meal Tray) 서비스 |
| Breakfast가 아닌 경우 | 와인(Wine) 리필 |
| Breakfast인 경우에는 식사 후 즉시 수행 | Hot Beverage(커피 or 차) 서비스 |
| 먼저 회수를 원하는 승객은 개별적으로 회수 | 식사(Meal Tray) 회수 |

| 비고 | 업무 |
| --- | --- |
| | 갤리 및 객실 정리 |
| 입국서류 운영 중인 도착지인 경우 | 입국서류 배포 및 작성 협조 |
| 심야 출발 편은 면세품 판매가 이륙 후 실시되거나 착륙 전 실시되기도 함 | 면세품 판매 |
| | 객실 조명 조절 |
| | 승객 휴식 및 승무원 기내 순시 |
| 승무원 휴식 | 두 번째 식사(2nd Meal) 서비스 준비 |
| | 음료 서비스 및 In between Snack 서비스 |
| | 식사(Meal Tray) 서비스 |
| 보통 두 번째 식사 시 일회용 타월 제공 | 타월 서비스 및 회수 |
| 식사와 음료를 별도로 서비스하는 경우 | 음료 서비스, 리필 서비스 및 회수 |
| | 물 리필 |
| 아침 식사인 경우 Meal Tray 제공 후 바로 서비스 | 커피 or 차 서비스 |
| | 식사(Meal Tray) 회수 |
| | 갤리 및 객실 정리 |
| 착륙 준비 시작:<br>회수, 승객 의뢰 보관품 반환, Sealing | Approaching |
| | Landing |
| 승객 하기 우선순위 적용 | 승객 하기 및 유실물 확인 |
| | 인수인계 물품 정리 |
| | 승무원 하기 |
| 항공기 외부 Ship Side | 디브리핑(Debriefing) |
| | 입국(CIQ) 절차 수행 |
| In Bound인 경우 | 면세품 판매대금 입금 |
| | 회사 보고 및 관련 서류 제출 |
| | 귀가 |
| Out Bound인 경우 | 호텔 이동 |

# 1 이륙 후 갤리 브리핑까지 업무

## 1) 좌석벨트 상시 착용 안내 방송 및 객실 조명 조절

### (1) 좌석벨트 상시 착용 안내 방송

항공기가 이륙하여 안전고도에 이르면, 객실 내 차임벨이 한 번 울리며 좌석벨트 표시등이 꺼진다. 이때 방송 담당자는 좌석벨트 상시 착용 안내 방송을 실시한다. 지상에서 승객이 탑승하기 전에 방송 모니터링을 했다면, 이륙 후 처음 실시하는 좌석벨트 상시 착용 안내 방송을 실시한 후 방송 담당자는 전체 승무원을 통해 방송 상태를 모니터링하여 이후 방송에 참고한다.

**좌석벨트 상시 착용 안내 방송**

손님 여러분! 방금 좌석벨트 사인이 꺼졌습니다. 그러나 갑작스러운 기류변화에 대비하여 자리에 앉아 계실 때에는 항상 좌석벨트를 매 주시기 바랍니다.

### (2) 객실 조명 조절

이·착륙 시는 갑작스러운 비상사태로, 객실 내 암전 상황에 적응할 수 있도록 객실 조명을 낮게 조절하도록 되어 있다. 따라서 **객실 사무장**은 좌석벨트 표시등이 꺼지면 이륙 시 어두운 상태로 조절했던 객실 조명을 적절하게 조정하여 서비스 시작을 알린다.

객실 조명은 서비스할 내용과 서비스 시간대에 따라 조도를 조정하는데, 일반적으로 식사 서비스를 시작하는 시점에는 객실 조명을 가장 밝은 단계인 Full Bright로 조절한다. 신기종이 등장하면서 여러 단계로 조도를 조절할 수 있도록 설계되고, 단조로운 천장 조명에서 고급스러운 디자인으로 객실 환경이 변화하고 있는 추세이다.

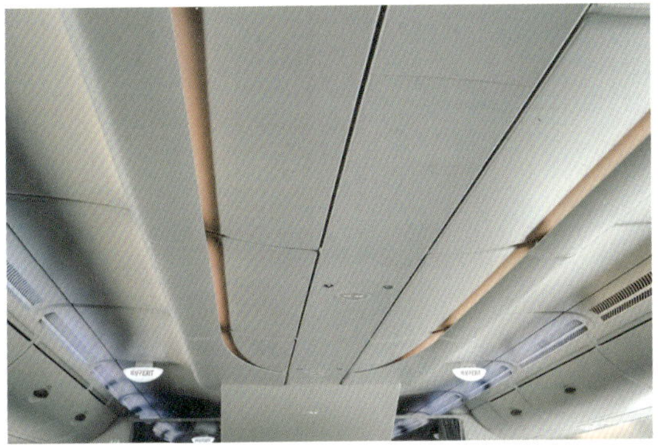

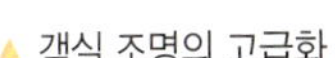
▲ 객실 조명의 고급화

▲ L1 Station의 FAP(Flight Attendant Panel)

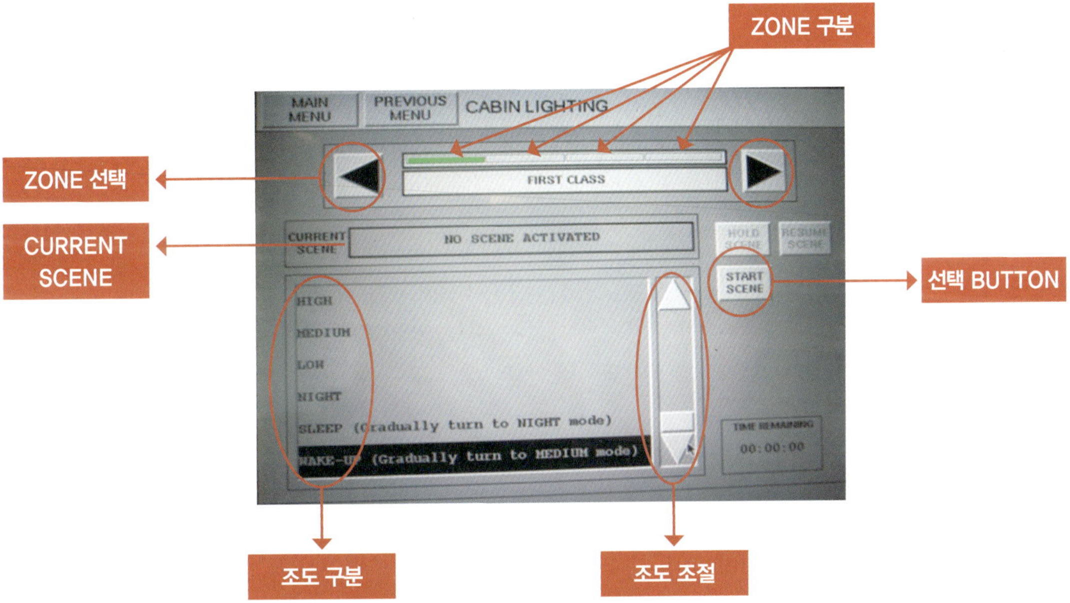

▲ CSCP(Cabin Service Control Panel)에서 객실 조도 조절 화면의 예

▲ L1 Station의 FAP(Flight Attendant Panel) 객실 조명 조절 화면

*To Be More Professional Crews!*

### 객실 조명 조절 시 유의점

**식사 서비스**

시간대를 고려하여 흐린 정도(Dim) 또는 중간(Medium)으로 조절할 수 있다. 예를 들어 야간 비행 중 대부분의 승객이 주무시는 경우 식사 서비스가 제공되더라도 객실 조명을 Dim~Medium 단계로 하고 서비스를 진행한다.

**상위클래스 식사 서비스**

승객 한 분씩 원하는 시간대에 식사 서비스가 이루어지는 경우, 객실 조명을 Full Bright로 조절하지 않는다.

**Turbulence 발생**

승객 휴식 중 객실 조명이 Night Mode로 꺼져 있더라도, Turbulence가 발생하면 승객들의 좌석벨트 착용 확인을 용이하게 하기 위해 필요시 Dim으로 조절한다.

☞ 조도를 조절할 경우, 승객의 조도 적응을 위해 단계적으로 시간차를 두고 조절한다.

## 2) 객실 점검 및 화장실 점검

### (1) 객실 점검

좌석벨트 표시등이 꺼지면 갤리 업무를 맡은 승무원은 갤리로 이동하여 서비스 준비를 하고, Aisle 담당 승무원은 객실 내 승객들의 불편이 없도록 객실을 순회하며 승객 응대를 한다. 승객이 소지한 모바일 기기는 **ISPS(In Seat Power Supply)**를 통해 충전할 수 있다.

기종별로 좌석에 설치된 ISPS 위치를 사전에 파악하여 승객이 문의를 하면 정확한 안내를 한다. ISPS는 VCC(Video Control Center)에서 ISPS 전원을 켜면 승객 좌석 하단에 설치된 ISPS 표시기에 녹색불이 켜져 사용이 가능한 상태임을 표시하게 되니, 이 점을 참고하여 승객에게 안내한다.

▲ ISPS 사용이 가능한 상태 표시(Green Light)

▲ ISPS 사용이 가능한 상태 표시(Green Light)

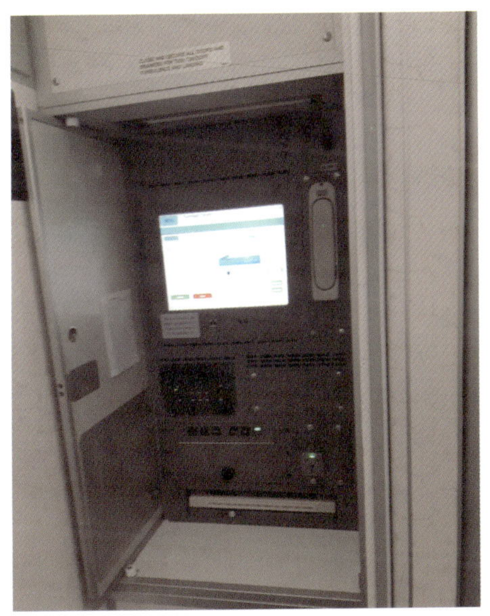

▲ VCC(Video Control Center)의 예

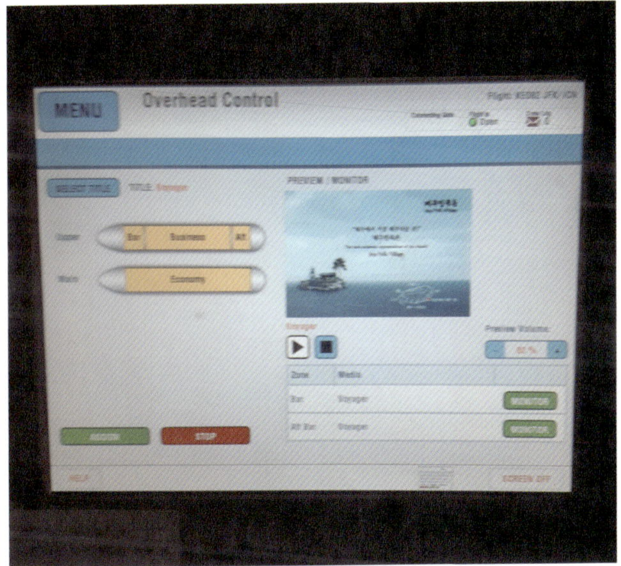


▲ VCC를 통한 오락물 상영 조절의 예

좌석벨트 표시등이 꺼지면 **유아 동반 승객**이 사전에 신청한 유아용 요람 및 유아용 안전장치 등을 제공할 수 있음을 해당 승객에게 안내하고 원하는 경우 설치해 드린다. 담당구역에 **VIP나 상용 고객**이 탑승한 경우 지상에서 감사 인사를 하지 못했다면 이 시점에 실시하고, **개별 안내**가 필요한 UM, 노약자, 장애 승객은 도움이 필요한 부분이 있는지 살펴드린다.

### (2) 화장실 점검

객실 점검과 함께 화장실을 점검하여 이륙 시 고도 변화로 인해 서비스 용품들이 흩어지지 않았는지 확인하고, 승객 편의를 위해 제반 정리를 한다. 화장실 점검 시에는 화장실 Flushing 상태, 물 공급, 배수 상태 등을 함께 점검한다.

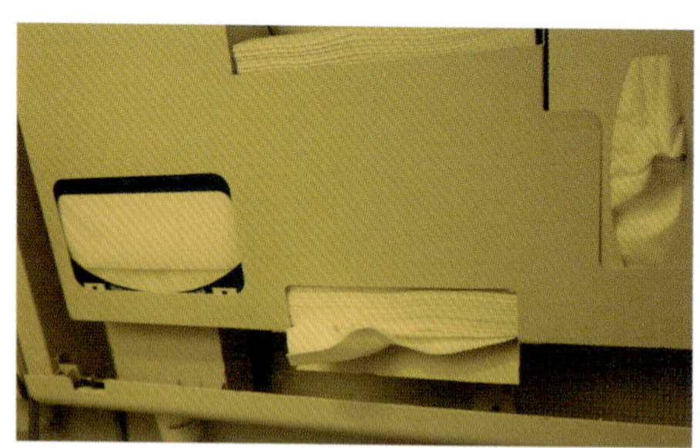

▲ 화장실 비치품 확인

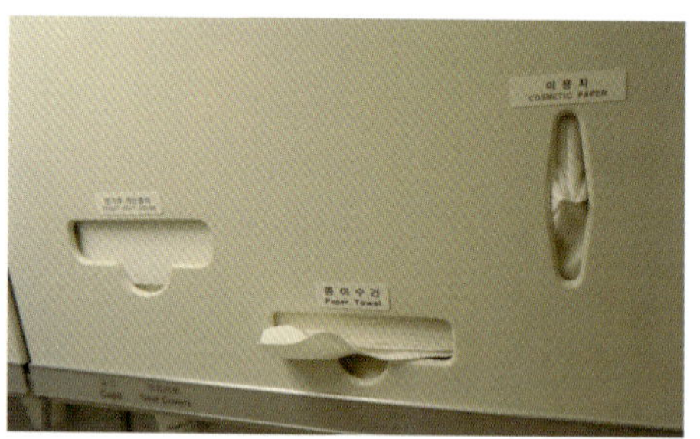

▲ 화장실 비치품 확인

▲ 이등석 화장실 용품 정리의 예

▲ 디퓨저 서비스가 있는 일등석 화장실 정리의 예

## 3) 헤드폰 & 편의용품 & 어린이 기념품 제공

승객이 탑승한 후 안전에 지장이 없다면 헤드폰 및 편의용품을 서비스할 수 있고, 어린이 승객이 담당구역에 탑승했다면 기념품을 서비스한다. 모든 서비스가 완료되지 않았다면 이륙 후 마무리한다. Drawer 혹은 Large Tray를 이용하여 서비스하며 서빙카트(Serving Cart)를 이용할 수도 있다.

### (1) 헤드폰(Headphone)

비행 중에는 각종 기내 오락물을 시청할 수 있는 **헤드폰** 서비스를 가장 먼저 실시한다. Serving Cart를 이용하여 서비스하며 Cart 상단에 헤드폰을 담당 승객 수만큼 준비한다. 탑승 승객이 많지 않은 경우에는 Large Tray에 가지런히 올려서 서비스한다. 비행시간이 3시간 미만의 단거리에서는 헤드폰 대신 이어폰을 서비스하며, 이어폰은 도착 전에 별도로 회수하지 않고 기념품으로 제공한다.

### (2) 편의용품(Amenity Kit)

승객 편의를 위해 클래스별로 구성 품목이 다른 편의용품(Amenity Kit)을 서비스한다. 일반석은 이륙 후에 담당 승객 수만큼 Serving Cart 상단에 준비하여 서비스한다.

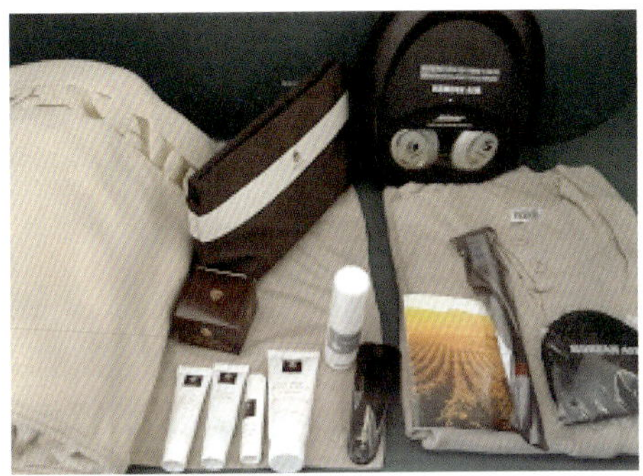

▲ 일등석 Amenity Kit과 헤드폰

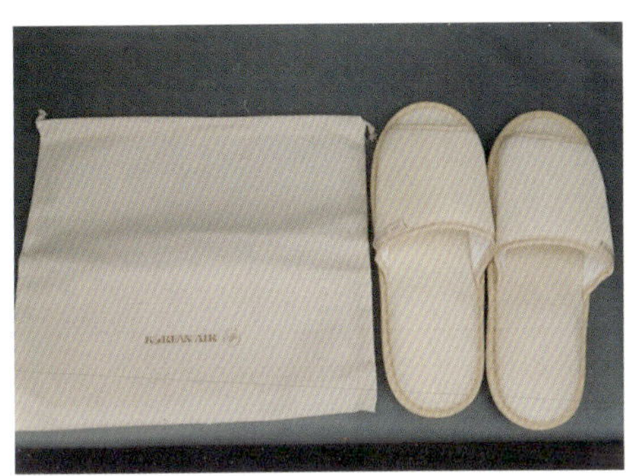

▲ 일등석 슬리퍼

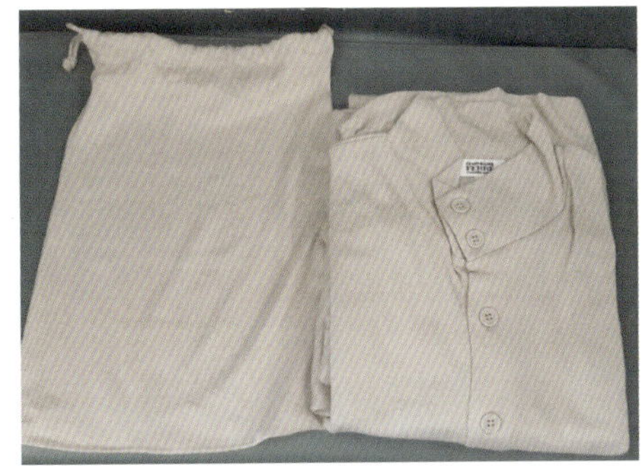

▲ 일등석 편의복

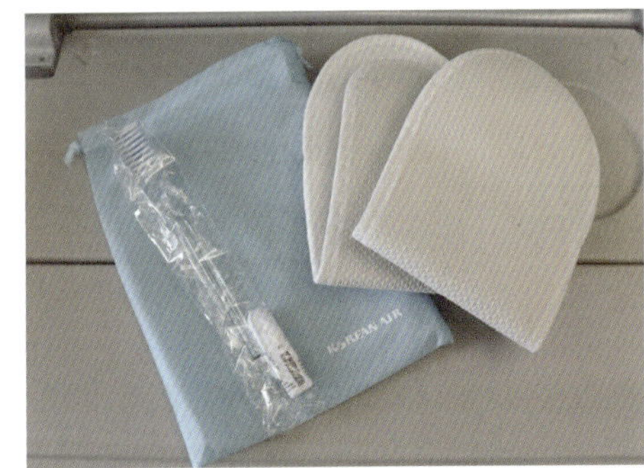

▲ 일반석 Amenity의 예

### (3) 어린이 기념품(Child Giveaway)

신문 서비스를 위해 준비한 Serving Cart 하단에 어린이 기념품(Child Giveaway)을 Large Tray에 담아 준비하고, 헤드폰을 서비스할 때 어린이 승객에게 환영의 말과 함께 개별적으로 서비스한다.

## 4) 갤리 브리핑(Galley Briefing)

각 담당구역별로 Aisle 담당 승무원이 헤드폰 & 편의용품(Amenity Kit) & 신문 &

어린이 기념품(Child Giveaway) 서비스를 마치고, 식사 서비스를 위해 갤리에 모이면 갤리 브리핑을 실시한다. 이때에도 객실 내에 서비스 공백이 생기지 않도록 일부 승무원은 객실을 순회하며 승객 응대에 최선을 다한다.

갤리 브리핑은 타월 서비스를 시작하기 전에 각 구역별 갤리에서 서비스가 순조롭게 진행될 수 있도록 정보를 공유하고 서비스 계획을 세우는 것이다. 이때 SHR을 적극 활용하게 되며, 상위클래스에서는 해당 시니어가 주관하고 일반석에서는 갤리 업무 담당자가 주관하여 실시한다.

갤리 브리핑의 내용을 크게 3가지로 구분하여 살펴보면 다음과 같다.

| 구분 | 브리핑 내용 |
|---|---|
| 탑승객에 대한 정보 확인 | VIP, 환자 승객, 도움이 필요한 승객, UM, 특별식 주문 승객 등 SHR상에 기재된 좌석번호와 해당 승객이 일치하는지 확인하고 승객 응대 시 주의점을 공유한다. |
| 식사 내용(기내 특별식 포함), 탑재량 | 브리핑 자료에 기재된 식사 내역과 탑재 식사 내역이 일치하는지와 승객 현황에 따라 식사 선택 등에 문제가 발생할 경우 어떻게 해결할 것인지 논의하고 밀카트 탑재 위치 등 관련 정보를 공유하여 원활하게 서비스되도록 한다. |
| 서비스 특이사항 논의 | 예를 들어 동남아 노선에 아이스크림이 서비스되는 경우, 적절한 시점에 해동을 시작해야 하며, 식사 타입에 따라 커피나 차를 신속히 제공해야 한다. 그 외 식사 서비스 시 Turbulence가 예보된 경우에는 서비스 시간을 최소화하는 등 상황에 맞는 서비스 전략을 세워 내용을 공유한다. |

▲ 상위클래스 아이스크림과 케이크 서비스의 예

▲ 일등석 아이스크림 서비스의 예

상위 클래스뿐만 아니라 일반석에 아이스크림 서비스가 있는 경우, 탑재 상태를 미리 확인하여 각 갤리별로 해동 시점을 공유하여 적정 상태로 서비스되도록 한다. 갤리 브리핑을 통해 이러한 의사소통이 이루어지도록 한다.

## 2 타월 서비스부터 식전주 서비스까지 업무

### 1) 타월 서비스: 식사 서비스 전 별도로 서비스하는 경우

식사 서비스가 시작되기 전에 제공하는 타월은 식사 타입에 따라 코튼 타월과 일회용 타월(Disposable Towel)을 구별하여 서비스한다.

#### (1) Cotton Towel 서비스 경우

서비스 준비

탑재된 타월은 히팅 전에 적정한 수분의 정도와 청결 상태를 확인하고 오븐을 이용하여 뜨겁게 히팅한다. 지상에서 타월의 상태를 확인해 이상이 있는 경우 교체해야 하고, 습도가 매우 낮은 경우에는 히팅 전에 물을 적당히 부어 히팅한다.

히팅된 타월은 적절한 온도로 준비되었는지, 습도가 적당한지, 이상한 냄새가 나지 않는지 등을 확인하고 바스켓에 적당량을 담아 타월용 향수(Eau De Toilette)를 골고루 뿌려 타월 집게(Tongs)와 함께 준비한다. 타월을 승객에게 전달할 때에는 건조된 상태로 서비스한다.

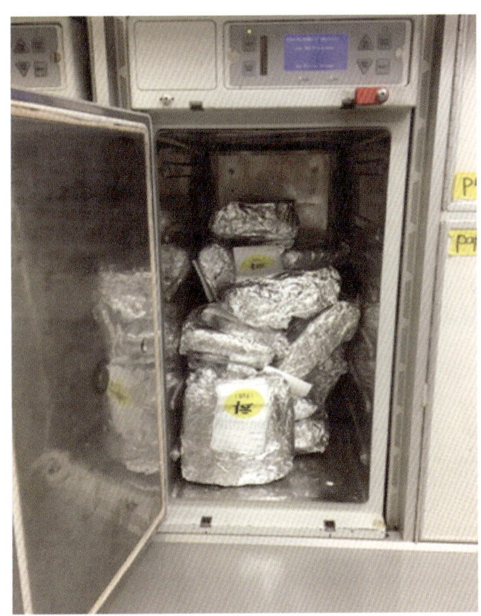

▲ 타월 히팅 준비 과정

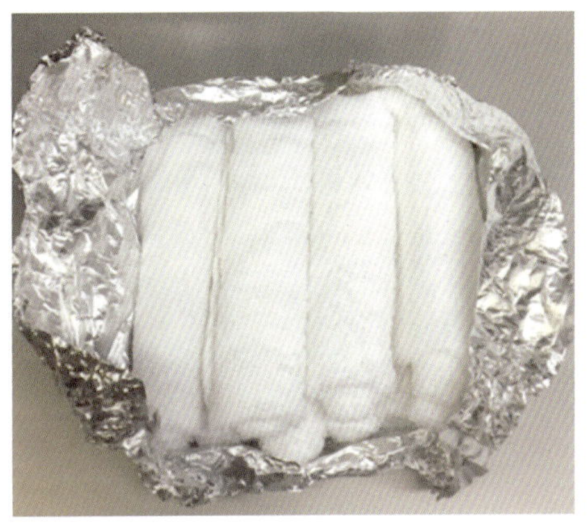

▲ 히팅 완료된 타월의 예

▲ 올바른 타월 서비스의 예

### 서비스 방법

- 서비스 순서는 각 기종별로 정해진 Service Flow에 따라 담당구역별로 서비스한다.
- 한 손은 손바닥을 위로 하여 Towel Basket의 아랫부분을 받치고, 다른 손으로 Towel Tongs을 이용하여 둥글게 말린 형태를 펼치지 않고 그대로 제공한다.
- 뜨거운 타월에 승객이 화상을 입지 않도록 '뜨겁습니다', '조심하십시오' 등의 말을 건네며 타월을 서비스한다.
- Towel Tongs은 사용하지 않을 경우, Towel Basket 아랫부분에 위치하도록 한다.
- 회수 시에는 승객이 직접 Towel Basket에 담을 수 있도록 유도하고, 승객이 담아 주지 않는 경우에는 Towel Tongs을 이용하여 수거한다.
- 타월은 담당구역 탑승 승객 수만큼을 한꺼번에 Towel Basket에 담아서 서비스하지 않고 회수할 때에도 적정량만을 담아 2~3회 반복하여 수거한다.
- 회수한 타월은 별도 보관하여 도착 후 지상 조업원에 의해 하기 및 재사용되도록 한다.

## (2) 일회용 타월: 식사 서비스 전 별도로 서비스하는 경우

### 서비스 준비

낱개로 개별 포장된 일회용 타월(Disposable Towel)은 변질 상태를 확인한 후 탑재된 상태 그대로 서비스한다. 일회용 타월도 코튼 타월과 마찬가지로 타월 바스켓에 담당구역 탑승 승객수 만큼 가지런히 담아 준비한다.

### 서비스 방법

- 서비스 순서는 각 기종별로 정해진 Service Flow에 따라 담당구역별로 서비스한다.
- 코튼 타월은 집게를 이용하지만 일회용 타월은 손으로 하나씩 집어서 한 분 한 분께 전달해 드린다.
- 회수 시에는 승객이 직접 타월 바스켓에 담을 수 있도록 유도한다.

## 2) 식전주 서비스: 식사 서비스와 분리하여 음료 서비스를 하는 경우

식사 전에 식욕을 돋우는 역할을 하는 음료를 식전주(**Aperitif**)라고 하며, Aperitif 서비스 방법은 항공기에서 제공되는 식사 타입에 따라 차이가 있다.

아침 식사가 제공되기 전의 Aperitif는 커피나 차를 함께 준비하며, Aperitif 서비스 방법에는 Tray를 이용하여 갤리에서 각종 음료를 미리 준비하여 서비스하는 방법과, 카트를 이용하여 승객에게 직접 주문을 받아 제공하는 방법이 있다. 최근에는 식사 서비스와 동시에 음료를 주문받아 서비스하기도 한다.

*To Be More Professional Crews!*

**최근 항공사 서비스 방향**

최근에는 상위클래스를 제외한 일반석에서 Cart를 이용한 Aperitif 서비스를 생략하고 있다. 식사 전 음료인 Aperitif 서비스를 별도로 진행하지 않고 식사 서비스 시에 Meal Cart 상단을 이용하여 식사 타입에 맞는 음료 일체를 준비하여 식사 주문을 받는 동시에 필요 음료를 주문받아 한 번에 서비스하고 있다.

이는 식사 위주의 항공 여행보다 개인의 휴식을 더 중요하게 생각하는 여행객이 늘면서 장시간 음료와 식사 서비스로 인한 피로감을 줄이고자 하는 데 목적이 있다. 따라서 개별적으로 주문하는 칵테일 및 음료 등은 적극적으로 개별 서비스를 하도록 한다.

### (1) Welcome Cart를 이용한 Aperitif

Welcome Cart는 맥주, Liquor, 각종 주스류, Mixer류, Soft Drink, 땅콩류나 프레첼 등의 안주류, 각종 소모품이 탑재된 카트를 말하며, 장거리 비행에 식전주 서비스를 할 때 사용한다.

단·장거리 야간 비행인 경우에는 신속히 서비스를 마치고 승객이 취침할 수 있도록 하기 위해 카트가 아닌 Tray를 이용하여 Aperitif 서비스를 한다.

Welcome Cart를 구성하는 품목은 다음과 같다.

■ 상단 Drawer 구성 품목

Cocktail Napkin, Cocktail Pick, 일회용 Mustard, Ketchup, Tabasco, Toothpick

■ 중단과 하단의 앞, 뒤 구성 품목

각종 Beer, Juice류, Coke, Diet Coke, Sprite, Mixer류, Liquor류, Peanuts, Ice Bucket, Vinyl Bag

Welcome Cart를 이용한 식전주 서비스 외에도 비행 중 필요한 물품을 신속히 제공할 수 있도록 카트 내 각종 용품들의 탑재 위치를 정확하게 파악하도록 한다.

### 서비스 준비

Welcome Cart를 꺼내어 서비스하기 용이하도록 상단과 앞면, 뒷면의 서비스 용품들을 적절히 옮기고 정리해야 한다.

▲ 일등석 Welcome Cart 서비스의 예

▲ 상위클래스(이등석) Welcome Cart 서비스의 예

■ 카트 상단

카트 상단에는 투명 서랍(Drawer)을 이용하여 각종 음료와 생수, 칵테일 재료, 와인, 맥주, 플라스틱 컵 등을 준비한다. 카트 상단에 준비한 음료들은 상품의 제호가 승객에게 바로 보일 수 있도록 정리한다.

카트에 탑재된 음료는 Campartment Chiller가 작동하여 기본적으로 차갑게 보관되나, 부족한 경우에는 지상에서 Ice 또는 Dry Ice를 이용하여 차갑게 Chilling한다. 와인은 레드 와인과 화이트 와인을 각각 오픈하여 와인 리넨과 함께 상단에 올려 준비한다.

■ 주류의 서비스 적정 온도

White Wine은 6~12℃로 냉장고에 보관하거나 갤리 내 Compartment에 Chiller를 작동한 채 보관하는 것이 좋다. Red Wine은 15~20℃로 서비스하므로 너무 차갑게 보관하지 않도록 한다. Beer는 4~6℃에서 제맛을 즐길 수 있으므로 Dry Ice를 이용하여 보관할 경우 얼지 않도록 유의한다. 와인은 승객수에 맞게 적당량을 미리 오픈하여 Breathing해 둔다.

■ **Wine Breathing**

Wine Breathing이란 와인을 서비스하기 전에 미리 코르크를 제거함으로써 와인이 공기와 접촉하여 보관 중에 생겨난 병 속의 이상한 맛과 거친 맛이 순화되고 부드러워지는 것을 의미한다. White Wine은 약 10~30분 정도, Red Wine(Rose Wine, Beaujolais Nouveau)은 약 30분 정도 Breathing을 하는 것이 좋다.

음료를 서비스할 때에는 차가운 음료는 차갑게, 뜨거운 음료는 뜨겁게 서비스될 수 있도록 준비한다. 차가운 음료를 서비스하기 위한 플라스틱 컵을 적당량 카트 상단에 준비하고 여유분은 카트 내부에 준비한다.

Lemon Slice는 Cocktail Pick을 꽂고 플라스틱 컵에 담아 카트 상단에 Muddler와 함께 준비하여 Cocktail 서비스 시 사용한다.

■ 카트 앞면과 뒷면

카트 앞면과 뒷면에 음료 서비스에 필요한 물품을 적당히 배분하여 서비스 시 불필요한 동선을 없애고 신속히 음료 준비가 될 수 있도록 갤리에서 정리한다. 맥주, 청량음료, 땅콩류나 프레첼 등을 앞면과 뒷면에 골고루 옮겨 둔다. Ice Bucket에 얼음을 담아 Ice Tongs과 함께 준비하여 카트 내부의 앞면과 뒷면 Drawer에 준비한다.

카트에 탑재된 음료는 Campartment Chiller가 작동하여 기본적으로 차갑게 보관되나, 부족한 경우에는 지상에서 Ice 또는 Dry Ice를 이용하여 차갑게 Chilling 한다.

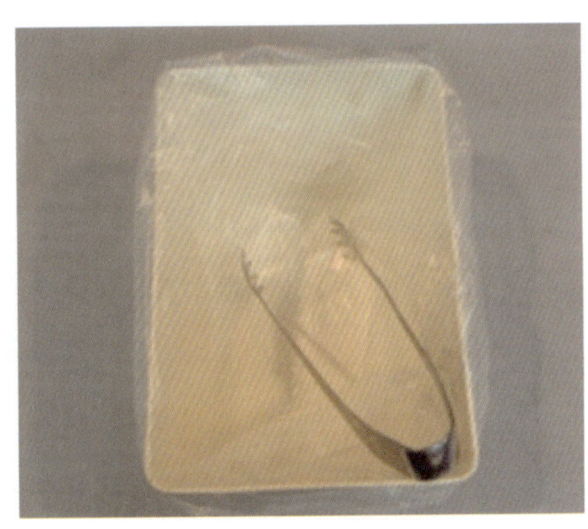

▲ Ice Bucket과 Ice Tongs

### 서비스 방법

- 서비스 진행은 기종별로 정해진 Service Flow에 따라 시작한다.
- Welcome Cart를 Aisle로 이동시켜 준비된 음료를 승객에게 간단히 소개하며, 주문을 받을 때에는 밝은 표정과 공손한 태도를 유지한다.
- 음료는 창측 안쪽 승객부터 서비스하며, 창측 손님에게 제공할 때에는 통로측 손님에게 양해를 구하고 제공한다.
- 승객을 마주보아 왼편 승객에게는 왼손으로, 오른편 승객에게는 오른손으로 서비스하는 것이 원칙이나, 뜨거운 음료인 경우 편한 손으로 서비스한다.
- 카트를 두 명의 승무원이 앞뒤로 마주 잡고 서비스하는 경우, 뒤쪽에서 잡고 있는 승무원은 반드시 몸의 방향을 돌려 승객을 정면으로 응대한다.
- Cocktail Napkin을 승객 Tray Table에 놓아 드리고, 땅콩 등의 안주류는 승객이 원하는 경우에 서비스하며, 주문받은 음료를 드린다. 항공기 구조상 승객 Tray Table에 직접 놓아 드릴 수 없는 경우에는 양해를 구하고 승객 손에 전달해 드릴 수 있다. 이런 경우 음료를 흘리거나 떨어뜨리지 않도록 각별히 유의한다.
- 어린이 승객에게 서비스하는 음료는 컵 뚜껑(Cup Lid)을 덮고 Straw를 꽂아 서비스한다.
- Coke나 Sprite와 같은 Soft Drink는 플라스틱 컵에 얼음을 담고, 캔과 함께 서비스한다.
- 제조법을 모르는 칵테일을 주문받은 경우에는 승객에게 양해를 구하여 제조법을 물어 만들어 드리고, 재료가 없는 경우에는 다른 음료를 권한다.
- 준비되지 않은 음료를 원하는 경우에는 갤리에서 별도로 준비하여 서비스한다.
- 음료 서비스는 Service Flow에 따라 2회 이상 충분히 리필한다. 그러나 알코올 음료 서비스 시에는 만취 승객이 발생하지 않도록 유의하고 만 19세 미만의 미성년 승객에게는 제공하지 않는다. 또한 승객 소유의 알코올 음료는 드시지 않도록 안내한다.
- 취침 중이거나 잠시 자리를 비운 승객에게는 승객의 전면 Seat Back에 Service Tag을 부착하여 원하는 시점에 서비스를 받을 수 있도록 한다.
- Service Tag은 식사 서비스 시에도 사용할 수 있으며 해당 서비스를 마치는 시점이나 착륙 준비가 시작되는 Approaching Signal 후 해당 승객의 의향을 다시 한번 확인한 후에 SVC Tag을 제거한다.
- Used Cup을 회수할 때에는 Refill 여부를 물으며 회수하거나 원하시는 경우 추가 서비스를 한다.

▲ Service Tag 부착의 예

### (2) Welcome Cart를 이용한 Aperitif: Breakfast인 경우

#### 서비스 준비

- Welcome Cart를 이용한 Aperitif 서비스와 동일하나, Breakfast인 점을 감안하여 주류는 생략하고 그 대신 카트 상단에 Hot Beverage용 서비스 Item을 준비한다.
- Ice Bucket과 Ice Tongs은 카트 내부에 준비한다.
- Hot Beverage용 서비스 Item으로는 각종 Tea Bag과 Muddler, 설탕, 크림, 인공 감미료를 세팅한 Muddler Box와 Tea 서비스를 위한 Hot Water를 담은 Pot 1개를 준비한다. 또한 커피를 원하시는 승객이 일반적으로 많기 때문에 커피를 담은 Pot 2개를 카트 상단의 양쪽에 각각 준비한다.
- Hot Beverage를 서비스하는 Pot은 Hot Water를 담아 Warming하며, 커피는 카트 차림이 마무리되는 시점에 Brew하여 신선한 커피가 서비스될 수 있도록 한다. 커피를 원하는 승객에게는 크림과 설탕 필요 여부를 물어 서비스한다.
- 녹차 서비스 시에는 종이컵에 7~8부 정도를 따른 뒤에 Cocktail Napkin을 깔고 승객 테이블에 놓아 드린다.
- Hot Beverage는 종이컵에 서비스하므로, 적당량의 종이컵을 카트 상단에 플라스틱 컵과 함께 준비한다.

#### 서비스 방법

아침 식사 전의 음료 서비스이므로 Hot & Cold Beverage 위주로 서비스하며, 주류는 원하는 승객에게만 서비스한다.

### (3) Serving Cart를 이용한 Aperitif

Welcome Cart가 탑재되지 않은 노선에서는 Serving Cart를 이용하여 Aperitif 서비스를 한다.

▲ 상위클래스(이등석) Welcome Cart 서비스의 예

▲ Serving Cart와 Cart Holder

▲ Serving Cart의 예

## Serving Cart 펴는 법

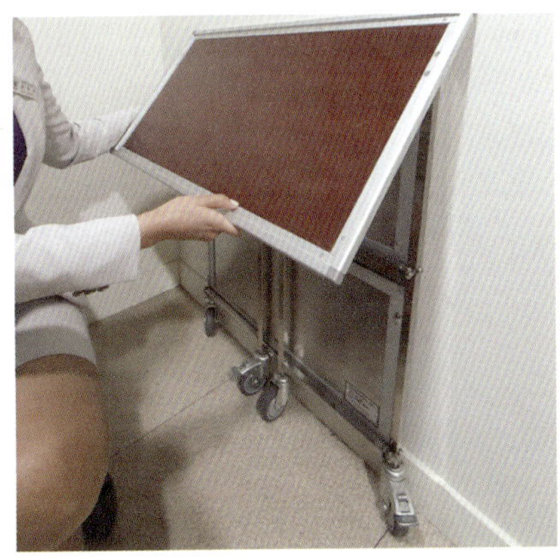

❶ 벽면에 지지한 채 상단을 수평으로 들어 올린다.

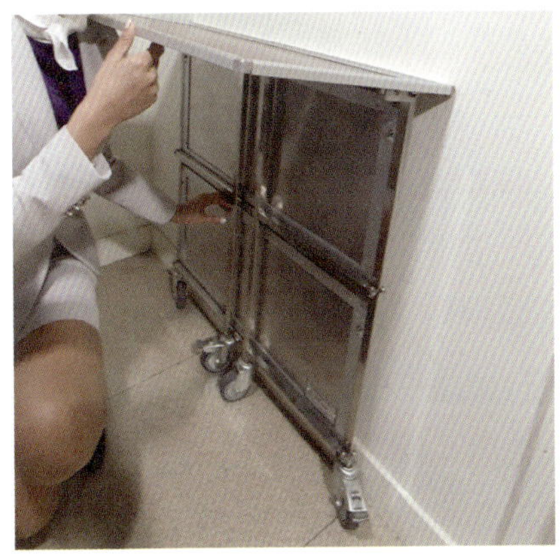

❷ 양쪽 지지대를 한쪽씩 옆으로 벌린다.

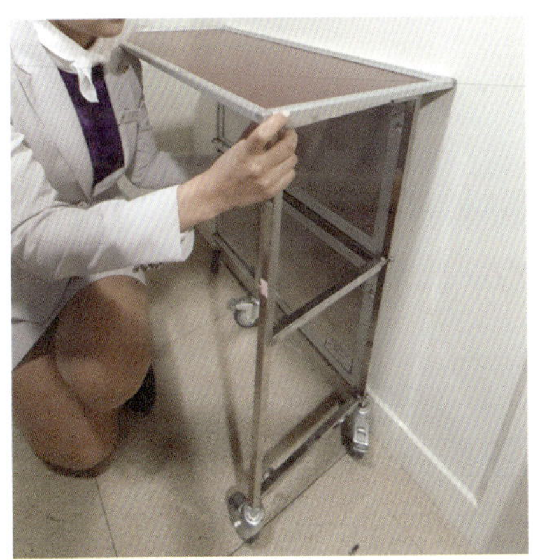

❸ 양쪽 지지대를 상단의 홈에 맞춰 끼워 고정한다.

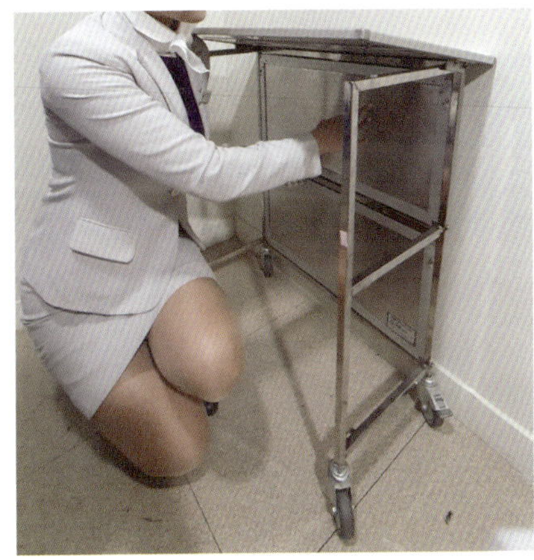

❹ 중단을 수평으로 내려 고정한다.

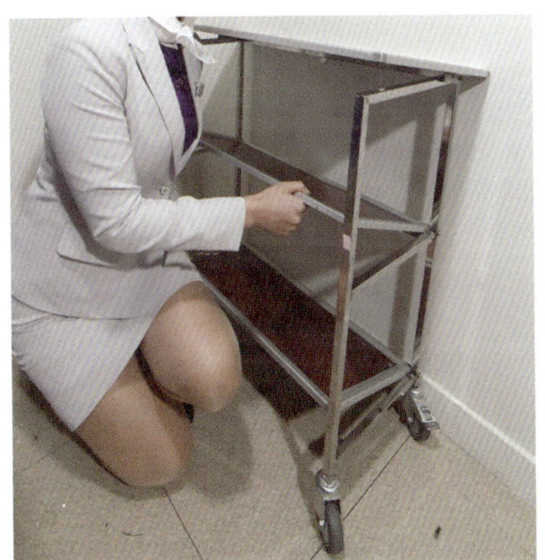

❺ 중단과 하단을 모두 수평으로 내려 고정한다.

#### 서비스 준비

Serving Cart 상단에 카트용 매트를 깔고, 각종 주스류, 생수, Hot Beverage Pot, Muddler Box, 플라스틱 컵, 종이컵 등을 세팅하며 카트 중간에 여분의 음료와 컵 등을 준비한다.

#### 서비스 방법

서비스 방법은 Welcome Cart를 이용한 Aperitif 서비스 방법과 동일하다.

### (4) Tray를 이용한 Aperitif

Tray를 이용하여 Aperitif를 서비스할 때에는 땅콩 등의 안주류를 별도로 서비스해야 하므로 Bread Basket에 담아 먼저 제공하고 이어서 음료 서비스를 한다. Tray를 이용한 음료 서비스는 Aperitif 외에도 비행 중에 승객이 휴식할 때 혹은 착륙 전에 음료를 제공할 때 이용한다.

#### 서비스 준비

음료 서비스 전에 Nuts류 서비스가 있으므로 Zone별로 Bread Basket에 Nuts류와 Cocktail Napkin을 적당히 준비한다. Large Tray에 플라스틱 컵을 이용하여 각종 주스와 생수를 따르고, 한쪽에 Cocktail Napkin을 준비한다.

#### 서비스 방법

- Nuts나 그 외 Starter를 담은 Basket을 먼저 들고 나가서 원하는 승객에게 서비스하고, Basket 한쪽에 준비한 Cocktail Napkin을 드리거나 직접 승객이 집도록 유도한다.
- 이어서 갤리에서 Cold Beverage 위주로 Tray에 준비한 음료를 승객에게 보이며 권하고, Cocktail Napkin이 세팅된 쪽이 승객을 향하도록 하여 승객이 음료를 선택한 후 직접 Napkin을 집을 수 있도록 한다.
- Used Cup을 회수할 때에는 아무 말 없이 치우지 않고 반드시 승객에게 회수 여부와 Refill 여부를 여쭈어 보도록 한다.

## 3) 기내 음료의 이해

기내에 서비스되는 음료는 크게 알코올 음료와 비알코올 음료로 구분되며, 비알코올 음료는 다시 Cold Beverage와 Hot Beverage로 구분할 수 있다.

알코올 음료란 알코올을 함유한 음료로 우리가 '술'이라고 부르는 종류들이 모두 포함되며, 제조방법에 따라 양조주, 증류주, 혼성주로 구분한다. 양조주는 곡물의 녹말이나 과일의 당분을 발효시켜 만든 것으로, 맥주, 와인, 청주가 대표적이다. 증류주는 양조주를 증류하여 알코올 농도를 진하게 만든 것으로 브랜디, 위스키가 이에 해당한다. 혼성주는 증류주에 다른 종류의 술을 혼합하거나 약초, 식물의 뿌리, 열매, 과즙, 색소, 향 등을 첨가하여 만든 것으로 캄파리, 리큐어가 있다.

### (1) 종류별 제조과정

#### 양조주 제조과정

양조주가 만들어지는 과정은 당화와 이스트(Yeast)에 의한 알코올 발효로 설명할 수 있다. 당화(糖化, Saccharification)란 쌀이나 보리 등 녹말질을 함유한 원료를 사용할 때 녹말질을 당분으로 분해시키는 과정을 말하며 술 제조의 기본 요건이 된다.

알코올 발효란 당분이 미생물 효모인 이스트의 작용으로 알코올과 탄산가스로 변하는 것으로, 이 과정을 통해 술이 만들어진다. 와인이나 맥주 등의 모든 양조주는 이러한 알코올 발효의 과정을 거쳐 만들어진다.

#### 증류주 제조과정

증류주 제조는 '양조주 제조 → 증류 → 기체 냉각'을 통해 이루어진다. 그러므로 증류주를 얻기 위해서는 양조주를 먼저 제조해야 한다.

양조주를 끓이면 알코올 성분이 먼저 끓어(78℃) 증발하는데, 물은 증발시키지 않고 알코올 성분만 증발시켜 고농도의 알코올을 얻어내는 이 과정을 '증류(Distillation)'라고 한다. 증류에 의해 증발하는 기체 상태의 알코올을 냉각시켜 액체 상태로 만드는 과정을 '기체 냉각'이라고 하며, 이런 과정을 거쳐 고농도의 알코올 성분인 증류주가 만들어진다.

예를 들면, 과일을 재료로 발효시켜 만든 양조주인 와인을 증류하여 브랜디를 만들고, 곡물을 발효시킨 양조주를 증류하여 위스키와 보드카를 만들 수 있다.

#### 술의 농도 표시

술에 들어 있는 알코올 함유량인 '술의 농도'를 표시하는 방법은 나라마다 다르나, 일반적으로 다음과 같은 종류가 사용된다. 간혹 기내에서 서비스하는 와인이나 알코올 음료의 도수를 묻는 승객들이 있다. 이런 경우 술의 농도 표시를 확인하면 정확한 답변을 할 수 있다.

술의 농도 표시와 의미

| 농도 표시 | 의미 |
|---|---|
| 도(度) | 우리나라에서 사용하는 방법으로, 술 100㎖에 들어 있는 알코올의 양을 농도로 표시한다. 즉 30도라고 하면 술 100㎖에 30㎖의 알코올이 함유되어 있다는 것을 의미한다. |
| % | '도'와 같은 의미로 30도 = 30%이다. |
| PROOF | 우리가 사용하는 도(度) 농도에 약 2배 정도를 곱한 수치이다. 즉 80 PROOF는 약 40도를 의미한다. |

### (2) 종류별 특성: 도수가 낮은 알코올성 음료

#### 와인

와인은 넓은 의미로 과일의 천연주스를 발효시킨 발효주로, 포도 외에 다른 과일을 발효한 술도 포함하며 병입(Bottling) 후에도 발효가 계속되는 술로 '생명이 있는 술'이라고 불린다. 와인은 알칼리성 음료로 산성식품을 중화시키는 역할을 하여 산성식품인 육식을 주로 하는 서양인들에게 매우 중요한 건강 음료인 셈이다.

각각의 와인은 포도 수확연도에 따라 향취와 맛의 차이가 서로 다른 독특한 개성을 지니게 되어 사람들에게 많은 사랑을 받고 있으며, 요리와 조화를 이루는 식중주로 알코올 도수가 10도 전후로 낮아 식사와 가장 잘 어울리는 술이다.

참고 기사

**와인은 병 속에서 계속 숙성, 코르크 따면 빨리 마셔야[1]**

「와인」은 과일을 발효시켜 만든 술

「와인」은 과일을 발효시켜서 만든 술을 의미한다. 포도로 만든 와인은 그냥 와인이라고 하지만, 「애플 와인」·「블루베리 와인」 등 여러 가지 과일 와인이 있다. 유럽으로 건너가면 프랑스어로는 「뱅(vin)」, 이탈리아·스페인어로는 「비노(vino)」라고 하며, 포도로 만든 술만을 지칭한다. 단어의 어원 자체가 「포도나무로부터 만든 술」이라는 의미의 라틴어 「비넘(vinum)」에서 유래했다.

1) 출처: 월간조선, 초보자를 위한 와인 가이드(2017.10)에서 인용. http://monthly.chosun.com/client/news/viw.asp?nNewsNumb=200710100048

## ■ 와인 색깔에 따른 분류

| 구분 | 특징 |
| --- | --- |
| Red Wine | 적포도의 껍질에서 색소를 착색시켜 만드는 것으로, 적포도의 껍질, 알맹이, 씨 등을 모두 포함한 상태로 발효시킨 후 씨와 껍질을 분리하여 만든다. |
| White Wine | 청포도나 적포도를 사용하며 착색되지 않도록 껍질을 제거한 후 과즙만을 발효시켜 만든다. 따라서 색소의 추출이 적고 껍질과 씨에 함유된 타닌이 레드 와인보다 비교적 적은 것이 특징이다. |
| Rose Wine, Pink Wine | 처음에는 레드 와인과 마찬가지로 적포도의 껍질과 함께 발효시키고 껍질에서 색소가 적당히 착색되어 Pink Color가 되었을 때 껍질을 분리하여 만든다. |

## ■ 와인 맛에 따른 분류

| 구분 | 특징 |
| --- | --- |
| Dry Wine | 양조 시 당분이 남아 있지 않도록 완전히 발효시켜 만든다. |
| Sweet Wine | 양조 시 당분이 적당히 남아 있을 때 발효를 중지시켜 만든다. |

## ■ 와인 제조법에 따른 분류

| 구분 | 제조법 |
| --- | --- |
| Still Wine (Table Wine) | 발효 시 발생되는 탄산가스를 제거시켜 만드는 비발포성 와인[2]으로 보통 식탁에 올려지는 일반 와인을 말한다. |
| 강화 와인 (Fortified Wine) | 와인 제조과정에서 Brandy 등을 첨가하여 알코올 도수를 높인 것으로, 스페인의 Sherry Wine, 포르투갈의 Port Wine 등이 있다. |
| 방향 와인 (Aromatized Wine) | 독특한 향신료, 약초 등을 첨가하여 향미를 좋게 한 것으로, 프랑스의 Dry Vermouth, 이탈리아의 Sweet Vermouth 등이 있다. |

2) 발포성 와인(Sparkling Wine)이란 발효 시 발생하는 탄산가스를 그대로 함유시킨 것으로 보통 Champagne이라 한다.

## ■ 프랑스 와인 명산지

| 지역 | 특징 |
|---|---|
| 보르도<br>(Bordeaux) | 와인의 명산지인 보르도는 기후와 토양 조건이 포도 재배에 완벽하고 항구를 끼고 있어 와인 제조와 판매에 좋은 조건을 갖추고 있다. 보르도 지방은 세계에서 가장 유명한 Red Wine의 생산지이자 레드 와인의 여왕이라고 불린다. 특히 고급 와인인 샤토 와인(Chateau Wine)이 유명하다. |
| 부르고뉴<br>(Bourgogne) | 보르도 지방과 함께 프랑스 와인의 대표적인 명산지로, 영어권에서는 버건디(Burgundy)라고 부르기도 한다. Red Bordeaux가 선홍색으로 여성적인 데 반하여, Red Bourgogne는 암홍색으로 남성적이라고 표현한다. 또한 부르고뉴의 샤블리(Chablis) 지방은 화이트 와인으로 매우 유명하며, 이 지방의 와인은 연한 황록색으로 향이 좋고 Dry한 맛을 낸다. |
| 샹파뉴<br>(Champagne) | 프랑스 동북부 지역의 샹파뉴 지방은 발포성 와인(Sparkling Wine)인 샴페인(Champagne)의 생산지로 유명하다. |
| 알사스<br>(Alsace) | Dry한 화이트 와인의 생산지로 유명한 알사스 지역은 독일과 국경을 맞대고 있으며, 알사스 와인은 입안 가득히 짙게 깔리는 꽃내음의 과일향과 담백하고 깨끗한 맛으로 유명하다. |

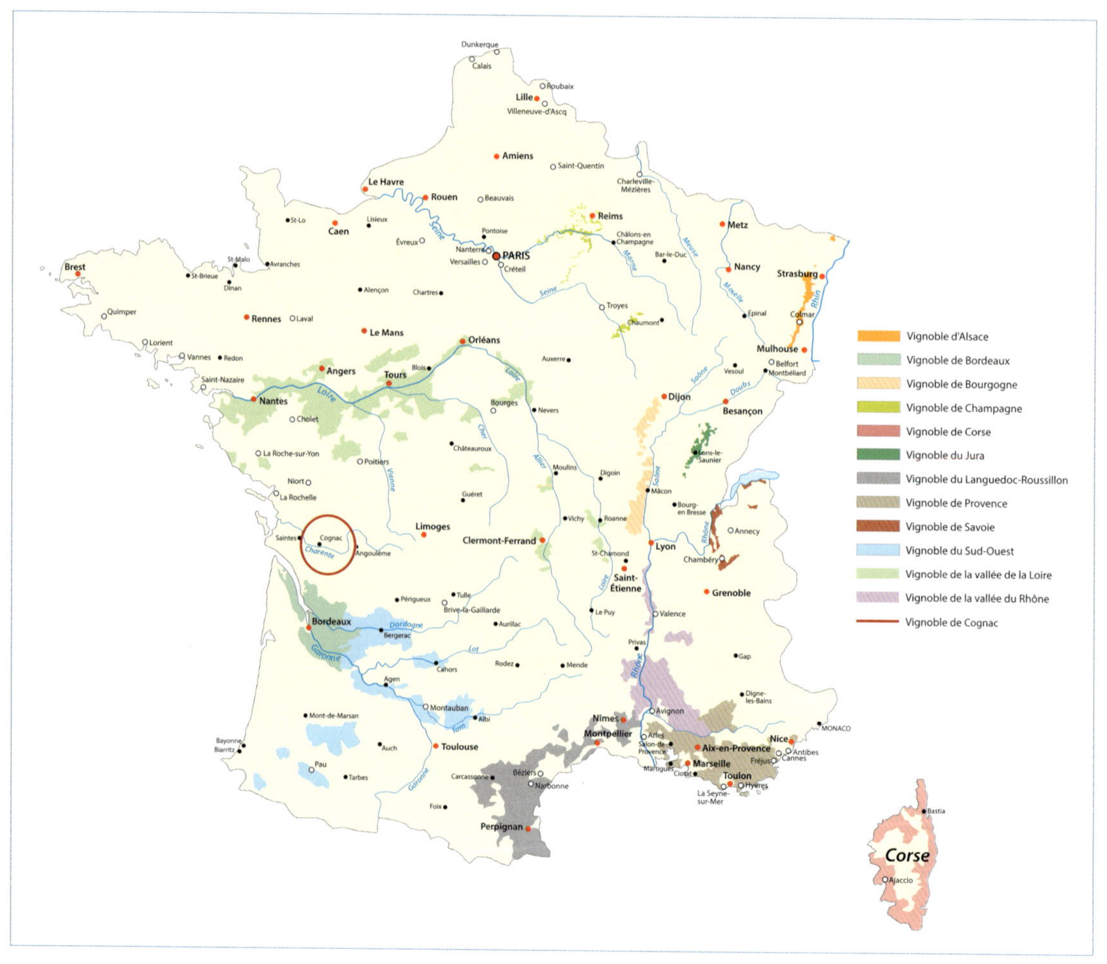


▲ 프랑스 와인 명산지 지도

▲ 로제 와인

▲ 로제 와인 서비스의 예

▲ 일등석에 서비스되는 음료의 예
❶ Liqueur 잔의 로제 와인
❷ Tumbler에 담긴 생수
❸ 레드 와인
❹ Flute에 담긴 샴페인

# 와인 기본 상식

## 와인 관련 용어

| 용어 | 의미 및 특징 | |
|---|---|---|
| 샤토 와인<br>(Château Wine) | Château는 원래 성곽이나 대저택을 의미하지만 와인과 관련해서는 특정한 포도 양조장을 뜻한다. Château 와인은 라벨에 표기된 포도 양조장에서 포도 재배, 제조, 포장까지 이루어진 최고급 와인이다. | |
| 보졸레 누보 와인<br>(Beaujolais Nouveau Wine) | 부르고뉴의 보졸레(Beaujolais) 지역에서 생산되는 와인으로 그 해 수확한 '햇술'이라는 의미로, 늦여름에 수확한 포도로 생산하며 매해 11월 셋째 주 목요일에 출시된다. | |
| 와인 브리딩<br>(Wine Breathing) | Breathing은 와인병을 미리 오픈하여 공기 접촉을 통해 와인 맛을 부드럽게 해 주는 과정이다. 레드 와인은 최소한 30분에서 2시간 전에 오픈하여 Breathing시키며, 화이트 와인은 레드 와인에 비해 숙성기간이 짧으므로 10~30분 전에 오픈하여 Breathing시킨다. | |
| 와인 디캔팅<br>(Wine Decanting) | 와인 디캔팅을 위해 투명한 재질로 만든 유리병을 Wine Decanter라고 하며, Wine Decanting이란 침전물을 분리하기 위해 별도의 투명한 유리병에 와인을 옮기는 것을 말한다. 이 과정에서는 공기와의 접촉을 빨리 유도하며 Breathing도 함께 시킬 수 있다. | |
| 와인 글라스<br>(Wine Glass) | 와인 고유의 개성을 살리고 제맛을 음미하기 위해 와인의 종류에 따라 다양한 형태의 글라스를 사용하나, 일반적으로 와인 글라스는 투명한 재질로 되어 있어 와인의 색채를 즐길 수 있어야 하며, 원형 Type으로 되어 있어 고유의 와인향을 즐길 수 있도록 한다. 또한 Stem이 있는 잔으로 손의 체온 전이를 방지할 수 있다. | |
| 와인 리넨<br>(Wine Linen) | 와인 리넨으로 와인병을 감싸 손의 체온이 전달되는 것을 막으며, 이때 리넨이 와인 라벨을 가리지 않도록 주의해야 한다. 차게 한 와인병에 맺힌 물방울과 Wine Pouring 시 흐르는 와인 액을 처리하는 데 사용되며, 청결한 와인 리넨은 고급스럽고 품위 있는 분위기를 연출한다. | |
| 와인 시음<br>(Wine Tasting) | 와인을 마시기 전에 와인의 색, 향, 맛을 시음하는 절차를 와인 시음이라고 한다. | |
| | 시음 권유 요령 | • 선택한 와인의 라벨을 보여 드린다.<br>• 글라스의 1/3까지 따라 시음을 유도한다.<br>• 만족 여부를 확인한 후 글라스의 2/3까지 따른다. |
| | 빛깔과 투명도<br>(Appearance) | 잘 숙성된 화이트 와인은 투명한 호박색을, 잘 숙성된 레드 와인은 영롱한 루비색을 띤다. 따라서 와인 시음을 할 때에는 와인의 색을 감상할 수 있도록 깨끗하고 투명한 글라스를 사용한다. |
| | 향기<br>(Aroma) | 와인은 포도 자체에서 나오는 고유의 아로마(Aroma)와 오랜 숙성기간 동안 빚어진 오묘한 부케(Bouquet)향이 어우러져 은은한 향기가 난다. 와인 글라스도 이러한 향을 즐길 수 있는 깊은 원형 잔을 사용한다. |
| | 맛<br>(Taste) | 화이트 와인은 단맛과 신맛이 나며, 레드 와인은 떫은맛과 단맛, 신맛 등이 조화를 이루어 깊은 감칠맛이 나야 한다. |

▲ Wine Decanting의 예

▲ 다양한 잔의 모양과 세부 명칭

## 와인 라벨 이해

| 라벨 | 의미 |
|---|---|
| ❶ Château<br>(샤토) | 주로 Bordeaux Wine 라벨에만 사용하며 포도밭을 보유한 와인 양조장을 의미한다. |
| ❷ Premier Grands Crus Classes<br>(프리미에 그랑 크뤼 클라세) | 1er Grand Cru Classes는 최상의, 제1의 등급을 의미하는 것으로, 와인 산지 1등급을 말한다. 메독(Medoc) 지역의 61개 와인 생산자들을 5개 등급으로 분류하여 '그랑 크뤼'라 하고 그중 1등급 와인만을 '프리미에 그랑 크뤼 클라세'라고 칭한다. |
| ❸ Vintage | 빈티지란 포도의 수확연도를 말하며, 와인 라벨에 표시되어 있다. 풍작으로 질 좋은 포도가 생산된 해에는 우수한 품질의 와인이 생산된다. 빈티지는 와인 전문가의 테스트를 통해 등급이 매겨진다. |

| 라벨 | 의미 |
|---|---|
| ❹ A.O.C<br>(Appélation D'Origin Contrôlée,<br>아펠라시옹 도리진 콩트롤레) | 프랑스 와인 중 최고급에 속하는 와인에만 붙는 와인 등급 용어이다. '원산지 명칭의 통제'라고 해석할 수 있으며, 포도의 재배장소, 품종, 단위당 수확량의 제한, 재배방법과 알코올 농도까지 최소한의 규정을 정하고 통제를 통해 고급 와인의 품질을 관리하고 있음을 의미한다. |
| ❺ Mis en bouteille au Château<br>(미장 부떼이으 오 샤토) | Château에서 와인을 직접 병에 담았음을 의미한다. |

Cephas Picture Library Ltd / Alamy Stock Photo

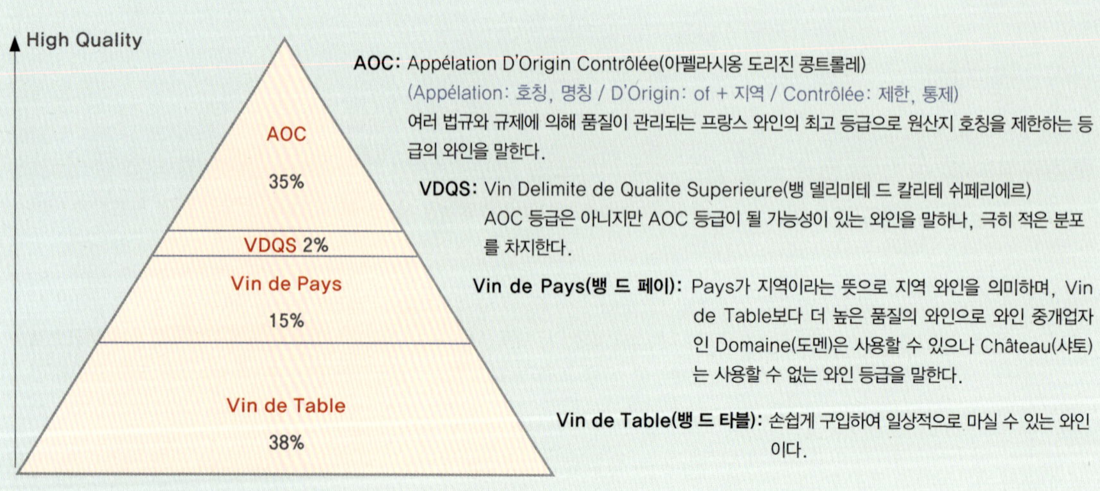


**AOC:** Appélation D'Origin Contrôlée(아펠라시옹 도리진 콩트롤레)
(Appélation: 호칭, 명칭 / D'Origin: of + 지역 / Contrôlée: 제한, 통제)
여러 법규와 규제에 의해 품질이 관리되는 프랑스 와인의 최고 등급으로 원산지 호칭을 제한하는 등급의 와인을 말한다.

**VDQS:** Vin Delimite de Qualite Superieure(뱅 델리미테 드 칼리테 쉬페리에르)
AOC 등급은 아니지만 AOC 등급이 될 가능성이 있는 와인을 말하나, 극히 적은 분포를 차지한다.

**Vin de Pays(뱅 드 페이):** Pays가 지역이라는 뜻으로 지역 와인을 의미하며, Vin de Table보다 더 높은 품질의 와인으로 와인 중개업자인 Domaine(도멘)은 사용할 수 있으나 Château(샤토)는 사용할 수 없는 와인 등급을 말한다.

**Vin de Table(뱅 드 타블):** 손쉽게 구입하여 일상적으로 마실 수 있는 와인이다.

▲ 프랑스 와인 등급체계

by Lee Soo Kyoung

## 와인 보관법과 즐기는 법

<table>
<tr><th>구분</th><th colspan="2">내용</th></tr>
<tr><td>보관법</td><td colspan="2">와인은 병입한 후에도 변화가 계속되는 술로, 보관하는 방법에 따라 와인의 가치가 달라지므로 보관에 유의해야 한다.<br>빛, 높은 온도, 진동을 피하는 것이 좋으며, 와인의 산화를 촉진하는 요소는 햇빛을 포함한 강한 광선, 높거나 변화가 심한 온도, 심한 진동이다. 따라서 장기간 보관할 경우에는 셀러(Cellar)라는 어둡고 서늘하며 조용한 지하창고에 저장하는 것이 좋으며, 요즘에는 대중화되고 있는 와인 냉장고를 활용하기도 한다.<br>와인은 공기와 접촉할 경우에 점점 산화하여 부패하므로 코르크 마개가 마르지 않고 촉촉하게 젖어 있도록 와인병을 눕혀 보관한다.</td></tr>
<tr><td rowspan="4">음용 시</td><td colspan="2">와인은 독특한 풍미를 지니므로 풍미를 잘 살려 주는 온도에서 더 좋은 와인의 맛을 느낄 수 있다.</td></tr>
<tr><td>화이트 와인<br>(White Wine),<br>로제 와인<br>(Rose Wine)</td><td>섭씨 6~12℃ 정도로 조금 차게 하여 마시는 것이 좋으며, Sweet한 와인은 더 차갑게 하는 것이 좋다. 그러나 너무 차갑게 되면 혀가 마비되어 제맛을 느낄 수 없으므로 유의해야 한다.</td></tr>
<tr><td>레드 와인<br>(Red Wine)</td><td>차지 않게 실온(15~20℃)으로 마시는 것이 좋다.</td></tr>
<tr><td>보졸레 누보 와인<br>(Beaujolais Nouveau Wine)</td><td>부르고뉴 지방에서 생산되는 레드 와인이지만 숙성시키지 않은 Young Wine으로 약간 차게 해서 마신다.</td></tr>
<tr><td rowspan="5">음식과의 조화</td><td colspan="2">와인의 알코올 성분은 위를 적당히 자극하여 식욕을 촉진하며, 육류가 주류를 이루는 서양식에서 와인은 음식의 지방분을 없애 주고 혀를 긴장시켜 신선한 맛을 되찾아 준다.</td></tr>
<tr><td colspan="2">일반적으로 Red Meat류는 Red Wine과 잘 어울리며, 굴이나 생선, White Meat류는 White Wine과 잘 어울린다.</td></tr>
<tr><td colspan="2">서양식 코스별 식사가 Light → Heavy → Light 또는 Dry → Sweet로 진행되는 특성에 따라 와인도 함께 조화를 이루도록 해야 한다.</td></tr>
<tr><td colspan="2">따라서 일반적으로 White Wine에서 Red Wine으로, Dry에서 Sweet Wine으로, 엷은 맛 Light Body에서 짙은 맛 Full Body로, 숙성이 덜된 와인에서 오래된 와인 순으로 즐기는 것이 좋다.</td></tr>
<tr><td>어울리지 않는 음식</td><td>• Vinegar를 사용하는 드레싱을 곁들인 샐러드<br>• 파인애플, 오렌지, 레몬 등 산이 포함된 과일<br>• 고등어와 같이 기름기가 많은 생선<br>• 계란이 많이 들어간 요리는 노른자의 황(Sulfur) 성분으로 와인의 향을 제대로 느끼지 못하므로 피하는 것이 좋다.</td></tr>
</table>

## 샴페인

### ■ 샴페인 서비스 준비 요령

샴페인(Champagne)은 화이트 와인보다 더 차갑게 서비스하나, 너무 차면 맛과 향을 느낄 수 없으므로 섭씨 6~8℃ 정도로 준비한다. 샴페인병이 두꺼우므로 마시기 20~30분 전쯤에 물과 얼음을 넣은 버킷(Bucket)에 넣어 Chilling하는 것이 좋다.

▲ 상위클래스 Ice Bucket 준비의 예

### ■ 샴페인 오픈 요령

샴페인은 가스를 함유하고 있어 병을 오픈할 때에는 먼저 한 손가락으로 코르크를 누르면서 마개를 덮고 있는 금박을 제거하고, 한 손가락으로 코르크를 누르면서 묶여 있는 철사(Wire Net)를 푼다. 마지막으로, 한 손으로 병을 꽉 잡고, 다른 한 손으로 코르크를 감싸면서 소리가 나지 않도록 천천히 돌려 오픈한다.

▲ Flute에 서비스된 샴페인

▲ 샴페인 서비스의 예

### ■ 샴페인의 특징

샴페인은 천연 발포성 와인 중 프랑스 샹파뉴(Champagne) 지방에서 생산되는 제품만을 의미한다. 샴페인은 병입 후에 2차 발효와 숙성을 진행하는데, 베이스가 되는 와인과 당분, 효모를 병에 함께 넣고 뚜껑으로 막으면 당분이 효모에 의해 분해되면서 이산화탄소가 만들어지며 6기압 정도가 형성되고, 알코올 도수도 1~1.5도 정도 더 올라간다.

Sweet한 것에서부터 Dry한 것까지 여러 가지 맛이 있으며, 샴페인 1리터당 포함된 당분의 양에 따라 표기를 달리한다. 예를 들어 Extra Brut(엑스트라 브뤼)로 표시되어 있는 샴페인은 단맛이 거의 없고, doux(두)로 표시되어 있는 샴페인은 단맛이 많이 난다.

**샴페인 당도 등급의 표기**

| 등급 표기 | 당분 함량 |
|---|---|
| Brut Nature | 3g 이하 |
| Extra Brut | 0~6g |
| Brut(브뤼) | 12g 미만 |
| Extra Dry(Extra Sec) | 12~17g |
| Sec(섹) | 17~32g |
| Demi-sec(드미섹) | 32~50g |
| doux(두) | 50g 초과 |

## 맥주

탄산가스의 청량감으로 인해 대중적인 인기를 얻고 있는 맥주는 알코올 농도가 4~6도로 낮은 편이다. 탄수화물, 단백질, 비타민, 미네랄 등 많은 영양분을 함유하여 서양에서는 '액체빵'이라고 하여 일종의 식량으로 여겨져 왔다.

### ■ 맥주 서비스 준비 요령

맥주는 탄산가스의 청량감을 즐길 수 있도록 섭씨 6~8℃로 차게 서비스하나 너무 차게 하면 맛을 제대로 느낄 수 없고, 온도가 너무 높으면 맥주의 탄산가스가 모두 증발해 버리고 거품이 매우 많아지므로 적정 온도를 유지하여 보관한다.

## ■ 맥주의 특징

맥주의 생명은 거품으로, 거품은 탄산가스의 유출을 방지하며 계속 신선한 맛을 유지하는 역할을 한다. 따라서 맥주는 거품과 함께 마시는 것이 좋다. 서비스 시에는 거품이 넘치지 않도록 주의한다.

## ■ 맥주의 제조 원료

맥주는 대표적인 양조주로, 맥주 제조 시 다음과 같은 물과 맥아(Barley Malt), 홉(Hop)을 원료로 만들어지며, 제조방법에 따라 나라별로 다양한 종류의 맥주가 생산되고 있다.

원료에 따른 맥주의 특징

| 원료 | 특징 |
|---|---|
| 물 | 맥주 제조 중 물이 85% 이상의 비중을 차지하여 맥주의 품질에 큰 영향을 미친다. 물은 맑고 무색무취해야 하며, 알칼리의 농도는 50% 이하여야 한다.<br>특별히 맥주 제조에 알맞은 물이 나오는 지역인 체코의 필젠(Pilsen), 독일의 뮌헨(München) 지방은 맥주 생산지로 유명하다.<br>• 뮌헨 맥주: 색이 짙고 맥아 향기가 짙은 것이 특징이다.<br>• 필젠: 체코의 플젠(Plzeň) 지방에서 유래된 맥주로 라거 특유의 투명한 황금빛과 시원한 청량감에 사츠(Saaz) 홉을 사용하여 쌉쌀하고 쓴맛이 나는 것이 특징이다. |
| 맥아<br>(Barley Malt) | 말 그대로 보리에 싹이 튼 것인 Barley Malt(발리 몰트)는 당화 효소가 많아 녹말질 원료를 쉽게 당분으로 변화시킨다. |
| 홉<br>(Hop) | 홉은 뽕나뭇과의 암수가 다른 덩굴성 식물의 꽃이다. 맥주의 원료로 사용하는 홉은 암그루에서 핀 꽃이 발육된 것으로 맥주 특유의 향기와 쓴맛을 내게 해 주며, 잡균의 번식을 방지하여 저장성을 높여 준다. |

▲ 암그루에 달린 홉의 모습

To Be More Professional Crews!

### 맥주 발효 효모에 따른 맥주의 특징

| 하면발효 맥주 (Bottom Fermentation Beer) | 상면발효 맥주 (Top Fermentation Beer) |
|---|---|
| '사카로마이세스칼스베르겐시스'라는 효모를 이용하여 발효시키는데, 이 효모는 5~10℃에서 발효되며 발효 중 맥주 밑바닥으로 가라앉는 성질이 있어 '하면발효 맥주'라고 한다. | '사카로마이세스세레비지에'라는 효모를 이용하여 발효시키는 맥주로, 15~25℃ 상온에서 발효되며, 발효 중 탄산가스와 함께 발효액의 표면에 뜨는 성질이 있어 '상면발효 맥주'라고 한다. |
| 하면발효 맥주로는 라거가 대표적이다.<br>• 라거(Lager Beer): 제조 후 저온 살균하여 효모의 활동을 중지시킨 후 병이나 캔에 넣어 오랜 기간 저장할 수 있도록 한 맥주로, 세계 맥주 생산량의 대부분을 차지하며 톡 쏘는 청량감과 깔끔한 맛이 특징이다. | 상면발효 맥주로는 드래프트, 스타우트, 에일이 대표적이다.<br>• 드래프트(Draft Beer): 살균하지 않은 생맥주이기 때문에 신선한 풍미가 살아 있지만 저온에서 운반, 저장해야 하고 빨리 소비해야 한다.<br>• 스타우트(Staut Beer): 맥아를 태워 사용하므로 색깔이 매우 진하고 강한 맥아향을 지니는 흑맥주이다.<br>• 에일(Ale Beer): 홉과의 접촉시간을 길게 하고 홉 사용량도 1.5~2배가량 많아 홉 냄새가 강하고 쓴맛이 난다. |

## (3) 종류별 특성: Hard Liquor류

Hard Liquor는 Whisky, Brandy, Gin, Rum, Campari, Vodka 등 알코올 도수가 높은 술을 의미하며, 각각의 특징을 살펴보면 다음과 같다.

To Be More Professional Crews!

### Liquor와 Liqueur의 구분

리쿼는 술의 총징으로 주로 알코올 도수가 높은 술을 의미한다.

리큐어는 Cordial이라고도 하며, 알코올 성분이 강하고 단맛이 나는 혼성주이자 증류주를 말한다. 크렘 드 망트(Créme de Menthe), 베네딕틴(Benedictine) 등이 있다.

### 위스키(Whisky)

위스키는 대표적인 증류주로 곡물을 발효시킨 양조주를 증류하여 만든다. 위스키는 반드시 오크통(Oak Barrel) 숙성을 거쳐야 하며, 술이 숙성되는 동안에 나무통의 성분이 우러나와 호박색(Amber)이 되고 향기가 좋아진다.

위스키 자체의 강한 개성을 즐기기 위해서는 Straight로 마시며, 이런 경우에는 위스키 특유의 풍미를 만끽할 수 있는 Malt Whiskey가 어울린다. 혹은 얼음만 넣어 On the Rock으로 마시기도 하며, 이때에는 주로 Blended Whiskey가 이용된다. 또한 Manhattan, Whiskey Sour, Bourbon Coke 등 Cocktail의 Base로 많이 사용된다.

위스키는 생산지에 따라 각각 독특한 맛과 향을 지니게 되어, 각 나라별로 여러 가지 형태의 위스키가 만들어지고 있다.

▲ 오크통

*To Be More Professional Crews!*

#### Whisky와 Whiskey

스코틀랜드와 캐나다 위스키는 명칭에 'Whisky'를 사용하고, 그 외 아일랜드와 미국에서는 'Whiskey'를 사용하여 각각의 정통성을 구별하고 있다. 예를 들어 스카치 위스키(Scotch Whisky), 캐나다 위스키(Canadian Whisky)에는 'Whisky'를 사용하는 반면, 아일랜드 위스키(Irish Whiskey), 버번 위스키(Bourbon Whiskey), 테네시 위스키(Tennessee Whiskey)에는 'Whiskey'를 사용한다.

## ■ 위스키의 종류별 특징

| 종류 | 특징 | 브랜드명 |
|---|---|---|
| Scotch Whisky | 스카치 위스키는 스코틀랜드에서 제조되는 위스키로, 세계적으로 가장 인기 있는 위스키이다. 스카치 위스키는 몰트 위스키와 블렌디드 위스키로 구분한다.<br><br>몰트 위스키(Malt Whisky)는 맥아만을 재료로 만들며 맥아를 건조시킬 때 사용하는 피트(Peat)[3]로 인해 강한 연기 냄새가 나는 것이 특징이다. | • Glenfiddich |
| | 블렌디드 위스키(Blended Whiskey)는 Malt Whisky와 Grain Whisky를 혼합하여 마시기 좋게 한 것으로, 우리가 마시는 Scotch Whisky 대부분이 Blended Whisky이다. | • Chivas Regal<br>• Johnnie Walker |
| Irish Whiskey | 아일랜드에서 제조되는 위스키를 뜻한다. 아이리시 위스키가 위스키의 원조로 알려진 것에 비해 우리가 흔히 접할 수 있는 위스키는 많지 않은 것이 현실이다.<br>스카치 위스키가 두 번 증류하는 것에 비해 아이리시 위스키는 세 번씩 증류하는 것이 대부분이고, 피트를 사용하지 않아서 향이 깨끗하고 맛이 부드러운 특징이 있다. | • Jameson<br>• The Dubliner<br>• Jameson의 Midleton<br>• Teeling<br>• Prizefight |
| American Whiskey | 미국에서 생산되는 위스키를 말하며, 옥수수를 주원료로 사용하는 버번(Bourbon) 지역 Whiskey가 유명하다.<br>켄터키 주 Bourbon 지방에서 옥수수를 원료로 하여 만든 것이 시작이며, 옥수수 함량이 51% 이상인 것만을 칭한다.<br>Jack Daniel은 테네시(Tennessee) 위스키라고도 한다. Bourbon 위스키와 동일하나 테네시 지방에서 생산되는 목탄을 여과시켜 제조하기 때문에 부드러운 맛을 내며 고급 위스키에 속한다. | • Old Grand Dad<br>• Jim Beam<br>• Jack Daniel |
| Canadian Whisky | Canadian Whisky는 부드러운 맛이 특징이다. 향미가 강한 호밀(Rye)로 만든 위스키와 깨끗한 맛의 옥수수로 만든 위스키를 섞어 특유의 부드럽고 경쾌한 위스키를 제조하고 있다. | • Canadian Club |

3) 피트(Peat)는 '이탄'이라고도 하며 스코틀랜드 초원에 퍼져 있는 풀인 히스(Heath)가 습지대에 퇴적되어 반탄화된 것으로, 연소할 때 강한 자극성 연기를 낸다.

To Be More Professional Crews!

### 스카치 위스키의 종류

**싱글 몰트 스카치 위스키(Single Malt Scotch Whisky)**

몰트 위스키의 일종으로, '싱글'이란 한 증류소에서만 증류하여 제조되었음을 의미한다. 즉 오직 맥아만을 사용하여 하나의 증류소에서 만들어진 위스키를 병입한 위스키를 말한다.

**싱글 그레인 스카치 위스키(Single Grain Scotch Whisky)**

한 증류소에서만 증류하여 제조된 일반 곡물(주로 옥수수)을 이용하여 만든 위스키를 의미한다.

**블렌디드 몰트 스카치 위스키(Blended Malt Scotch Whisky)**

싱글 몰트 위스키만을 블렌딩한 위스키이다.

**블렌디드 그레인 스카치 위스키(Blended Grain Scotch Whisky)**

두 곳 이상의 증류소에서 생산된 그레인 위스키를 섞어 만든 위스키를 의미한다.

**블렌디드 스카치 위스키(Blended Scotch Whisky)**

싱글 몰트 위스키와 그레인 위스키를 섞어 만든 위스키를 의미한다. 보통 두 곳 이상의 증류소에서 나온 위스키를 섞은 것으로, 오늘날 시중에 유통되는 대부분의 스카치 위스키는 이 분류에 속한다.

## 브랜디(Brandy)

브랜디는 네덜란드어 'Brandewijn', 즉 태운 와인(Burned Wine)에서 유래했으며 와인이나 그 외 과일의 발효액(Wine)을 증류시킨 것으로, 원료로 사용된 과일의 이름을 붙여 포도 브랜디, 사과 브랜디 등으로 부를 수 있다. 그러나 일반적으로 '브랜디'라 하면 포도로 만든 와인을 증류한 것을 말한다. 브랜디는 보통 식사 후에 마시는 식후주로, 특유의 향이 머물 수 있도록 볼이 크고 잔의 입구가 좁은 잔에 소량을 담아 상온에서 마신다.

### ■ 브랜디 명산지

브랜디는 와인이 생산되는 곳이면 어디서나 만들 수 있으며, 프랑스, 이탈리아, 스페인 등이 유명하다. 그중 와인과 마찬가지로 프랑스산이 대표적이다.

### ■ 프랑스 브랜디의 3대 명산지

| 지역 | 의미 및 특징 |
|---|---|
| 코냑(Cognac) | 엄밀히 말하면 프랑스 코냑 지방에서 생산되는 브랜디만을 코냑이라고 칭할 수 있다. |
| 아르마냑(Armagnac) | 프랑스 아르마냑 지방에서 생산되는 브랜디를 말한다. |
| 칼바도스(Calvados) | 프랑스 북부 노르망디에 있는 칼바도스 지방의 특산물인 사과로 만든 브랜디를 말한다. |

### ■ 브랜디 라벨(Label)

브랜디는 라벨을 통해 숙성기간을 알 수 있으며, 그 표기는 다음과 같다.

| 브랜디 라벨 | 숙성기간 |
|---|---|
| ★★★ | 3년 |
| V.O(Very Old) | 3~5년 |
| V.S.O(Very Superior Old) | 12~15년 |
| V.S.O.P(Very Superior Old Pale) | 15~20년 |
| X.O(Extra Old) | 30~50년 |
| NAPOLEON | 숙성기간의 의미보다는 '특제품'의 의미가 크며, 자사제품 중 자신 있는 최상의 제품에만 붙인다. |

## 진(Gin)

진은 증류주에 주니퍼베리(Juniper Berry)라고 하는 노간주나무 열매의 향미를 추출하여 혼합해 제조하므로 혼성주에 해당한다. 주니퍼베리는 유럽에서 고기를 삶을 때 사용하며 월계수 잎 대용으로 이용하기도 한다. 처음에는 이뇨 효과가 있다고 밝혀진 주니퍼베리를 알코올에 넣고 증류하여 약용으로 판매했으나, 그 산뜻한 냄새로 인해 술로 애용하게 되었다.

런던 드라이 진(London Dry Gin)이 유명하며, 베르무스(Vermouth)와 혼합하여 칵테일 마티니(Martini)로 즐기거나 Tonic Water와 섞어 진토닉을 만들어 애용하기도 한다. 그 외에 Tom Collins, Gin Fizz 등의 칵테일로 사용하거나 Straight로 즐길 수도 있다.

▲ 주니퍼베리 열매

▲ 향신료로 판매되고 있는 주니퍼베리

### 럼(Rum)

럼은 사탕수수에서 얻은 당밀을 원료로 하여 만든 증류주로, 사탕수수 산지인 중앙아메리카의 서인도제도에서 많이 생산하고 있다. 밝은색이 나며 향미가 약한 것부터, 짙은 색이 나며 코를 찌르는 듯한 강한 향미를 내는 것까지 종류가 다양하다. 또한 럼은 Bacardi가 유명하며, 특유의 향미를 가지고 있어 Straight로 많이 마시며, 칵테일 재료로도 널리 쓰인다.

### 캄파리(Campari)

캄파리는 비터즈(Bitters)의 일종으로, 비터즈의 주된 특징은 쓴맛이 난다는 것이다. 캄파리는 세계적으로 이탈리아산이 가장 유명하다. 와인에 쓴 오렌지껍질, 코리안더(Coriander), 미나릿과 식물 등을 혼합하여 만든다고 알려져 있으나, 'David Campari' 회사를 제외하고는 아무도 비법을 모른다고 한다. 캄파리는 쓴맛과 향기로 인해 주로 식전주로 마시며, Campari & Soda 등의 칵테일 Base로도 사용된다.

### 보드카(Vodka)

보드카는 러시아어로 물을 뜻하는 낱말 'вода'(보다)에서 유래하여 러시아와 폴란드에서 발달한 술로, 귀족들이 즐겨 마셨으며 캐비아(Caviar), 연어 등과 함께 식전주로도 즐겨 마셨다. 옥수수, 밀, 보리, 감자를 발효시켜 높은 알코올 농도로 증류시킨 후, 목탄 층에 통과시켜서 알코올에 있는 냄새를 완전히 제거하여 무색무취한 보드카를 만들어 낸다.

무색투명하고 냄새도 없는 특성을 지녀 칵테일의 재료로 널리 사용된다. Stolichnaya (스톨리챠냐), Absolut(앱솔루트) 등이 대표적이며 Screw Driver, Bloody Mary 등의 칵테일로 활용되기도 한다.

▲ Campari
verbaska / Shutterstock.com

▲ Absolut 보드카
AlenKadr / Shutterstock.com

▲ Absolut 보드카를 이용한 칵테일 서비스_ 대한항공 A380 Celestial Bar

▲ Absolut 보드카를 이용한 칵테일 서비스

### 칵테일

두 가지 이상의 술을 섞거나 부재료를 혼합하여 마시는 알코올 음료로, 알코올 도수가 낮아 식욕을 촉진해 주므로 식전주로 적합하며, 맛, 향기, 색채의 조화로 분위기를 창출하는 예술품이라고 할 수 있다.

칵테일은 4~6도로 차게 서비스하며 Base와 Mixer를 섞고 칵테일 종류에 따라 설탕, 시럽 등의 감미료나 얼음을 넣고 Lemon Slice나 Orange Slice, Cherry 등으로 화려하게 장식한다.

#### ■ 칵테일의 기본 요소

| 기본 요소 | 의미 |
|---|---|
| Base | Cocktail의 기본이 되는 리쿼(Liquor)를 말한다. |
| Mixer | Cocktail의 Base와 섞이는 음료로 Soda Water, Ginger Ale, Tonic Water 등이 있다. |
| Garnish | Cocktail의 맛을 더하거나 돋보이게 하기 위해 장식하는 것으로, Lemon, Orange, Olive, Cherry, Pineapple 등을 사용한다. |

#### ■ 대표적인 칵테일

| Base 종류 | 칵테일 | 특징 |
|---|---|---|
| Vodka | Bloody Mary | 보드카와 토마토주스를 섞고 기호에 따라 타바스코 소스, 소금, 후추, 우스터 소스(Worcestershire Sauce) 등을 조금씩 첨가한 후 Lemon Slice로 장식한다. 기내에서는 서비스 편의를 위해 Bloody Mary Mixer가 탑재되므로, Bloody Mary Mixer에 Vodka와 얼음을 넣어 간단히 제조할 수 있다. |
| Whisky | Manhattan | Bourbon Whisky를 Base로 하며, Sweet Vermouth를 넣고 체리로 장식한다. |
| Gin | Martini | Gin을 Base로 Dry Vermouth를 섞고, Olive로 장식한다. |
| Wine | Kir | Crème de Cassis를 먼저 넣고 White Wine을 채운다. |

#### ■ 칵테일 제조 시 유의사항

칵테일은 항상 차갑게 4~6도 정도로 서비스하며, On the Rocks로는 2oz 정도, Straight로는 1oz 정도가 적당한 양이다. Straight로 만들 때에는 입가심 음료인 Chaser를 함께 준비하며, Mixer가 발포성 음료인 경우에는 너무 많이 젓지 않는다.

가능한 Garnish를 이용하여 장식의 효과를 주며, Garnish는 마르지 않은 것을 사용한다.

얼음을 넣은 칵테일은 Muddler를 같이 준비한다. 얼음은 깨끗하고 단단한 것을 사용하며, 설탕이 들어가는 칵테일은 충분히 저어 녹인 후 얼음을 넣어야 제맛을 살릴 수 있다.

### 리큐어(Liqueur)

▲ 베일리스(Baileys)
DenisMArt / Shutterstock.com

리큐어는 라틴어로 녹이다(make liquid)의 뜻이 있는 '리퀘파케레(liquefacere)'에서 유래했다. 증류주를 서로 섞거나 재증류하고 여러 가지 약초, 식물의 뿌리, 꽃, 씨앗 등을 용해하여 향미가 나도록 한 증류주의 일종이다. 다른 증류주와 달리 단맛을 내는 것이 특징이며, 미국에서는 코디얼(Cordial)이라고도 한다.

리큐어 종류에는 크렘 드 망트(Crème de Menthe), 크렘 드 카시스(Crème de Cassis), 베일리스(Baileys) 등이 있다. 칵테일의 재료로 쓰이거나, 비교적 알코올 성분이 강하고 단맛이 나며 향미가 풍부하여 식후주로 사랑받는 술이다.

☞ 술의 총칭인 리쿼(Liquor)와 구분하여 사용하도록 한다.

## (4) 비알코올성 음료

기내에서 서비스되는 비알코올성 음료는 Cold Beverage와 Hot Beverage로 구분되며, 다음과 같은 종류가 있다.

### Cold Beverage

차가운 음료로는 생수, 각종 주스류와 칵테일 재료인 Mixer류(Bloody Mary Mix, Tonic Water, Soda Water, Ginger Ale)와 Soft Drink가 있다. Soft Drink는 알코올 성분이 없으며 상쾌한 맛을 지닌 청량음료로 Coke, Sprite가 있다.

그 외에 우유가 서비스되며 따뜻하게 서비스하는 경우에는 중탕하여 서비스한다. 우유를 끓이는 경우, 영양소가 파괴되며 우유 단백질이 엉겨 응고되기 때문에 직접 가열하여 제공하지 않는다.

## Hot Beverage

뜨거운 음료로는 커피와 차 종류가 있으며, 커피의 종류는 다음과 같다. 모든 커피는 서비스 시 크림과 설탕의 필요 여부를 물은 후 필요시 함께 서비스한다.

**뜨거운 음료의 종류와 서비스 시 유의점**

| 종류 | 유의점 |
|---|---|
| Brew Coffee | Coffee Maker를 이용하여 Coffee Pack을 우린 것으로, 서비스 직전에 Brew하여 신선한 커피가 서비스되도록 한다. |
| Instant Coffee | 서비스 제공 직전에 Coffee Powder에 뜨거운 물을 부어 분말을 녹인 후 서비스하는 것이므로, 충분히 저은 후 커피 농도와 온도 등을 확인하고 서비스한다. |
| Decaffeinated Coffee | 원하는 승객이 있는 경우, Instant Coffee와 동일한 방법으로 서비스한다. |
| Espresso Coffee와 Variation Coffee | Espresso Coffee Maker가 장착된 항공기인 경우, 일등석 승객을 대상으로 여러 종류의 Variation Coffee를 서비스한다. |
| Black Tea | Black Tea(홍차)는 크림, 설탕, 레몬 슬라이스를 주문받아 Tea Bag과 함께 제공한다. Milk Tea를 원하는 승객에게는 우유를 함께 드리고, 이때 레몬 슬라이스는 제공하지 않는다. 레몬의 산성 성분이 우유 단백질과 엉기므로 Milk Tea 서비스 시 레몬 슬라이스는 제공하지 않는다. |
| Green Tea | Black Tea(홍차)와 마찬가지로 Tea Bag째 서비스한다. |

▲ 카페라테 서비스의 예

▲ 상위클래스 홍차 서비스의 예

이후 나오는 **Quiz 1~18번**에서 관련 내용을 복습한다. 

## 3 식사 서비스부터 회수까지 업무

### 1) 식사(Meal Tray) 서비스

기내식은 일반 Meal과 Special Meal로 구분된다. 국내 항공사의 경우, 일반 Meal은 서양식을 근간으로 하여 승객의 다양한 욕구에 부응하기 위해 내국인 승객을 위한 한식 및 노선 특성을 살린 일본식, 중국식 등을 제공하며, 동남아 노선에서는 디저트로 아이스크림을 제공하는 등 노선 특성에 맞는 기내식을 선보이고 있다.

기내식은 항공사별로 정해진 기내식 제조업체로부터 공급받고 있으며, 다양한 메뉴 제공과 서비스 향상을 위해 약 3~4개월 주기별로 메뉴를 변경하여 서비스하고 있다. 대부분 모기지 출발편은 국내 기내식 제조업체에서 조리하여 탑재하고, 해외에서 출발하는 경우에는 정해진 업체로부터 기내식을 제공받기 때문에 같은 메뉴라고 하더라도 식재료의 차이로 인해 동일한 맛을 내지 못하는 경우도 있다.

일반 Meal은 노선 및 서비스 시점에 따라 종류가 다르다. 국내선의 경우 비행시간이 1시간 미만으로 음료 서비스만 제공한다. 국제선 단거리 노선에서는 시간관계상 데우거나 조리하지 않아도 되는 차가운 음식인 Cold Meal이 주로 서비스된다. 일반적으로 비행시간이 2시간 이상일 경우 따듯한 음식을 조리하여 제공하며, 식사의 종류는 Breakfast/Brunch/Lunch/Dinner/Supper/Light Meal 등으로 구분되며, 좌석 등급에 따라 서비스의 내용과 방법이 다르다.

단거리 노선 및 식사 타입에 따라 축소된 형태로 서비스되기도 하나, 일반적으로 상위클래스는 기내식을 코스(Course)별로 제공하고, 일반석에서는 Pre-set Tray 방식(한상차림)으로 제공한다. 이등석에서는 Semi Course로 식사를 제공한다.

좌석 등급별 기내식 서비스 방식

| 좌석 등급 | 서비스 방식 |
|---|---|
| 일등석(First Class) | Full Course |
| 이등석(Prestige, Bussiness Class) | Semi Course |
| 일반석(Economy Class) | Pre-set Tray |

**기내식 종류와 약어**

| 종류 | 약어 | 서비스 시간대 |
|---|---|---|
| Breakfast | BRF | 05:00 ~ 09:00 |
| Brunch | BRCH | 09:00 ~ 11:00 |
| Lunch | LCH | 11:00 ~ 14:00 |
| Dinner | DNR | 18:00 ~ 22:00 |
| Supper | SPR | 22:00 ~ 01:00 |
| Snack, Light Meal, Refreshment | SNX | 기타 시간 |

오븐을 이용하여 가열한 후 제공하는 Hot Meal은 1차 조리 후 냉동 상태로 탑재되므로 적절한 온도로 서비스되도록 하며, 가열하지 않는 Cold Meal 메뉴는 신선도를 유지하여 최상의 상태로 서비스하는 것이 중요하다. Cold Meal에는 Tray에 식기류와 음료 등이 함께 구성된 경우와 초단거리 비행에 서비스되는 Box 타입의 식사가 있다.

Box Meal은 물티슈와 음료 등이 간단한 샌드위치나 쿠키 타입의 식사와 함께 포장된 식사를 말한다. Hot Meal은 Large Tray와 Half Tray 혹은 1/3 크기의 Tray 등을 이용하여 식사 시간대나 노선 특성에 맞추어 구성된다.

**Pre-set 방식의 Half Tray 식사 구성의 예**

▲ 일반석 Half Tray 구성의 식사

▲ 일반석 Pre-set Tray 방식(한상차림)의 아침 식사

Large Tray 식사 구성의 예

▲ 일반석 Large Tray 구성의 식사

▲ 이등석 Breakfast

LCC 기내식 구성의 예

▲ LCC 기내식 세트

▲ LCC 기내식 세트

일등석 식사 서비스는 양식과 한식에 따라 다양한 코스요리가 준비되며 On-demand 방식으로 서비스한다. 일등석 Full Course 방식의 식사와 이등석 Semi Course 식사의 예와 함께 Breakfast 구성과 단거리 노선의 식사 구성 예를 다음 쪽에 제시한다.

# 좌석 등급별 식사 구성의 예

## 일등석 Full Course 방식의 식사 구성 예

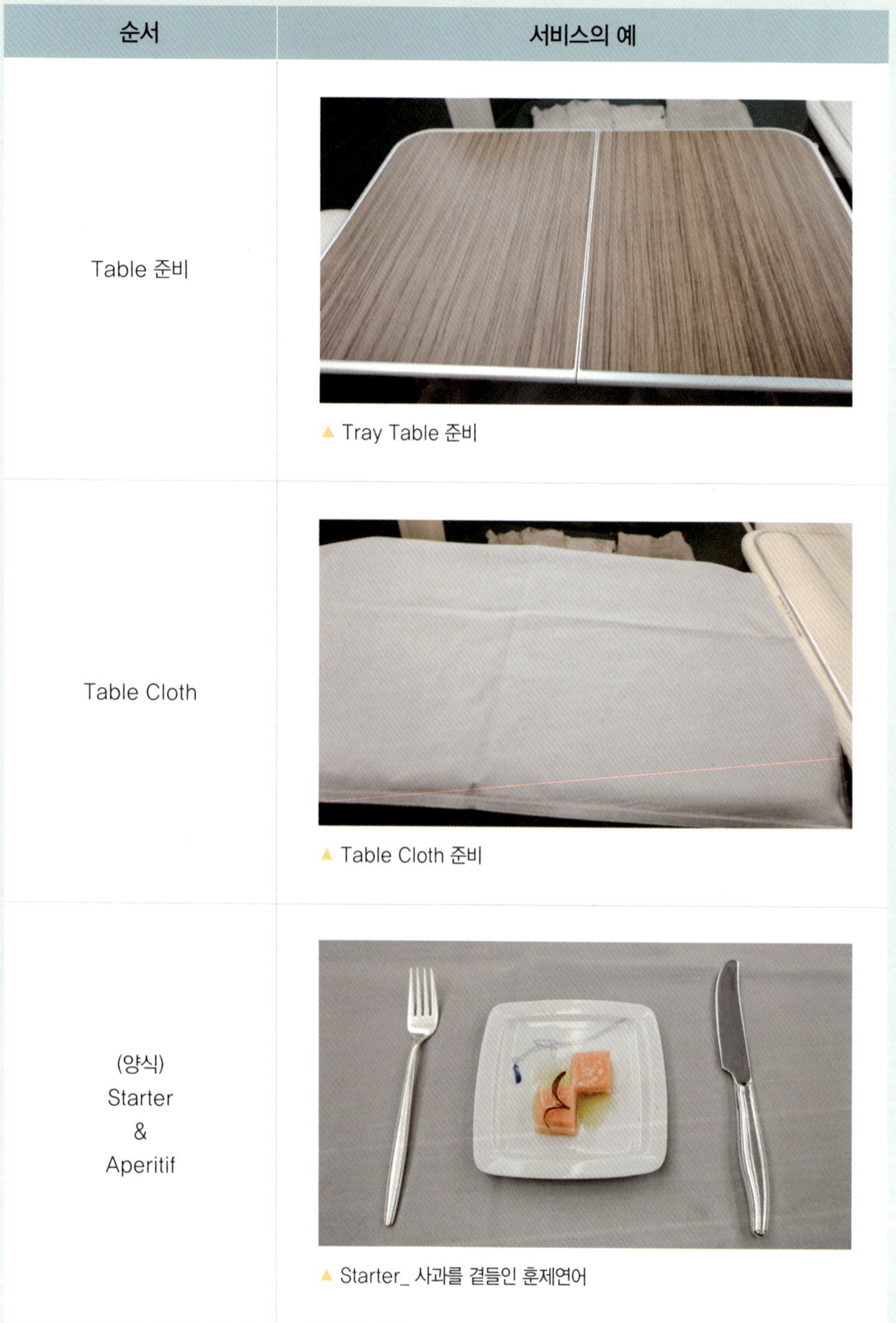

| 순서 | 서비스의 예 |
| --- | --- |
| Table 준비 | ▲ Tray Table 준비 |
| Table Cloth | ▲ Table Cloth 준비 |
| (양식)<br>Starter<br>&<br>Aperitif | ▲ Starter_ 사과를 곁들인 훈제연어 |

| 순서 | 서비스의 예 |
| --- | --- |
| (한식)<br>Starter<br>&<br>Aperitif |  ▲ 한식 정찬의 Starter_ 닭살 겨자냉채 |
| Tableware<br>Setting | 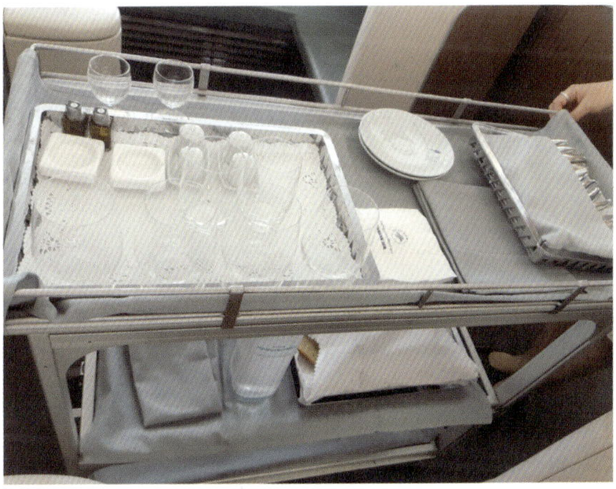 ▲ Tableware 서비스를 위한 Cart 차림 <br>▲ Tableware Setting |

| 순서 | 서비스의 예 |
| --- | --- |
| Tableware Setting | <br>▲ Tableware Setting, Bread 서비스<br><br>▲ 한정식 상차림 |
| Wine | <br><br>▲ Wine 서비스 |

| 순서 | 서비스의 예 |
| --- | --- |
| Appetizer<br>-Caviar 대체용 |  ▲ 전채요리_ 푸아그라 테린 및 Condiment Setting |
| Appetizer<br>-Caviar |  ▲ Caviar 서비스 <br>▲ Caviar Stand 구성 |

| 순서 | 서비스의 예 |
|---|---|
| Service Plate |  ▲ Service Plate_ Appetizer 서비스 후 본 식사 서비스를 위해 Service Plate를 놓아 드린다. |
| Soup |  ▲ Service Plate 위에 서비스된 Soup <br>▲ 펜넬 감자 크림 Soup |

| 순서 | 서비스의 예 |
| --- | --- |
| Soup | <br>▲ 한식 정찬_ 게살 된장죽(한식 서비스의 경우, 양식 Soup 대신 죽을 서비스한다) |
| Salad | <br><br><br><br>▲ 샐러드 서비스<br>❶ Soup Ladle ❷ Gravy Boat ❸ Lemon Tongs<br>❹ Pepper Mill ❺ Salt Shaker ❻ Serving Cart<br>❼ Cart Linen ❽ Chinaware ❾ Cutlery ❿ Salad Bowl<br>⓫ Salad Tongs |

| 순서 | 서비스의 예 |
|---|---|
| Salad |  ▲ Service Plate 위에 서비스된 Salad <br>▲ Dish-up된 Salad |
| Main Dish |  ▲ Service Plate 위에 서비스된 주요리 |

| 순서 | 서비스의 예 |
| --- | --- |
| Main Dish | <br>▲ 한식 서비스<br><br>▲ 한정식 상차림_ 반찬(더덕 초절임, 멸치 견과류 볶음, 새우 미역냉채, 도라지 들깨무침, 깻잎찜), 은대구 조림, 미나리 맑은국과 밥<br><br>▲ Bowl에 담은 밥과 찬 |

| 순서 | 서비스의 예 |
| --- | --- |
| Main Dish | <br>▲ 비빔밥 서비스<br><br>▲ 일등석에 서비스되는 다양한 한식 메뉴_ 냉국수 |
| Cheese<br>&<br>Fruit | <br>▲ ❶ Salad Tongs ❷ Dish ❸ Cheese Board |

| 순서 | 서비스의 예 |
| --- | --- |
| <br>Cheese<br>&<br>Fruit | <br>▲ Fruit & Cheese Cart 차림<br><br>▲ Fruit & Cheese(왼쪽부터 생 앙드레, 에멘탈, 숌), Port Wine 서비스<br><br>▲ Fruit & Cheese 서비스 |

| 순서 | 서비스의 예 |
|---|---|
| (양식) Dessert | ▲ 아이스크림 서비스 |
| (한식) Dessert | ▲ 한정식 후식_ 오미자 배숙 |
| Hot Beverage | |

| 순서 | 서비스의 예 |
| --- | --- |
| Toothpick | 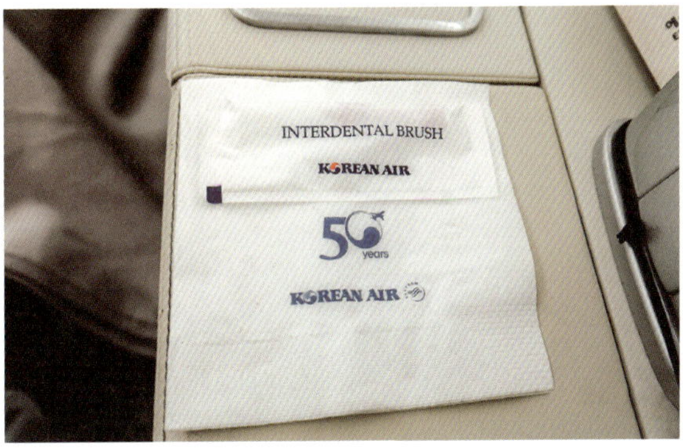 ▲ Dental Floss 서비스 <br>▲ 치실과 냅킨 준비 |

| 일등석 Breakfast 구성 예 | |
|---|---|
| Breakfast<br>Yogurt & Cereal | <br>▲ 일등석 Breakfast 서비스 |
| Breakfast<br>Bread & Jam | <br>▲ 일등석 Breakfast 서비스 |
| Breakfast<br>Main Dish | <br>▲ 주요리_ 프렌치토스트 서비스 |

| 일등석 단거리 노선의 식사 구성 예 | |
|---|---|
| 한상차림의 예 | <br>▲ 단거리 노선 일등석 한식 서비스 |

## 이등석 Semi Course 방식의 식사 구성 예

| 순서 | 서비스의 예 |
|---|---|
| Basic Tray &<br>Bread Service | Basic Tray 서비스 후 샐러드용 드레싱을 주문받아 놓아 드린다.<br>▲ Basic Tray & Bread Service |

| 순서 | 서비스의 예 |
| --- | --- |
| Basic Tray & Bread Service | Basic Tray 서비스 후 Bread를 보여 드리고 주문받아 서비스한다.  |
| Dessert를 제외한 식사 구성 | 아침 식사 서비스 시 Basic Tray 서비스 후 Hot Beverage를 바로 이어서 서비스한다. <br>▲ 이등석 Breakfast |
| Basic Tray 회수 | 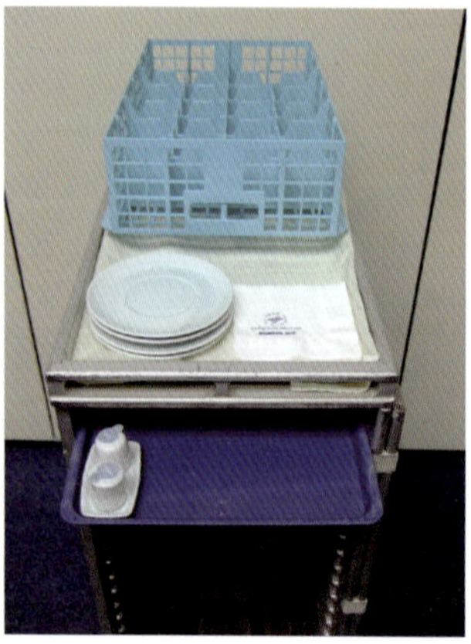 ▲ Basic Tray 회수 준비 |

| 순서 | 서비스의 예 |
| --- | --- |
| Fruit & Cheese | Basic Tray 회수 후 Fruit & Cheese를 개별로 주문받아 서비스한다.  |
| Dessert | Fruit & Cheese 서비스 후 Dessert를 소개하고 주문받아 서비스한다. 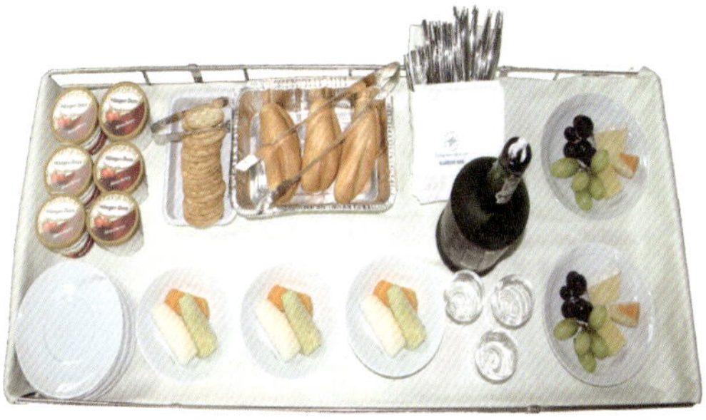 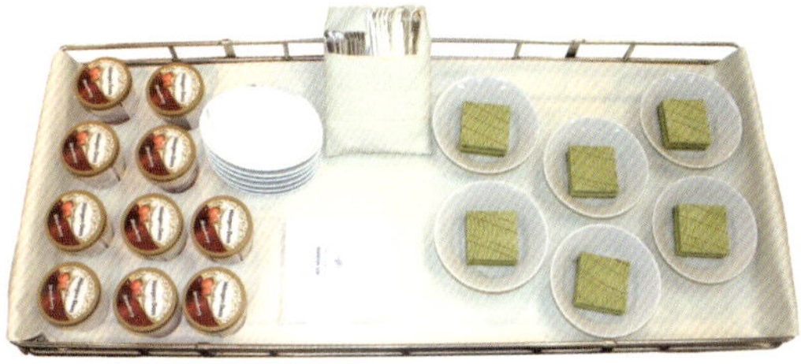 |
| Hot Beverage | Dessert 서비스 후 Hot Beverage와 식후주 위주로 주문받아 서비스한다.  |

### (1) 차가운 식사(Cold Meal)

일반적으로 비행시간이 3시간 이하인 단거리 노선에서는 서비스 가용 시간을 감안하여 히팅하지 않고 서비스할 수 있는 샌드위치와 같은 Cold Meal을 제공한다. 단거리인 경우 비행시간이 짧고 착륙 전까지 승무원이 해야 할 업무가 많아 장거리 노선보다 더 신속하게 서비스해야 하지만, 승객에게 취식을 재촉하는 인상을 주지 않도록 올바른 서비스 매너를 지켜야 한다.

▲ Cold Meal의 예

#### 서비스 준비

지상에서 탑재된 Meal Cart는 신선도 유지를 위해 카트 상단과 중단에 드라이 아이스가 탑재되는데, 서비스 전 적정 시점에 제거하여 식사가 얼거나 지나치게 차가운 상태로 서비스되지 않도록 유의해야 한다.

#### 서비스 방법

- 단거리 노선은 서비스 가용 시간이 많지 않으므로 식사와 식전주 서비스를 한 번에 할 수 있도록 준비한다.
- Meal Cart 상단에 각종 주스와 맥주, 플라스틱 컵을 올리고, 커피와 차 서비스를 위한 티백, 설탕, 크림, 커피 Pot, 뜨거운 물을 담은 Pot 등을 올려 식사 Tray를 서비스하고 이어서 음료를 주문받아 서비스한다.
- Tray 타입이 아니라 Box 타입의 식사인 경우에는 음료가 포함되지 않거나 필요시에는 Large Tray에 음료를 따른 컵을 올려 추가로 서비스하며, 커피와 차도 같은 방식으로 준비하여 서비스한다.

### (2) 뜨거운 식사(Hot Meal)

일반적으로 비행시간이 3시간을 초과하는 단거리 노선부터 주요리를 가열하여 제공하는 Hot Meal 서비스가 이루어진다. 주요리인 앙트레(Entrée)는 오븐에 탑재되며, 식사 Tray에는 주요리를 제외한 전채 & 샐러드, 빵, 후식, Hot Beverage용 컵, 식기류와 냅킨 등이 세팅된다.

드라이 아이스가 끼워져 있는 Tray는 적정 시점에 드라이 아이스를 제거하고 주위에 생겨난 물기 등을 정리해 둔다. 또한 Air Chiller가 작동 중인 Compartment도 적정 시점에 Off해 둔다.

#### 서비스 준비

- 주요리인 **Entrée**는 종류별로 정해진 히팅 방법에 맞게 히팅한다. Service Flow를 감안하여 히팅 종료 시점을 조정하여 승객에게 최상의 상태로 서비스될 수 있도록 한다.
- 지나치게 미리 히팅하여 승객에게 전달하는 시점에 식은 요리가 제공되지 않도록 유의해야 한다.
- 탑재된 Entrée의 종류를 정확히 숙지하여 조리방법, Starch, 야채 종류 등을 브리핑 자료를 통해 확인하고, 실재 탑재된 내역과 일치하는지를 서비스하기 전에 반드시 확인해야 한다.
- 식사 제공 전에 서비스되는 식전주(Aperitif) 서비스 종료 시점을 감안하여 Meal Tray에 Entrée를 세팅하며 Entrée를 덮고 있는 Tin Foil이 찢어진 경우에는 완전히 제거한 후 새것으로 교환하여 세팅한다.
- 근래에는 서비스 시간을 줄여 승객 불편을 최소화하기 위해서 식전주 서비스를 별도로 하지 않고 식사 서비스 시 Meal Cart 상단에 각종 음료를 함께 준비하여 식사 Tray 제공 시 한 번에 서비스하기도 한다. 이런 경우 Entrée 가열 시점을 앞당기고 신속하게 세팅하여 적정 온도가 유지되도록 서비스하는 것이 필요하다.
- Entrée Setting 시에는 Galley Curtain을 닫아 승객에게 보이지 않도록 하고 Entrée를 갤리 바닥에 내려 놓지 않으며, 음식이 흐트러지거나 포장이 훼손되지 않도록 포개어 쌓지 않는다.
- Entrée Setting 시 소스가 Tray에 흐르지 않도록 오븐에서 수평으로 Tray에 옮긴다. Meal Tray의 전채 & 샐러드, 빵, 후식, Hot Beverage용 컵, 와인잔, 식기류와 냅킨 등 내용물이 흐트러지면 원위치로 가지런히 정리하며 세팅한다.

손상된 Tin Foil 교체

| ❶ 손상된 Tin Foil이 발견된 Entrée의 예 | ❷ 손상된 Tin Foil 교체 모습 |
| --- | --- |
|  |  |
| ❸ Entrée를 수평으로 옮기는 모습 | ❹ Tin Foil을 새것으로 교체하는 모습 |
|  | 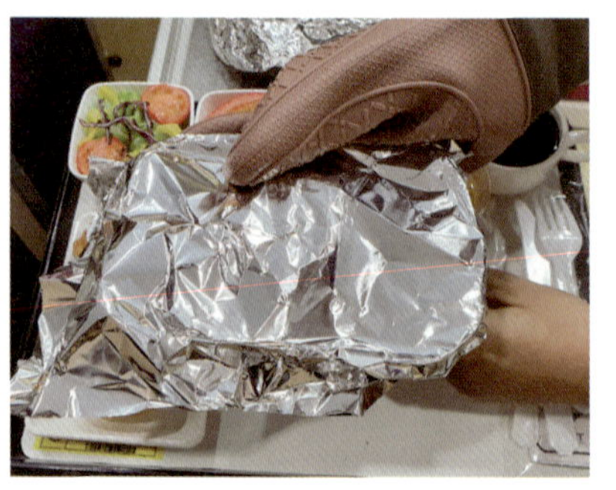 |

Entrée Setting

| 바른 Entrée Setting의 예 | 바르지 않은 Entrée Setting의 예 |
|---|---|
| 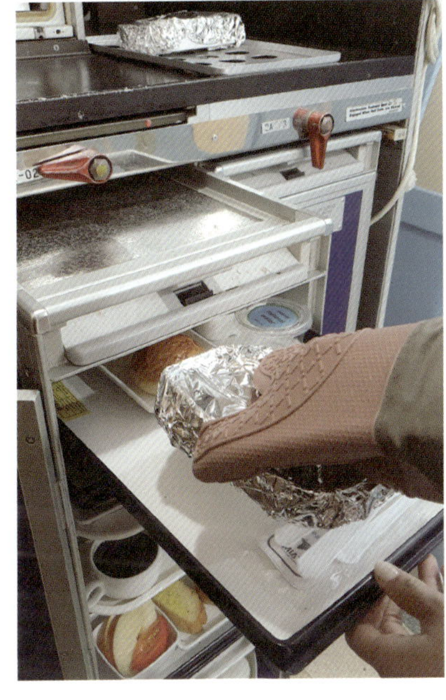 |  |

- Entrée Setting이 끝난 Meal Cart를 보관할 때에는 Air Chiller를 미리 Off 시킨다.
- 식사 서비스와 동시에 식전주를 서비스하는 경우, Meal Cart 상단에 투명 Drawer를 올려 음료를 포함하여 식사 서비스 시 제공되는 것들을 정리해 둔다. White Wine, Red Wine은 오픈하여 Wine Linen과 함께 올리고, 맥주, 오렌지주스, 생수, 소금, 후추, 플라스틱 컵, 고추장, 서비스 Tag 등 필요한 Item을 준비한다.
- 식사 타입이 Breakfast로 계란요리나 오믈렛 등이 서비스되는 경우에는 소금, 후추 외에 Jam, Ketchup, Mustard 등을 추가로 준비한다.
- Bread가 개별 Tray에 낱개 포장되어 제공되는 것이 아니라 Bulk로 탑재된 경우에는 서비스하기 전에 오븐을 이용하여 히팅하여 제공한다. 이때 한 오븐에 적당량의 Bread를 히팅하여 Bread 모양이 잘 유지되도록 유의한다.
- Bulk로 탑재된 Bread는 Bread Basket에 깨끗한 Linen을 깔고 적당량을 담아 Bread Tongs과 함께 준비하여

▲ 일회용 포장의 소스 예

카트 상단에 올린다.

• 한식 서비스에 따른 국 서비스가 있는 경우, Pot을 이용하여 Hot Water를 담아 카트 상단에 준비한다.

▲ Bread Basket

▲ Bread 서비스 준비의 예

### 서비스 방법

• Aperitif를 별도로 서비스하는 경우, 서비스가 끝나면 다 드신 컵을 회수하고, 객실 통로나 승객 좌석 주변을 정리한 후, 담당 Zone별로 정해진 Service Flow에 따라 식사 서비스를 시작한다.

• **Meal Tray**를 제공할 때에는 승객의 Tray Table을 펴고, 식사 종류를 간단히 설명한 후 주문을 받는다.

• Meal Tray는 승객의 머리 위로 전달하지 않고 안쪽 좌석의 승객부터 서비스한다.

• Meal Tray를 드릴 때에는 Entrée가 승객 앞쪽으로 놓이도록 제공한다.

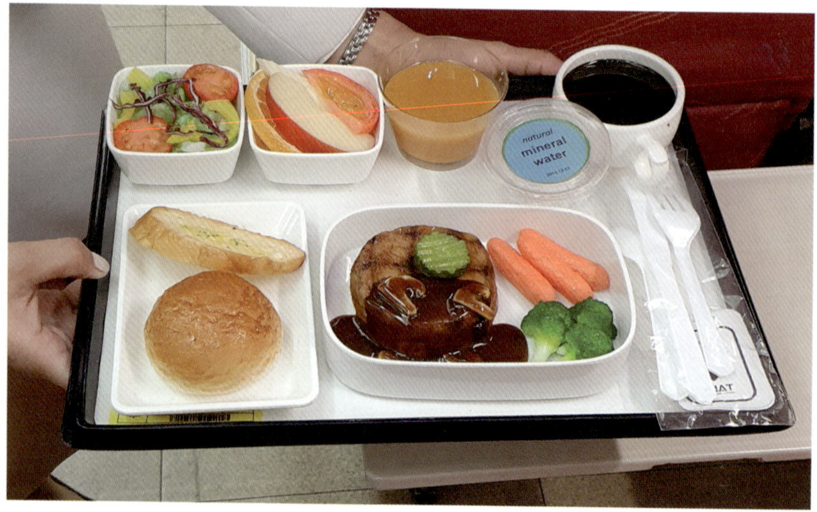


▲ Entrée가 승객 앞쪽으로 놓인 Tray의 예

- **Bread**를 별도로 제공해야 하는 경우, Meal Tray 제공 후 곧바로 이어서 Tongs을 이용하여 서비스하며, 이때 Bread 모양이 흐트러지지 않도록 주의한다.
- 한식에 **국**이 있는 경우 뜨거운 물과 **와인**도 Meal Tray 제공 후 곧바로 이어서 서비스한다.
- **한식용 국** 용기에 뜨거운 물을 부어 직접 Tray에 놓아 드리나, 안쪽이나 창측 승객의 경우에는 미리 물을 부어 Meal Tray와 함께 서비스할 수도 있다. Tray에 올려서 전달할 때 국물이 흐르거나 화상의 위험이 있으니 각별히 조심해야 한다.
- **와인**은 Tray에 세팅되어 있는 와인잔에 따라 드리나, 창측이나 안쪽에 착석한 승객에게 와인잔을 들어 주기를 요청한다. Wine Linen을 한 손에 준비하고 있다가 와인을 따른 후 병입에 맺힌 와인 방울을 닦는다.
- **외국인**이 한식을 취식하는 경우, 필요하면 취식 방법을 간략히 설명한다.
- Entrée의 종류에 따라 승객이 요청하면, 케첩, 머스타드 등 **소스류**를 추가로 서비스한다.
- 식사 서비스가 모든 승객에게 잘 이루어졌는지 최종 확인하며, **기내 특별식**을 주문한 승객에게는 일반 식사 서비스 전에 개별적으로 서비스하고 와인 등 필요한 음료 서비스도 잊지 않고 제공한다.
- **나중에 취식을 원하는 승객**이 있는 경우, 해당 주요리를 신선하게 별도 보관하고 Meal Tray 또한 Chiller가 작동되는 곳에 보관한다.

### (3) 기내 특별식(Special Meal)

Special Meal이란 비행 중 승객의 건강이나 기호 또는 종교 등의 이유로 일반 기내식을 취식하지 못하는 경우에 특별히 요청하는 식사로, 종교식, 유아 및 아동식, 야채식, 식사조절식, 기타 특별식으로 구분한다.

종교식

| 종류 | 약어 | 특징 |
|---|---|---|
| Hindu Meal | HNML | **No Beef: 비야채식의 인도식 식사.** 양고기, 가금류, 해산물과 생선류를 사용하며 소고기, 송아지고기를 사용하지 않는다. |
| Moslem Meal | MOML | **No Pork.** 소고기, 양고기, 가금류 등을 사용하여 회교율법에 따라 준비한 재료를 사용하며, 알코올, 돼지고기, 햄, 베이컨, 젤라틴 또는 돼지고기 부산물이 포함된 식품을 사용하지 않는다. |

| 종류 | 약어 | 특징 |
|---|---|---|
| Kosher Meal | KSML | **유대정교 신봉자의 식사.** 율법에 따라 조리하고 기도를 올린 것으로, 돼지고기는 사용하지 않으며 소고기, 양고기 등도 기도를 올린 것에 한하여 사용한다. 따라서 닭고기나 생선이 주가 되며 빵 대신 맛초(Matzo)라는 건빵이 서비스된다. 식기는 한 번 사용한 것을 다시 씻어 재사용하는 것을 금지하므로 일회용 기물을 사용하며, 밀봉되어 있다. |

*To Be More Professional Crews!*

### Hindu Meal, Moslem Meal

Hindu Meal, Moslem Meal 요청 승객은 종교상의 이유로 특정 식재료를 취식하지 못하므로 기내식 탑재에 문제가 있는 경우 대체 서비스 시 취식 가능한 메뉴가 있는지 확인하는 것이 필요하다.

*To Be More Professional Crews!*

### Kosher Meal

유대교 율법에 의해 조리된 식사임을 랍비(Rabbi)가 검사한 식사로, 대체 서비스가 불가한 식사이다. 일반적으로 Kosher Meal은 종이 Box에 포장되어 Sealing용 Sticker가 부착되어 있으며, 서비스하기 전에 반드시 주문한 승객에게 탑재된 식사가 개봉되지 않은 상태임을 보여 드린다. 가열해야 하는 주요리가 내열 비닐이나 Foil이 아닌 경우에는 주요리 포장을 제거한 후 가열한다는 것을 승객에게 안내하고 Box 개봉에 대한 허가를 얻어야 한다.

☞ Entrée 포장이 Heat Proof Vinyl 또는 Foil Cover인 경우에는 포장 그대로 히팅하여 서비스하며 찢어지거나 흠집이 생기지 않도록 각별히 주의한다.

## 유아식 및 아동식

| 종류 | 약어 | 특징 |
|---|---|---|
| Baby Meal | BBML | 유아식에는 24개월 미만의 유아에게 서비스되는 이유식과 유아용 주스가 있다. |
| Infant Child Meal | ICML | 아동식 식사가 가능한 24개월 미만의 영유아에게 제공되며, 메뉴는 Child Meal과 동일하다. |

| 종류 | 약어 | 특징 |
|---|---|---|
| Child Meal | CHML | 만 24개월~12세 미만의 아동에게 제공되며, 대한항공의 경우 한국 출발편에서는 불고기 볶음, 치즈 스파게티, BBQ 치킨과 크로켓 가운데 선택할 수 있으며, 해외 출발편에서는 피자, 스파게티, 핫도그 가운데 선택할 수 있다. 특히 아동식은 해외 기내식 조달 형편이 상이하므로 한국 출발편과 동일한 식사가 주문되지 않을 수 있음을 안내할 필요가 있다. |

▲ Child Meal(치킨요리)의 예

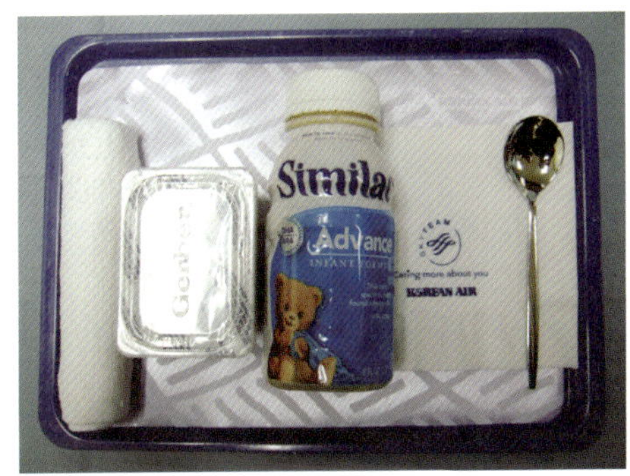


▲ 유아식 서비스 준비의 예

## 야채식

| 종류 | 약어 | 특징 |
|---|---|---|
| Vegetarian Lacto-Ovo Meal | VLML | **서양채식.** 달걀 및 유제품은 사용하되 생선류, 가금류를 포함한 모든 육류와 동물성지방, 젤라틴을 사용하지 않는다. |
| Vegetarian Vegan Meal | VGML | **엄격한 서양채식.** 달걀 및 유제품을 포함하여 생선류, 가금류 등 모든 육류와 동물성지방, 젤라틴을 사용하지 않는다. |
| Vegetarian Hindu Meal | AVML | **인도채식.** 유제품은 포함하되 생선류, 가금류를 포함한 모든 육류와 달걀을 사용하지 않는다. |
| Vegetarian Jain[4)] Meal | VJML | **엄격한 인도채식.** 유제품, 생선류, 가금류 등 모든 육류와 달걀을 포함하는 모든 동물성식품 및 양파, 마늘, 생강 등의 뿌리식품을 사용하지 않는다. |
| Vegetarian Oriental Meal | VOML | **동양채식.** 양파, 마늘, 생강 등의 뿌리식품을 사용하나 생선류, 가금류를 포함한 모든 육류와 달걀, 유제품을 사용하지 않는다. |
| Raw Vegetarian Meal | RVML | **생야채식.** 카페인 함유 음료나 보존료, 첨가물, 가공식품을 포함하지 않고 순수 생야채, 생과일이 포함된 채식이다. |

4) 〈To Be More Professional Crews!: Jain〉을 참조한다.

*To Be More Professional Crews!*

**Jain**

자이나 달마(Jain Dharma)라고 알려진 자이나교는 고대 인도의 종교로 자이나교의 추종자들을 '자인'이라고 한다.

## 식사 조절식

| 종류 | 약어 | 특징 |
|---|---|---|
| Low Fat Meal | LFML | **저지방식.** 콜레스테롤 함량이 높은 고지방 육류, 농축된 육수, 달걀 노른자, 갑각류 등을 사용하지 않고, 저지방 육류, 저지방 생선 등을 사용한다. |
| Diabetic Meal | DBML | **당뇨식.** 열량과 단백질, 지방, 당질의 섭취량을 조절하고 식사량과 포화지방산의 섭취를 제한하는 식사를 말한다. |
| Low Calorie Meal | LCML | **저열량식.** 체중조절을 목적으로 열량을 제한한 식사로, 지방, 설탕은 조리 시 필요한 최소량을 첨가하며 튀김 조리법은 사용하지 않는다. |
| Bland Meal | BLML | **저자극식.** 소화기능이 저하되어 있는 고객을 위한 식사이다. 강한 향신료, 가스를 유발할 수 있는 야채 및 기름기가 많은 음식을 제한하며, 저지방 육류 및 흰살생선 등을 재료로 한 식사를 말한다. |
| Gluten Intolerant Meal | GFML | **글루텐 제한식.** 식사재료 내의 글루텐 함유를 엄격히 제한하여 밀, 보리, 호밀, 귀리 등을 피하고 쌀, 감자, 고구마, 옥수수, 콩을 사용한다. |
| Low Salt Meal | LSML | **저염식.** 염분 성분이 제한된 식사를 원하는 승객에게 제공된다. |
| Low Lactose Meal | NLML | **유당제한식.** 유당을 함유한 모든 형태의 유제품(우유, 크림, 분유)을 엄격히 제한하는 식사이다. |

## 기타 특별식

| 종류 | 약어 | 특징 |
|---|---|---|
| Seafood Meal | SFML | **해산물식.** 생선 및 해산물을 주재료로 하며 곡류, 야채류, 과일류가 함께 제공된다. |
| Fruit Platter Meal | FPML | **과일식.** 기내식 대신 신선한 과일로만 구성된 식사이다. |
| Allergy-Free Meal | SPML | **알레르기 제한식.** 특정 식재료 알레르기 반응이 있는 승객에게 해당 식재료를 제외한 식사가 제공된다. |

To Be More Professional Crews!

### 알레르기 반응이 있는 승객

**땅콩 알레르기**가 있는 승객으로 인한 사고가 빈번해지면서 점차 많은 항공사에서 기내식 제공 시 땅콩 성분이 함유된 식재료를 사용하지 않는 추세이다. 그러나 다른 승객들이 땅콩 제품을 기내로 반입하거나 비행기 내부에 땅콩 성분이 남아 있을 가능성이 있으므로, 해당 승객은 항공 여행 전에 전문 의료진과 상의하여 항공 여행의 적합성을 확인해야 한다. 또한 땅콩 알레르기가 있는 승객은 예약 시 항공사 직원에게 알리고, 탑승 시 정해진 양식을 작성하는 등의 절차를 따라야 한다.

### Special Meal 서비스 시 유의점

갤리 담당 승무원은 기내식 탑재 담당 지상 직원과 Special Meal 탑재 내역을 확인하고 그 내용을 객실 사무장에게 보고한다. 탑재 내역을 확인할 때에는 SHR(SSR)을 참고하여 Special Meal 요청 내역과 실제 탑재 내역을 비교하며, 이상이 있는 경우 운송 직원이나 기내식 탑재 담당 지상 직원에게 알려 신속히 조치되도록 한다. Aisle Duty 승무원은 담당구역에 Special Meal 요청 승객이 탑승한 경우, 승객 탑승 후 그 주문 내역을 확인한다.

요청 사항이 확인된 Special Meal은 식사 서비스 시 일반 기내식보다 더 우선적으로 서비스하며, Special Meal이 잘못 전달되지 않도록 좌석번호, 성명, Special Meal 종류를 해당 Special Meal Tray에 표시한다. 그리고 해당 승객 서비스 시에는 주문한 Special Meal이 맞는지 재차 확인한다.

## 2) Water & Wine 리필

Meal Tray 서비스가 끝나면 Meal Cart를 갤리 내의 정해진 위치에 보관하고, 생수와 와인을 Refill한다. 생수병을 한 손에 들고 4절로 접은 Linen을 다른 손에 준비한 후 승객에게 의향을 물어 생수 컵에 리필해 드린다.

와인은 양손에 각각 화이트 와인과 레드 와인을 들고 승객에게 의향을 물어 와인 잔에 리필한다. 와인 병목 부분에 와인 Linen을 감싸서 와인이 승객 Tray에 흐르지 않도록 한다.

▲ Wine Linen을 활용한 Wine 서비스의 예

▲ 상위클래스 Water 서비스의 예

### 3) Hot Beverage(커피 or 차) 서비스

#### 서비스 준비

승객에게 신선한 커피가 제공되기 위해서는 서비스 직전에 Brew가 종료되도록 준비해야 한다. Coffee Maker 내의 Coffee Pack은 Brew 직전에 오픈하여 세팅한다. Brew가 다 된 커피는 온도와 농도를 확인하고 커피팩(Coffee Pack)이 찢어진 상태로 Brew가 된 것은 아닌지 등을 확인한다.

Pot은 안과 밖의 청결 상태를 확인해 사용하며 Tea 서비스용 Pot은 뜨거운 물로 Warming해 둔다. Small Tray를 이용하여 Hot Beverage용 서비스 Item을 준비한다.

### 서비스 방법

- 승객이 커피를 원하는 경우, Meal Tray에 세팅된 커피컵(Coffee Cup)을 커피 서비스용 Small Tray에 올려놓고 승객에게 필요한 Item을 권유하여 집도록 한다. Sugar, Cream, 인공 감미료 등이 필요한지 묻고 직접 집도록 유도한다.
- 승객이 Tea를 원하는 경우, 커피 서비스와 동일하게 컵을 Small Tray 위에 올리게 하여 뜨거운 물을 따라 주고 Black Tea, Green Tea, Lemon, Sugar, Cream 등을 집도록 유도한다.
- 승객에게 Small Tray를 이용하여 Hot Beverage를 제공하는 경우, Small Tray를 낮추어 승객이 컵과 Tea Bag 등을 잡기 편하도록 배려한다.

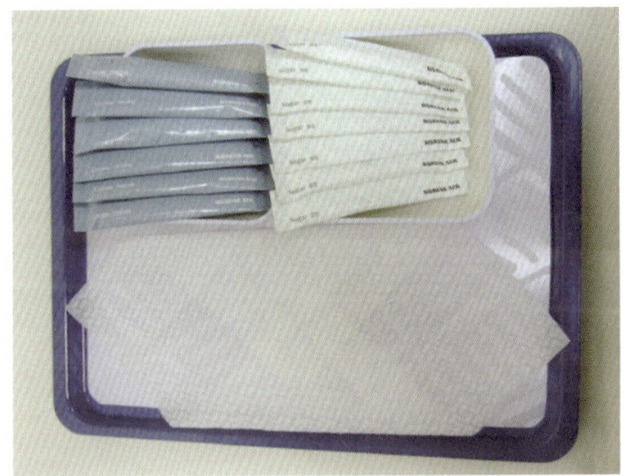

▲ Coffee 서비스용 Tray의 예

▲ Tea 서비스용 Tray의 예

▲ 일등석 Coffee 서비스의 예

▲ 일등석 Tea 서비스의 예

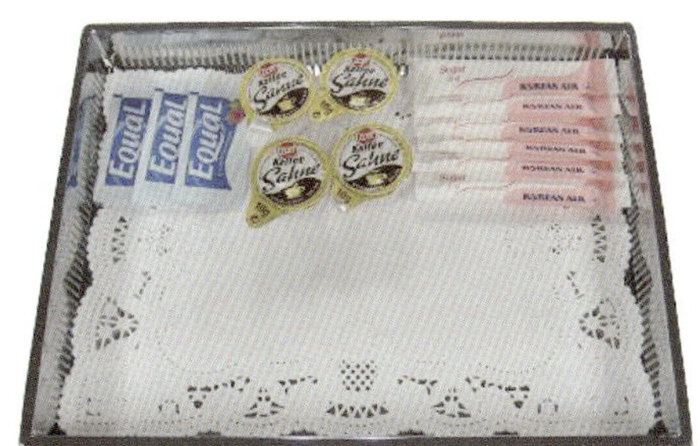


▲ 이등석 Coffee 서비스 준비의 예

▲ 이등석 Tea 서비스 준비의 예

## 4) 식사(Meal Tray) 회수

### 서비스 준비

Meal Cart 상단에 투명 Drawer를 이용하여 생수, 주스, 플라스틱 컵, Cocktail Napkin 등을 준비한다. Hot Towel 혹은 Paper Towel, 일회용 물티슈 등을 준비하여 회수 시 필요하면 승객 Tray Table을 닦아 드린다.

### 서비스 방법

- 전체 승객의 Tray를 회수하기 전이라고 하더라도 식사를 빨리 끝내신 승객은 개별적으로 치워 드린다.
- 식사를 끝내고 Hot Beverage를 계속 드시기를 원하는 승객은 Meal Tray를 치워 드리고 Cocktail Napkin을 컵에 받혀 승객 테이블에 놓아 드려 천천히 즐기실 수 있도록 배려한다.
- Meal Tray 회수 시 승객 Tray Table이 깨끗하지 않은 경우, 준비한 Paper Towel 등으로 닦아 드린다.
- Meal Tray를 회수할 때에는 카트 내부의 상단부터 차례대로 집어넣는다.

이후 나오는 **Quiz 19~25번**에서 관련 내용을 복습한다. 

# 4 그 후 후속 업무

## 1) 갤리 및 객실 정리

**갤리**는 식음료를 취급하는 공간이므로 항상 청결하게 유지하며 수시로 기물 등을 정리, 정돈한다. 서비스 용품 회수로 쓰레기통이 넘치지 않도록 조치하고, Trash Compactor가 장착된 기종인 경우에는 리필 용기를 이용하여 정리한다.

**객실**은 담당 Zone별로 승객 좌석 주변과 Aisle 등에 있는 이물질, 비닐 등을 정리한다. 객실 벽면의 Magazine Rack에 꽂혀 있는 잡지와 신문 등을 다시 정리하고 객실 전체를 돌아보며 쾌적한 환경이 되도록 한다.

**화장실**은 청결 상태를 확인하고 비품들이 충분히 비치되어 있는지 확인한다. Compartment 내 여분의 **서비스 용품**을 이용하여 필요한 물품을 refill하며 용품이 부족한 경우 충분량을 다시 채워 둔다. 식사 서비스 직후는 화장실 사용 빈도가 높은 시점이므로 청결 상태와 용품 리필 위주로 신속히 점검하는 것이 좋다.

**물비누**를 눌러보아 잔량이 있는지 확인하고, 잔량이 부족한 경우에는 별도로 탑재되는 고체 비누를 세팅해 둔다. 물내림 기능에 고장이 없는지 확인하고 **세면대**의 청결 상태를 확인해 조치한다. **두루마리 휴지**는 삼각형 모양으로 접어 정돈된 느낌을 준다. **클리넥스**는 한 장을 뽑아 두어 사용하기 편리하도록 배려하며 거울의 얼룩도 제거한다. 화장실 내부에 세팅해 둔 **화장품**도 승객들이 사용하면서 흘러내린 흔적이 없는지 확인해 정돈해 두고 로고가 보이도록 배치한다.

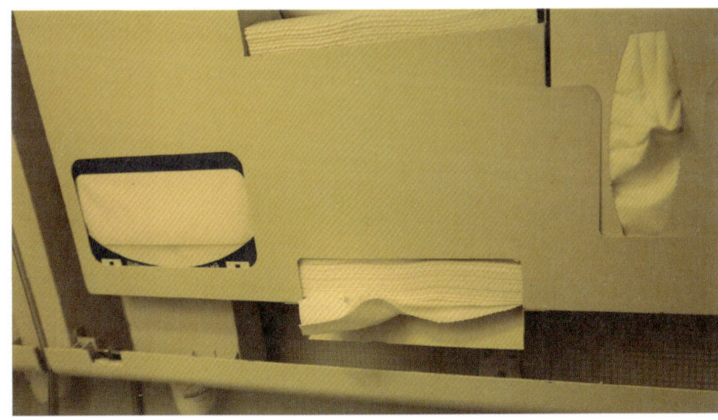

▲ 화장실 용품 탑재 모습

## 2) 입국서류 배포 및 작성 협조: 입국서류 운용 Station인 경우

**단거리 노선**의 경우 서비스 가용 시간을 고려하여 출발하기 전에 지상에서 배포하나, 그 외의 노선은 식사 서비스 이후에 하는 것이 일반적이다. 요즘은 국가나 도착 Station별로 전자식 출입국 신고서를 이용하는 곳이 늘고 있어 근무 전에 해당 목적지 입국 절차를 확인해 최신 정보를 습득하는 것이 필요하다.

담당구역별로 서류를 배포하고 UM이나 노약자 등 도움이 필요한 승객들의 서류 작성에 적극 협조한다. 도착지 국가의 출입국 규정을 숙지하여 승객에게 정확히 안내할 수 있도록 한다. 입국서류는 영어 대문자로 작성하도록 안내하고, 일반적으로 서류로는 입국서류와 세관신고서가 있으나, 경우에 따라 검역 설문서가 별도로 사용되기도 한다. 각각의 서류가 언어별로 운용되기 때문에 입국서류의 종류가 많은 경우에는 **Small Tray** 위에 종류별로 준비하여 배포한다. 배포한 서류는 도착 전에 정확히 작성했는지 재확인한다.

**TWOV 승객 서류**는 지상 직원이 사무장에게 인계하고 사무장은 해당 승객의 마지막 기항지[5] 출발 후에 해당 승객에게 반환한다. 그러나 요즘은 비자 없이 여행하거나 자유로이 통과하도록 허가하는 국가가 많아짐에 따라 TWOV 승객에 대한 조치가 필요하지 않은 경우가 많다.

*To Be More Professional Crews!*

### TWOV

Transit Without Visa의 약자로 비자 없이 통과하는 것을 의미한다. 모든 국가가 외국인에게는 자국 입국 시 허가를 받도록 하고 있다. 이 허가의 표시가 바로 비자(Visa)이다. 하지만 해당 국가를 방문하는 것이 목적이 아니고 제3국으로 가기 위해 단순히 통과하는 경우에는 비자를 요구하지 않는 경우가 있는데, 이 형태를 TWOV라고 한다.

TWOV는 제3국이 최종 목적지이므로 제3국행 항공권을 소지해야 하고 도착한 공항을 떠나지 않고 일정 시간(대개는 당일 혹은 24시간) 안에 제3국행 항공편에 탑승해야 하는 등의 제약이 있다.

5) 기항지(寄港地)란 항로 중인 비행기가 목적지로 가는 도중에 잠시 들르는 공항을 의미한다.

## 3) 면세품 판매

국제선 탑승객에게 제공하는 기내 서비스 일환으로 세계 유명상품의 면세상품을 기내에서 판매하는 업무로, 기내 면세품 판매를 전담하는 승무원이 별도 탑승하는 경우도 있다. 판매대금과 물품 잔량 등이 정확히 인수인계되어야 하는 만큼 모든 승무원의 협조가 요구되는 업무이다.

### (1) 기내 판매 전담 승무원의 업무

출발 시 판매대금 수납창구에서 기내 판매 잔돈(다양한 종류의 화폐로 준비), 승무원용 면세품 가격표 카탈로그, Sales Money Bag 등을 수령한다. 그리고 판매 당일에 적용환율 및 기내 판매에 관한 지시 및 공지사항을 확인한다. 탑승 후에는 지상 조업원으로부터 판매 품목을 인수하고 POS 시스템(판매대금 결제용 장비) 장비와 Shopping Bag 등 판매에 필요한 물품의 탑재를 확인한다.

기판품은 Seal To Seal 방식과 Item By Item 방식으로 인수인계한다.

*To Be More Professional Crews!*

**Seal To Seal 및 Item by Item 방식**

Seal To Seal 방식은 물품 인수인계 시 Carry-on Box나 Cart에 Seal을 하고 그 Seal의 번호를 확인하는 방식을 의미한다. Item by Item은 인계하는 물품별로 잔량과 종류를 직접 확인하는 방식으로, 주로 고가품에 적용한다.

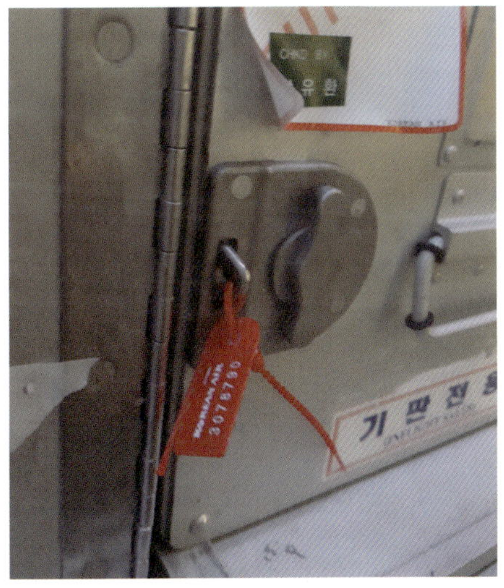


▲ Seal to Seal 방식으로 인계하기 위한 Sealing

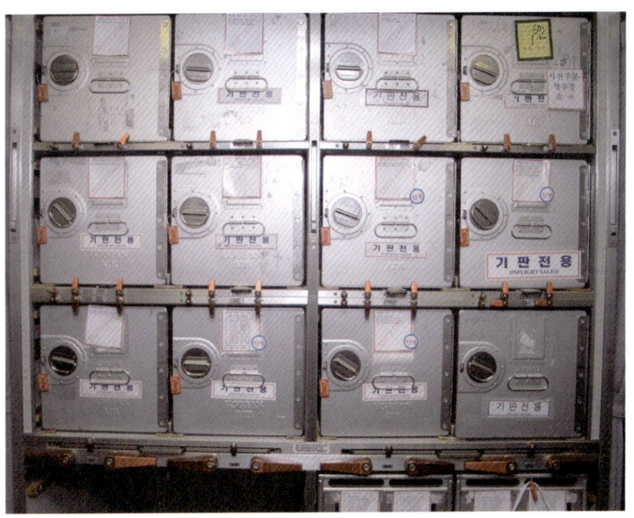


▲ Red Seal로 잠겨 있는 면세품 Carry-on Box

### (2) 기내 판매 서비스 방법

기내 판매 시작은 해당 편 서비스 절차에 따르고, 카트 판매 시 상위클래스부터 시작한다. 기내 판매를 하기 전에 안내 방송 또는 안내 비디오를 상영하고, 기내 조명은 Full Bright로 하되 야간 비행인 경우에는 Dim 상태를 유지한다.

기내 판매는 착륙 준비가 시작되는 Approaching 시점을 기준으로 종료하는 것이 원칙이나, 판매 보고서 작성 및 판매대금 정리, 잔량 조사 등을 감안하여 종료 시점을 조정할 수 있다. 기내 판매 시 만 19세 미만의 미성년 승객에게는 주류를 판매하지 않는다.

## 4) 승객 휴식 중 업무

식사 서비스 후, 도착지에 따라 입국서류 작성이 필요한 노선에서는 서류를 배포하고 면세품 판매가 이루어진다. 기내 판매를 마치고 다음 서비스가 이루어지기 전까지 승객들이 편안하게 휴식을 취할 수 있도록 객실 환경에 신경을 써야 한다.

### (1) Class Divider Close

승객에게 제공하는 일련의 서비스를 마치면 클래스를 구분하는 커튼 및 가림막 등을 이용하여 휴식에 도움이 되도록 객실 환경을 조성한다. 담당구역의 승무원들은 커튼이나 Class Divider 주변의 승객에게 방해가 되지 않도록 조심스럽게 닫아 둔다. A380 항공기 2층에서 상위클래스와 상위클래스 전용 Bar가 운영되고 있어, 일반석 승객의 이동을 제한하기 위해 승객 휴식 시점에는 계단에 Strap을 설치하기도 한다.

▲ A380 항공기 면세품 전시 공간

▲ A380 항공기 2층 계단과 Strap

▲ A380 항공기 Main Deck과 Upper Deck 연결 계단의 Strap 설치의 예

## Class Divider

일등석, 이등석, 일반석 등 해당 항공편에 운영되는 클래스를 구분하는 기내 설비를 의미하는 것으로, 특정 구조물과 커튼을 포함한다. 모든 Class Divider는 이·착륙 시와 Turbulence 시에는 오픈하여 고정시킨다. 그 이유는 비상시에 승무원이 상황을 파악하는 데 용이하며 신속하게 대처할 수 있도록 하기 위함이다.

이륙 후 Fasten Seatbelt Sign이 꺼지면 Class Divider를 Close하여, 하위클래스에서 상위클래스로 승객들이 이동하는 것을 제한한다. 상위클래스에 가족이나 일행이 있어 출입을 원하는 경우, 가급적 상위클래스 승객이 하위클래스를 방문하도록 안내한다.

도착 전 Fasten Seatbelt Sign이 켜지면 다시 Class Divider를 오픈하여 고정시킨다.

▲ Class Divider 외에 일등석 좌석에 개별 Sliding Door가 장착된 747-8i 항공기

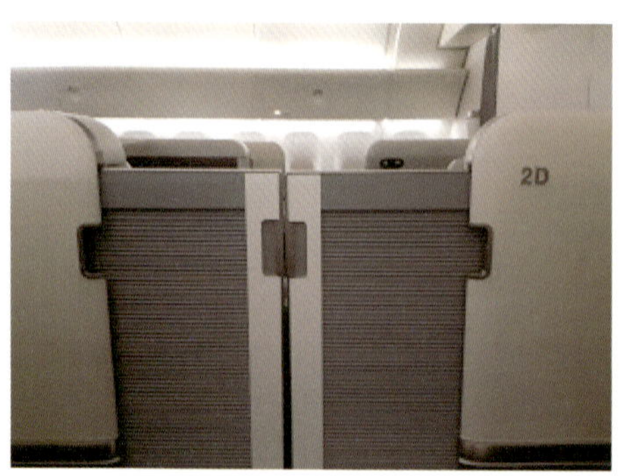


▲ 대한항공 일부 B777-300ER 항공기 Sliding Door의 외부 모습

▲ Sliding Door가 장착된 일부 B777-300ER 항공기 일등석 좌석의 내부 모습

▲ Class Divider Close의 예

▲ Class Divider Open의 예

▲ Class Divider Open의 예

## Galley Curtain

Galley Curtain은 이·착륙 시와 Turbulence 발생 시 반드시 오픈 상태로 고정시켜야 한다. 그 이유는 비상시에 승무원이 상황을 파악하는 데 용이하며 신속하게 대처할 수 있도록 하기 위함이다.

승객 휴식 시 갤리 조명을 켠 상태로 작업 중이라면 커튼을 닫고, 서비스 준비로 인한 소음이 승객 휴식에 방해가 되지 않도록 주의해야 한다. 승객 휴식 시 갤리 조명을 켜지 않는 경우에는 커튼을 묶어 둔다.

### A380 항공기 Cockpit Privacy Door

Galley Curtain과 마찬가지로 이·착륙 시 반드시 오픈 상태로 개방하고, 비행 중 및 승객 탑승과 하기 시에는 닫아 두는 것을 원칙으로 한다.

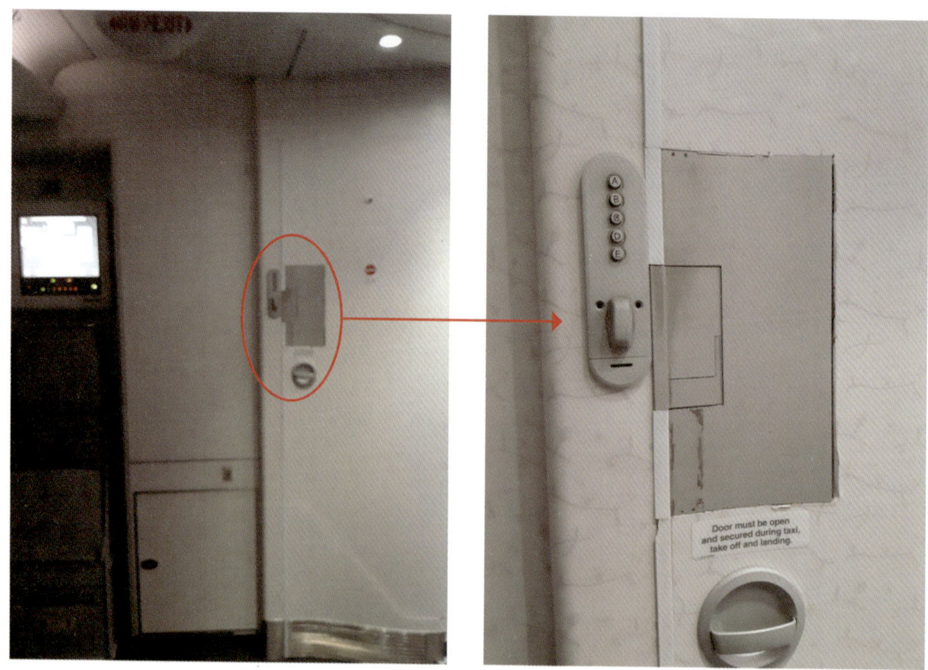


▲ Cockpit Privacy Door 키패드

▲ A380 항공기 A Zone 최전방에 위치한 Cockpit Privacy Door

### Lavatory Curtain

이·착륙 시와 Turbulence 발생 시, 식음료 서비스 시 반드시 오픈 상태로 고정시켜야 한다. 승객 휴식 시점에는 Close하여 화장실 및 이용 승객이 다른 승객에게 노출되지 않도록 한다.

## (2) 승객 영화 관람 시 승객 안내

국내선을 제외하고 국제선에서 운영되는 대부분의 항공기에서 **IVS**(개인용 비디오 시스템) 이용이 가능하기 때문에, 영화 상영 시점이 정해진 것이 아니고 승객이 원하는 시점에 영화 감상이 가능하여 모든 서비스가 종료되고 대부분의 승객이 휴식을 취하는 시점에 조명을 조절한다. 이때 승무원들은 창측 승객에게 양해를 구하여 창문 커튼을 닫아 줄 것을 요청하거나 직접 닫아 드린다. 단, **B787-9 기종**은 전체 창문의 커튼 여닫음을 조절할 수 있는 기능이 있어 이를 활용하여 닫을 수 있다.

▲ 승객 휴식 시 열려 있는 창문 커튼의 예

▲ B787-9 항공기 창문 개폐 조절 버튼

항공사별로 발행하는 기내지에 영화 상영 리스트나 음악 채널이 안내되어 있으므로 필요시 활용하고, 좌석 설비가 작동하지 않거나 모니터와 **조절기** 사용법이 익숙하지 않은 승객이 없는지 확인하는 것도 필요하다.

기종에 따라 무선 인터넷 사용이 가능한 경우에 이에 대한 안내를 할 수 있도록 관련 사항을 숙지하고, **Retractable Monitor**를 이용하는 승객과 주변 승객이 불편을 겪고 있지 않은지 살펴보고 도움이 필요한 경우 도와드린다.

또한 Headphone을 여분으로 준비하여 Headphone이 고장 났거나 추가로 요청하는 경우, 즉시 서비스한다.

▲ 일등석 IVS의 예

▲ 영화 시청 순서에 따른 모니터 조절기 화면의 모습

▲ 기종별 설비 사용 안내

▲ 기종별 설비 사용 안내_ CS300(A220-300) 무선 엔터테인먼트 이용 안내

### (3) 객실 순회(Walk Around)

대부분의 승객이 영화를 시청하거나 휴식을 취하는 중에 승무원들은 다음 서비스 준비를 하거나 착륙 준비를 하기 위해서 갤리에만 머물지 않도록 주의해야 한다. 승

객 휴식 시점에 승객의 요구를 즉시 해결하고 객실 내 환경을 쾌적하게 유지하기 위해서 담당구역을 정기적으로 둘러보며 승객을 살피고 객실 상태를 점검해야 한다. 특히 비상구 주변에 안전을 방해하는 물품이 있는지 살피고, 화장실이나 객실 후방 쪽 복도 등을 점검하여 환자 발생에 대비하는 것이 중요하다.

승무원은 항상 승객이 볼 수 있는 곳에서 대기하며 승객을 살피고 승객 요구에 즉시 응할 수 있어야 한다. 객실 순회를 위해 기내 통로를 이동할 때 발걸음으로 인한 진동과 소음으로 승객의 휴식을 방해하지 않도록 하고, 객실 조명이 어두운 상태이므로 좌석을 지나칠 때 승객과 부딪히지 않도록 한다. 특히 Meal Cart 등을 운반하는 경우, 승객 부상 방지를 위해 각별히 주의한다.

기내는 일반 실내보다 더 건조한 환경이므로 충분한 음료가 서비스되어야 하며, 승객 휴식 중에는 승객의 기호 등을 고려하여 갤리에서 Tray에 음료를 준비하여 원하는 승객에게 서비스한다.

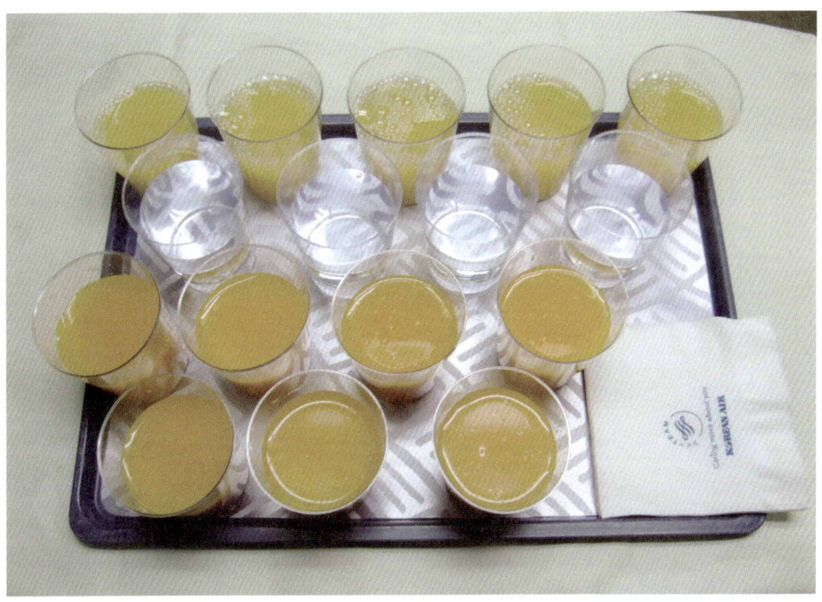


▲ 음료 서비스를 위한 Tray 준비의 예

갤리 작업 시에는 소음이나 불빛이 새어 나오지 않도록 유의하고, 비상구 좌석 승객은 다른 좌석보다 더 춥다고 느낄 수 있고, 갤리 주변 승객도 소음과 불빛으로 불편할 수 있으므로 객실 내 취약 좌석 착석 승객에게 각별한 관심을 갖도록 한다.

접혀 있는 Retractable Monitor와 ISPS(In Seat Power Supply)_ 접이식 모니터를 사용해야 하는 좌석인 경우 옆 승객의 이동이 용이하지 않을 수 있으므로 승객불만이 발생되지 않도록 신경 쓴다.

화장실 사용 승객이 많은 경우에는 화장실을 가리는 커튼의 여닫음으로 화장실 주변 승객의 휴식에 방해가 될 수 있으므로 화장실 주변 승객도 관심을 갖고 살피도록 한다.

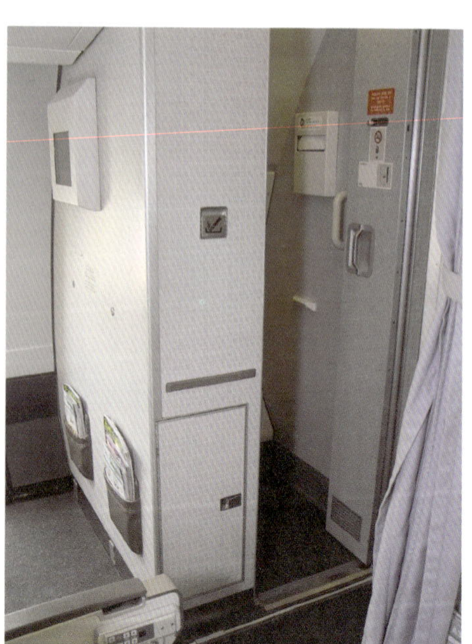

A330-300 항공기의 화장실 주변 좌석의 예

▲ 승객 휴식 시 객실 모습

### (4) 좌석벨트 착용 상태 확인

이륙 후 항공기가 정상고도에 다다르면 좌석벨트 표시등이 꺼지나, 비행 중 갑작스러운 기류변화에 대비하여 항상 좌석벨트를 매고 있도록 안내하고, 유아용 요람을 사용하는 동안에는 항상 덮개를 덮어 고정하여 유아가 떨어지는 일이 없도록 한다.

승객 휴식 중 기류변화가 발생하면 즉각적으로 안내 방송을 하고 객실 조명을 Night 상태에서 Dim으로 조절한다. 모든 승객이 좌석에 앉아 좌석벨트를 매었는지 확인하고, 좌석벨트 표시등이 꺼질 때까지 화장실 이용을 제한하고 화장실 내 승객 유무를 확인해 좌석으로 이동하도록 돕는다. 기류변화가 심한 경우에는 승객 안내를 마치고 Jumpseat에 착석한다.

A380 항공기 Upper Deck Bar 근처 좌석에도 좌석벨트가 장착되어 있어 Bar 이용 고객이 좌석 이용 시 사용하도록 되어 있다. 또한 일등석 승객이 침상을 이용하여 취침할 때에도 좌석벨트를 매도록 안내한다.

▲ 기류변화 시 착용해야 하는 Bar Seat과 Seatbelt

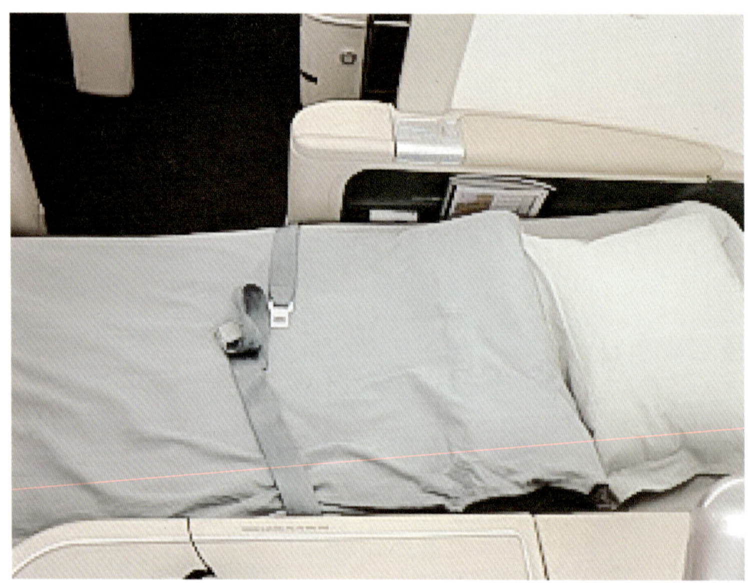

▲ 일등석 승객 침상 서비스의 예

### (5) 객실 환경: 온도, 조명, 청결, 소음

객실 내 환경은 여러모로 지상과 다르기 때문에 승객이 건강하고 쾌적한 비행을 할 수 있도록 충분한 수분 제공은 물론이고 승객 불편을 해소하기 위해 노력해야 한다. 객실 내 환경을 살펴보면 다음과 같은 특징이 있으므로, 이를 참고하여 업무에 임하고 승객 요구에 적절하게 응대해야 한다.

### 객실 환경 요소별 특징

| 구분 | 객실 환경 |
|---|---|
| 온도 | 기내 온도는 보통 23~25℃ 정도로 맞추고 구역별로 구분하여 조절하며 승객 탑승률과 성향에 따라 적절하게 운영한다. 그러나 개인마다 적정 온도 차이가 있을 수 있고, 창측이나 비상구 좌석은 다른 좌석보다 온도가 더 낮을 수 있으므로 해당 좌석에 착석한 승객에게는 담요나 따뜻한 음료 등을 권하여 불편이 없도록 배려한다. |
| 습도 | 기내 습도가 지상의 환경보다 10~20% 정도 낮아 건조한 편이므로 지속적인 음료 제공이 필수적이다. |
| 기압 | 기내 기압은 보통 해발 5,000~8,000피트(1,524~2,438미터) 고도에서 느끼는 기압으로, 항공기 고도와 달리 기내는 여압장치로 인해 객실 고도가 적정 수준으로 맞추어져 있다. 신기종의 경우 객실 고도(Cabin Altitude)는 해발 6000피트로 구기종이 8000피트 정도인 것과 비교하여 신체적 피로감이 상대적으로 낮다. 사진의 풍선 크기로 기압의 차이를 가늠할 수 있다.<br><br><br>▲ 객실 고도의 차이_ 시애틀 현지 Boeing 사 전시물 |
| 우주 방사선 | 장거리 비행 시 항공기가 북극 항로를 이용하는 경우, 시간당 약 0.004~0.005밀리시버트 정도의 우주 방사선에 노출된다. |
| 소음 | 기내 소음은 최신 신기종이 등장하면서 점차 줄고 있으나 이·착륙 시 및 엔진 근처 일부의 좌석에서는 엔진 소음으로 인한 불편이 있을 수 있고, 기내 소음이 줄어든 만큼 비행 중 갤리 내 소음을 최소화하려는 노력을 기울여야 한다. |

To Be More Professional Crews!

### 시버트(Sievert)

시버트는 방사선으로 인한 생물학적 효과까지 반영한 단위로 방사능 노출을 측정하고 생물학적 영향을 연구한 스웨덴의 의학자이자 물리학자인 롤프 막시밀리안 시베르트의 이름을 딴 용어이며, 1밀리시버트(mSv)는 1시버트(Sievert, 기호: Sv)의 1천분의 1이다. 참고로 X-Ray 촬영 시 인체에 흡수되는 방사선의 양은 약 0.02~0.04밀리시버트이다.

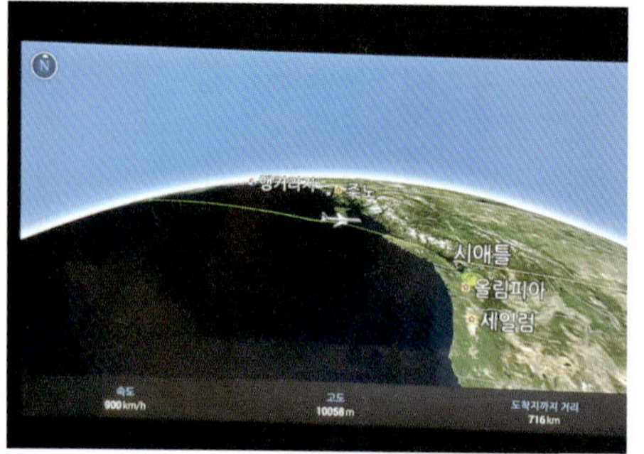

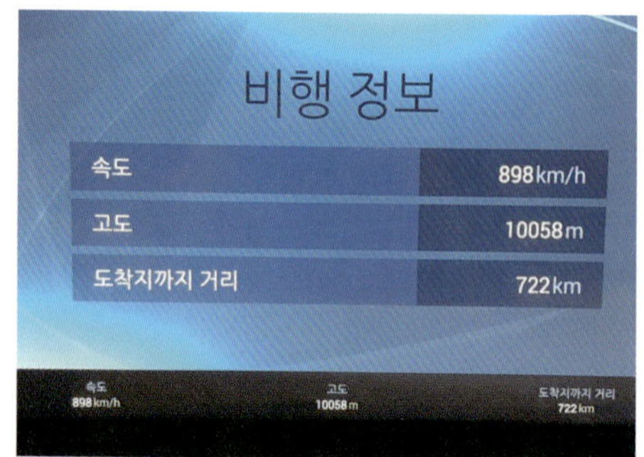


▲ Airshow 화면의 예_ 항공기 고도, 외부 온도 등을 확인할 수 있다.

## 객실 온도

객실 내 온도는 승객 성향에 따라 느끼는 정도가 다를 수 있으므로 한두 명의 승객이 원한다고 하여 객실 온도를 조절하는 것은 무리이다. 그런 이유로 객실 적정 온도는 대부분 섭씨 24~26℃가 유지되도록 하고, 온도에 민감한 승객을 위해서 Beverage나 담요 등을 서비스한다. 특히 창측과 비상구 근처에 착석한 승객들의 경우 타 구역에 비해 온도가 더 낮을 수 있으므로 따뜻한 음료나 담요를 권하는 등 승객의 편안한 여행을 위해 배려하는 것이 필요하다.

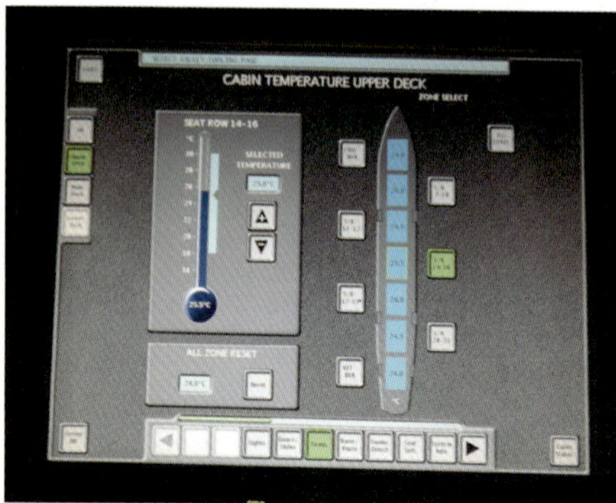


▲ FAP(Flight Attendant Panel)에서 객실 온도를 조절하는 화면

▲ 온도 조절의 예

### 객실 조명

승객 휴면 시 갤리 작업을 해야 하는 경우 업무에 방해가 되지 않는 선에서 갤리 내 조도를 조절하고, 갤리 출입 시 커튼 사이로 불빛이 나오지 않도록 최대한 주의하여 갤리 근처 좌석의 승객들이 불편을 느끼지 않도록 주의한다.

객실 조명은 안전 유지와 승객 편의를 위해서 시점별로 적절하게 조절하는 것으로 해당 서비스 내용과 시간대에 따라 달리한다.

**객실 조명 조절 기준**

| 구분 | 조명 조절 방법 |
| --- | --- |
| 도착 전, 식사 서비스 | 도착 전이나 식사 서비스 시 객실 조명을 Full Bright로 변경할 경우에는 승객이 밝기에 적응할 수 있도록 Dim 상태를 몇 분간 유지한 후, 단계적으로 시간을 두고 조도를 올리도록 한다.<br>식사 서비스가 진행 중일 때에는 Full Bright로 변경하는 것이 일반적이다. 그러나 야간이나 새벽 시간대에 서비스를 하는 경우에는 시간대를 고려하여 Dim 또는 Medium으로 조절하는 것이 승객 편의를 위해 바람직하다.<br>상위클래스에서 개별 서비스를 하는 경우(일등석) On-demand Service는 다른 승객의 휴식을 고려하여 객실 조명을 어둡게 유지하고 개별 좌석의 Light를 켜도록 안내한다. |
| 기내 판매 | 기내 판매 시에는 Medium으로 유지하고, 야간 비행인 경우 많은 승객들이 대부분 취침 중이므로 Dim 상태를 유지한다. |
| Work Light, Threshold Light (있는 경우) | 각 Door와 Jumpseat 근처에 있으며, Work Light는 객실 승무원이 필요시 이용하며, Work Light와 Threshold Light(문지방 조명, 비상구 주변 조명)는 이륙 전 Safety Check 실시 후에 끄고, 착륙 후 Safety Check 실시 후에 다시 켠다. |
| 이륙 전 안전 업무 | 승무원이 안전 브리핑을 실연하는 경우에는 Full Bright로 조절하고, 영상으로 상영하는 경우에는 Dim 상태를 유지한다. 이륙 시에는 만약에 발생할 수 있는 비상사태 시 외부 시야 확보에 도움을 주기 위해 Dim으로 조절하며, 착륙 시에도 동일하게 적용한다. |
| Turbulence | 객실 조명이 꺼져 있는 상태에서 Turbulence가 발생한 경우, 좌석벨트 착용 상태를 효과적으로 확인할 수 있도록 Dim으로 조절한다. |

*To Be More Professional Crews!*

### On-demand Service

개별 승객의 요구에 맞추어 서비스하는 방식을 말하며, 일반석과 달리 상위클래스 특히 일등석에서는 모든 서비스를 On-demand 방식으로 제공하는 것을 기본으로 한다. 기내식 제공 시점과 메뉴 선택, 기내 판매 구입 시점 등 승객 기호와 요구에 맞추어 서비스를 제공한다.

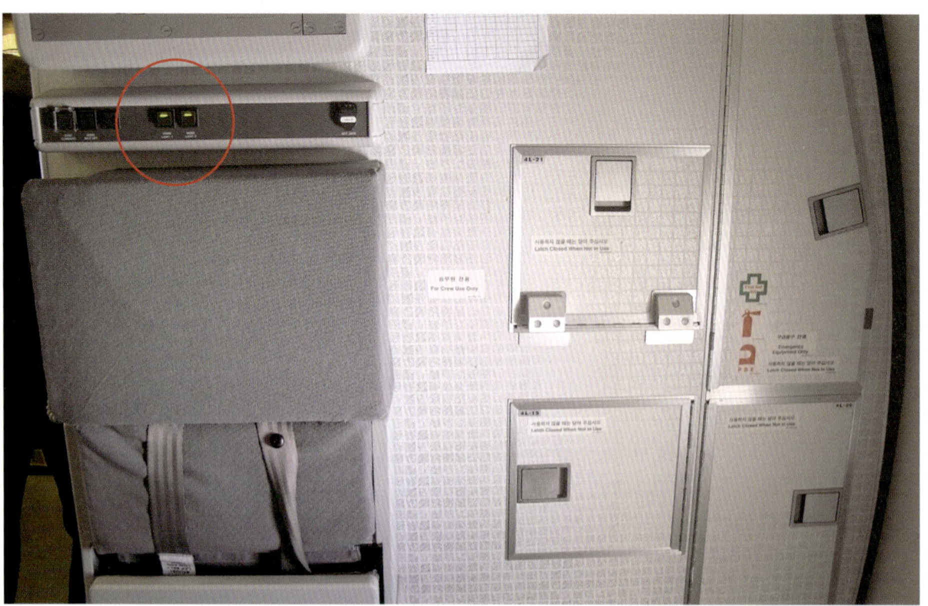

▲ Work Light Button

▲ Work Light Button

▲ A380 항공기 UL3(2층 L Side 세 번째 비상구) Work Light가 켜진 상태의 예

▲ Work Light가 꺼진 상태의 예

▲ Work Light가 켜진 상태의 예

### 객실 청결

Aisle, 화장실, 갤리 주변을 수시로 점검하여 청결을 유지한다. 승객들이 사용한 헤드폰이나 담요를 포장한 비닐 등이 객실 바닥에 떨어져 있는 경우, 승객 이동 시 미끄러져 사고로 이어질 수 있으므로 주의 깊게 살피도록 한다. Magazine Rack에 비행 중 불필요한 물건이 들어 있지 않은지 살피고, 기내지 등을 가지런히 정리해 둔다.

### 객실 소음

이 시점에 승객은 휴식을 취하나 승무원들은 그다음 서비스 준비로 분주하므로 갤리 안에서 서비스 준비로 인해 각종 소음이 발생하지 않도록 주의한다. 특히 카트 이동과 카트를 여닫는 소리, 갤리 내 Compartment, Carry-on Box 등의 Door 조작 시, 객실 내 Overhead Bin을 열고 닫을 때 나는 소음을 최소화한다. Door가 닫히는 방향을 향해 끝까지 손을 같이 따라가며 살며시 힘을 주어 조작하면 한 번에 밀어서 닫는 경우보다 소음을 더 최소화할 수 있다. 또한 비행 중에는 객실 내 소음이 어느 정도 존재하기는 하나 승객 자리까지 말소리가 전달되는 경우가 많으므로 승무원 간의 대화가 커튼 밖으로 새어 나가지 않도록 조심한다.

## (6) 화장실 점검

상위클래스 화장실은 승객이 사용한 후 바로 점검하여 항상 청결한 상태를 유지하고, 일반석은 매 승객 사용 후 점검할 수는 없으나 비행 중 최소 30분 간격으로 상태를 확인한다. 그 외 모든 클래스의 화장실은 식사 서비스 전에 점검하여 부족한 용품이 있는지와 청결 상태를 확인해 식사 서비스 후 승객 사용에 대비하는 것이 효과적이다. 식사 서비스 후 많은 승객이 사용을 위해 기다리는 경우에는 부족한 용품의 보충을 우선으로 하여 신속하게 정리하는 것이 좋다.

화장실 점검 시에는 일회용 비닐장갑을 착용하고 앞치마 착용은 삼간다. 화장실용 방향제를 뿌리고, 화장실이 고장이 난 경우에는 문을 외부에서 잠근 후 Repair Tag을 화장실 문에 부착하여 사용을 제한한다.

### (7) Do Not Disturb 스티커 확인 및 활용

항공사마다 승객의 특정 서비스 요청사항을 표시하기 위해 스티커를 다양하게 활용하고 있는데, 휴식을 원하는 'Do Not Disturb', 기내 면세품 판매를 희망한다는 'Please Wake Me For The Duty Free', 식사 서비스 시 깨워 달라고 요청하는 'Please Wake Me For Meals' 등이 있으며, 스티커는 승객 좌석 앞주머니에 비치되어 있다.

해당 승객이 직접 부착하거나 승객의 요청으로 승무원이 부착할 수 있으며, 기내 순회 시 스티커 부착 여부를 확인해 서비스에 참고하고, 해당 정보는 승무원 간에 공유하여 고객 요청사항이 해결되도록 한다.

### (8) In between Snack 서비스

승객 휴식 중 서비스의 하나로, 비행시간이 긴 장거리인 경우 첫 번째 식사와 두 번째 식사 사이에 충분한 음료와 간식을 서비스(**In between Snack**)한다. Bread Basket이나 Drawer에 종류별로 가지런히 담아 Napkin과 함께 서비스한다. Snack 종류를 소개하고 원하시는 것을 직접 집도록 하거나 건네 드리고 Napkin의 필요 여부를 물어 서비스한다. Snack에 이어서 음료를 Tray에 미리 준비하여 서비스하고, 갤리에서 준비해야 하는 음료를 원하시는 경우에는 개별적으로 서비스한다.

서비스 종료 후에는 갤리 한 편에 음료와 함께 승객들이 자유롭게 이용할 수 있도록 Self Bar 형태로 준비해 둔다. 상위클래스에서는 기내에서 직접 쿠키를 구워 서비스하기도 하는데, 이때 구운 후 상온에 방치하여 딱딱해지지 않도록 보관에 유의하고, 휴식 중인 승객에게 개별 서비스한다. 일등석에는 노선별로 오미자 배화채, 식혜 등 다양한 음료와 간식이 서비스되므로 정해진 준비방법을 준수하여 승객에게 개별적으로 서비스한다.

▲ Drawer에 준비되어 있는 Snack

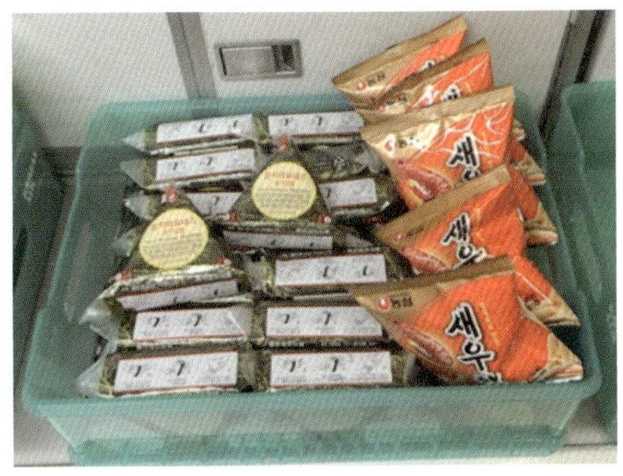
▲ 장거리 노선의 In between Snack의 예

▲ 일등석 Snack 서비스의 예

▲ 일등석 오미자 배화채 서비스의 예

## 5) 승무원 휴식

Crew Rest는 통상 비행시간이 8시간 이상인 경우에 부여되며, 2개 조로 편성되어 운영된다. 비행시간이 10시간 미만인 경우에는 Rest Seat 또는 Bunk가 장착된 경우 Rest를 부여한다.

Crew Rest 중에는 승무원 신분이 노출되지 않도록 하며, 근무조는 Rest조 승무원의 담당구역에 공백이 생기지 않도록 승객 서비스와 안전 업무에 만전을 기해야 한다. Rest가 끝난 승무원은 자신의 용모를 점검하고 정해진 근무시간에 늦지 않게 합류한다.

Rest가 종료되면 Bunk 내 좌석벨트를 정리하고 사용했던 담요와 침상 등을 깔끔하게 정돈하고, 안전에 저해되는 이물질 등이 있는지 확인하는 습관을 갖도록 한다. 휴식 중 Turbulence가 발생하면 침상 위 좌석벨트를 매야 하며 승객과 마찬가지로 이동을 삼가야 한다.

### Crew Rest Area(Bunk) 사용 시 유의점

- Crew Rest Area의 Door는 항상 Close한다.
- Crew Rest Area 사용 중 Fasten Seatbelt Sign이 On되면 반드시 벨트를 착용한다.
- 담요와 베개 등은 사용 후 정돈하여 원위치에 보관한다.

▲ B777-300ER 항공기의 Bunk 출입문

▲ B777-300ER 항공기의 Bunk 출입문 키패드_ 객실 중간에 Bunk가 있는 경우 출입 시 눈에 띄지 않도록 유의하고, 진입 시에는 사진과 같이 키패드에서 약속된 번호를 눌러 잠금이 해제되면 출입한다.

▲ Bunk Hatch 닫힘 상태_ 객실 하부에 Bunk가 있는 경우, 출입문을 열면 Hatch가 보이며 비행 중 열림 상태로 고정해 두고 이용한다.

▲ Bunk 내부로 연결된 계단

▲ Bunk Hatch 열림 상태

▲ B777-300 항공기의 Bunk 내부 모습(비상 장비 보관 및 침상)_ Bunk 내부에 각종 비상장비, Handset 등이 장착되어 있다.

## 6) 두 번째 식사(2nd Meal) 서비스

해당 구역별로 식사 카트 등이 정확히 나누어 탑재되는 것이 아니므로 다른 갤리에서 서비스에 필요한 카트와 Entrée를 각 Zone별로 분산, 이동시킨다.

냉동되어 탑재된 Entrée를 적정 시점에 해동시키고 히팅이 완료되는 시점을 고려하여 오븐 가열을 시작한다. 예를 들어 계란 오믈렛은 생선요리나 닭요리보다 가열시간이 더 짧기 때문에 다른 요리보다 나중에 가열을 시작하고, 해동이 필요한 경우에는 해동 시간까지 감안하여 가열을 시작한다.

승객에게 주문을 받아 서비스를 하는 경우 지나치게 한 종류의 식사만을 권하지 않으며, Choice의 균형을 맞추어 승객이 원하는 식사가 서비스되도록 해야 한다.

낱개로 미리 Meal Tray에 세팅되지 않고 Bulk로 탑재된 Bread는 Bread Basket과 Tongs을 함께 준비하고, 서비스 직전 히팅이 끝난 Bread를 Bread Basket에 적당히 담아 Meal Cart 위에 올려 승객에게 개별 서비스한다.

서비스는 'Towel → (Aperitif → Meal Tray) → Water → Hot Beverage → 회수' 순서로 진행한다.

▲ Bread Basket과 Tongs 준비 모습

## 7) 도착에 필요한 서류 작성

| 구분 | 종류 | 세분류 |
|---|---|---|
| 기내 판매 관련 | 면세품 판매대장 | |
| 재고조사 관련 | Inventory List | Dry Item Inventory List<br>Liquor Inventory List |
| 입항서류 | GD(General Declaration)<br>PM(Passenger Manifest)<br>CM(Cargo Manifest) | |

### (1) 면세품 판매대장

▲ 기내 판매 용품 탑재의 예

면세품 판매대장은 POS(Point of Sales, 판매용 단말기) 시스템상에서 출력한 면세품 목당 탑재량, 판매량, 재고량과 판매 총 수입액이 기재된 Slip을 의미한다. Out Bound Flight에서는 도착 전에 최종 Slip을 여러 장 출력하여 Sales Money Bag과 함께 교대팀에게 전달하고, 또한 사무장에게도 별도로 전달하여 도착 후 지상 직원에게 인계될 수 있도록 한다.

### (2) 서비스 용품 재고조사(Inventory List 작성)

재고조사는 주류와 그 외의 서비스 용품으로 나누어 조사하며, 말 그대로 서비스 잔량이므로 모든 서비스가 끝난 시점에 정리하는 것이 정확하나, 착륙 준비를 감안하여 Approaching 전에 실시하는 것이 바람직하다. 재고조사를 하는 이유는 해외 도착 후 다시 동일한 항공기로 복편 비행을 할 때 복편 비행의 예약 승객을 감안하여 서비스 물품을 추가 주문하기 위함이다.

주류를 제외한 서비스 물품 재고조사를 Dry Item Inventory라고 하며, 주류 재고조사는 Liquor Inventory라 하여 별도의 양식에 작성한다.

| 서비스 용품 재고조사(Inventory List) 서류의 예 |
|---|
| Dry Item Inventory(서비스 물품(소모품) 재고조사) |
| Liquor Inventory(주류 재고조사) |

#### Dry Item Inventory

Dry Item Inventory는 탑재된 서비스 물품의 잔량을 파악하기 위해 작성하는 것으로, Dry Item Inventory List에는 소모품의 종류와 재고량, 주문량을 기재하게 되어 있다. 특히 Dry Item Inventory List를 참고하여 해외 Station에서 교대팀이 소모품을 추가 주문하므로, 정확한 수량을 기재하는 것이 중요하다. 그러나 점차 해외에서 소모품 추가 주문은 Standard Order[6]로 이루어지고 있어 Dry Item Inventory List 작성이 생략되기도 한다.

#### Liquor Inventory

미국과 영국 등 특정 나라에서는 주류에 대한 정확한 재고 현황을 요구하고 있다. 기내에서 서비스되는 주류는 면세품이므로 기내 밖으로 반출되는 것을 방지하기 위해

6) Standard Order는 추가 주문량의 평균을 파악하여 항상 정해진 수량을 현지에서 탑재하는 방식을 의미한다.

Liquor Inventory를 요구한다. 이에 따라 모든 클래스에 남은 주류의 양을 파악하여 Liquor Inventory List를 여러 장 작성하여 일부는 Liquor Cart에 넣고, 일부는 사무장에게 별도 제출한다. 이는 해당 국가의 세관 규정이므로 반드시 도착 전에 시행해야 한다.

### Inventory List 작성 시 유의점

Inventory List는 항공기에 별도로 탑재되는 것이 아니므로 출발 전에 사무실에서 충분량을 준비하고, 비행 중에 List 작성은 미리 서둘러 하지 않는 것이 좋다. Inventory(재고조사)는 서비스 후 잔량을 조사하는 것이므로 2nd 서비스(서비스가 마무리되는 시점)가 종료된 후에 정확히 정리한다. 또한 수량 조사를 위해 카트 등을 여닫는 등 작업 도중 소음이 갤리 밖으로 새어 나가지 않도록 주의하고, 장시간을 소모하여 승객 서비스에 차질이 생기지 않도록 해야 한다.

## (3) 기내 접수 서류

비행 중 승객으로부터 접수된 제언서, 기내 판매 사전 주문서 등 각종 서류는 분실되거나 훼손되지 않도록 각별히 유의해야 한다.

| 기내 접수 서류의 예 |
|---|
| 기내 우편 |
| 서비스 제언 편지 |
| 항공사 회원가입 신청서 |
| 기내 면세품 사전 주문서 |
| Cleaning Coupon |

### 기내 우편

기내에서 제공되는 엽서를 사용한 것으로, 당사 부담으로 발송 서비스를 하고 있으며 접수 즉시 사무장에게 전달될 수 있도록 한다.

### 서비스 제언 편지

승객으로부터 접수된 고객 제언은 서비스에 대한 객관적인 평가를 받고 문제점을 개선함으로써 서비스의 질을 높이기 위한 것으로, 분실되지 않고 해당 부서에 접수

되도록 한다.

### 항공사 회원가입 신청서

항공사 마일리지 적립을 위한 회원가입을 원하는 경우에 제공하며, 신청인의 인적 사항과 탑승편 정보를 기재하여 해당 부서에 전달되도록 조치한다.

### 기내 면세품 사전 주문서

승객 여정 중 귀국편(복편)에 면세품을 구입할 수 있는 사전 예약제도가 있으며, 이를 위한 기내 면세품 사전 주문서가 탑재된다. 기내에 탑재된 기내 면세품 주문서를 작성하여 승무원에게 전달하면 해당 승무원은 복편 승무원에게 전달하거나, 모기지 도착 시에는 해당 부서에 전달하여 승객이 예약한 항공편에 면제품을 별도 탑재하여 품절 우려 없이 면세품을 구입할 수 있다. 따라서 주문서를 접수한 경우에는 분실되지 않고 해당 부서에 전달되도록 해야 한다.

### Cleaning Coupon

기내에서 취급되는 서류 중 하나인 Cleaning Coupon은 Turbulence나 객실 승무원의 실수로 승객의 의복이 오염되거나 훼손되었을 경우, 사무장이 발급하는 Coupon이다. Coupon은 사무장이 소지하며, 발급 후 상황을 도착지에 알릴 수 있도록 Cockpit에 협조를 요청한다. 하기 시 Cleaning Coupon이 발급된 승객을 도착지 직원에게 인계하고, Coupon 발급사항을 전달하여 승객의 불편이 최소화되도록 협조한다.

CLEANING COUPON

PASSENGER NAME:
MR
MRS/MS

FLIGHT NO:
DATE:
LEG:

NAME OF
CABIN ATTENDENT

№ 033116

CLEANING COUPON

Pease accept our sincere apologies for the inconvenience you encountered. As an expression of our good-will we should like to reimburse you for the laundry expense incurred. Please call at any KOREAN AIR office at your earliest convenience with this cleaning coupon. We do not require any laundry bill or receipt for your expense if the amount paid be less than U.S. $ 10.00

불편을 끼쳐드려 죄송합니다.
동 Cleaning Coupon 은 가까우신 대한항공 지점 어디에서나 미화 10불에 상당하는 금액을 지급 받으실 수 있으며, 공항에 도착시 지상직원에게 요청하셔도 지급이 가능합니다.

KOREAN AIR

№ 033116

PASSENGER NAME :
MR
MRS/MS

FLIGHT NO:
DATE:
LEG:

NAME OF
CABIN ATTENDENT :

SIGNATURE

▲ Cleaning Coupon

이후 나오는 **Quiz 26~35번**에서 관련 내용을 복습한다. 

1 다음은 이륙 후 귀가하기까지의 업무 흐름을 정리한 것이다. 노란색 빈칸(?)에 알맞은 업무를 적어 보자.

| 비고 | 업무 |
| --- | --- |
| 좌석벨트 표시등 꺼짐<br>방송 상태 모니터링 실시 – 이륙 후 첫 번째 방송 | 좌석벨트 상시 착용 안내 방송 |
| 이륙 전 Dim으로 조절한 조명을 단계별로 조정 | ? |
| | 객실 점검 및 화장실 점검 |
| 안전에 지장이 없다면 지상에서 서비스 가능 | 헤드폰 & Amenity Kit & & Child Giveaway 제공 |
| 객실 내 승객 Care 담당 승무원 지정 | ? |
| | 타월 서비스 및 회수 |
| 별도의 식전주 서비스가 있는 경우 | 식전주 서비스, 리필 서비스 및 회수<br>식사(Meal Tray) 서비스 |
| Breakfast가 아닌 경우 | 와인(Wine) 리필 |
| ? | Hot Beverage(커피 or 차) 서비스 |
| 먼저 회수를 원하는 승객은 개별적으로 회수 | 식사(Meal Tray) 회수 |
| | 갤리 및 객실 정리 |
| 입국서류 운영 중인 도착지인 경우 | 입국서류 배포 및 작성 협조 |
| 심야 출발편은 면세품 판매가 이륙 후 실시되거나 착륙 전 실시되기도 함 | 면세품 판매<br>객실 조명 조절 |
| | 승객 휴식 및 승무원 기내 순시 |
| 승무원 휴식 | 두 번째 식사(2nd Meal) 서비스 준비<br>음료 서비스 및 In between Snack 서비스 |
| | 식사(Meal Tray) 서비스 |
| 보통 두 번째 식사 시 일회용 타월 제공 | 타월 서비스 및 회수 |
| 식사와 음료를 별도로 서비스하는 경우 | 음료 서비스, 리필 서비스 및 회수 |
| | 물 리필 |

| 비고 | 업무 |
|---|---|
| 아침 식사인 경우 Meal Tray 제공 후 바로 서비스 | ? |
| | 식사(Meal Tray) 회수 |
| | 갤리 및 객실 정리 |
| 착륙 준비 시작: 회수, 승객 의뢰 보관품 반환, Sealing | ? |
| | Landing |
| 승객 하기 우선순위 적용 | 승객 하기 및 유실물 확인 |
| | 인수인계 물품 정리 |
| | 승무원 하기 |
| 항공기 외부 Ship Side | ? |
| | 입국(CIQ) 절차 수행 |
| In Bound | 면세품 판매대금 입금<br>회사 보고 및 관련 서류 제출<br>귀가 |
| Out Bound | 호텔 이동 |

2 갤리 브리핑 내용이 무엇인지 설명해 보자.

3 Cotton Towel 준비와 서비스 시 주의점에 대해 설명해 보자.

4 양조주와 증류주의 차이가 무엇인지 각각의 예를 들어 설명해 보자.

5 프랑스 와인 산지 네 곳을 설명해 보자.

6 샤토 와인에 대해 설명해 보자.

7 와인 브리딩과 와인 디캔팅을 설명해 보자.

8 A.O.C 등급의 와인을 설명해 보자.

9 프랑스 와인 등급체계 4가지 단계를 설명해 보자.

10 와인의 서비스 적정 온도에 대해 설명해 보자.

11 샴페인 당도 등급을 설명해 보자.

12 맥주의 3대 원료가 무엇인지 각각을 설명해 보자.

13 Scotch Whisky와 American Whiskey의 특징을 설명해 보자.

14 프랑스 브랜디의 3대 명산지가 어디인지 설명해 보자.

15 진의 특징을 설명해 보자.

16 보드카의 특징이 어떠한지 설명해 보자.

17 칵테일 기본 3요소가 무엇인지 설명해 보자.

18 리큐어가 무엇인지 설명해 보자.

19 기내식 서비스 방식은 클래스별로 차이가 있다. FR/CL, PR/CL, EY/CL별 차이를 설명해보자.

20 Hot Meal(뜨거운 식사) 서비스 준비 시 주의점을 설명해 보자.

21 식사 Tray 서비스 시 주의점을 설명해 보자.

22 기내 특별식 중 KSML이 무엇인지 설명하고 서비스 시 주의점을 설명해 보자.

23 기내 특별식 중 VJML이 무엇인지 설명해 보자.

24 Special Meal 서비스 시 유의점을 설명해 보자.

25 Meal Tray 회수 시 주의점을 설명해 보자.

26 2nd Meal 서비스가 있는 경우, Entrée 준비 시 주의점이 무엇인지 설명해 보자.

27 Dry Item Inventory 요령을 설명해 보자.

28 기내 접수 서류에는 어떤 것들이 있는지 그 종류를 설명해 보자.

29 기내 면세품 인수인계 시 Seal To Seal 혹은 Item by Item 방식을 적용하는데, 각 방법을 설명해 보자.

30 이 · 착륙 시 Class Divider 운용 기준이 무엇인지 설명해 보자.

31 비행 중 Turbulence가 발생하여 좌석벨트 착용 상태를 확인하는 경우, 주의할 점을 설명해 보자,

32 객실 환경의 특성 중 객실 고도에 대해 설명해 보자.

33 객실 조명을 조절하는 기준에 대해 설명해 보자.

34 비행 중 화장실을 점검하는 요령을 설명해 보자.

35 승무원 휴식 공간인 Bunk를 사용할 때 유의할 점을 설명해 보자.

# DUTIES BEFORE AND **AFTER LANDING**

Chapter 6

# 착륙 전 업무와 착륙 후 업무

**학습 목표**

I. 착륙 전 안전 업무를 수행할 수 있다.

II. 착륙 후 안전 업무를 수행할 수 있다.

III. 착륙 후 인수인계 업무를 수행할 수 있다.

jun xu / Getty Images

| NCS 능력 단위 명칭 | 능력 단위 요소 |
| --- | --- |
| 기내 안전 관리<br>1203010501_15v2 | **6. 상황별 안전 안내 방송하기**<br>1203010501_15v2.6 |
| 착륙 전 서비스<br>1203010505_16v2 | **2. 기내 용품 회수하기**<br>1203010505_16v2.2 |
| | **3. 기내 서비스 용품 및 면세품 재고 확인하기**<br>1203010505_16v2.3 |
| 착륙 후 서비스<br>1203010506_16v2 | **2. 승객 하기 지원하기**<br>1203010506_16v2.2 |
| | **3. 특수 고객 지원하기**<br>1203010506_16v2.3 |
| 승객 하기 후 관리<br>1203010507_13v1 | **1. 유실물 점검하기**<br>1203010507_13v1.1 |
| | **2. 잔류 승객 점검하기**<br>1203010507_13v1.2 |
| | **3. 기내 설비 점검하기**<br>1203010507_13v1.3 |
| | **4. 기내 용품 인수 · 인계하기**<br>1203010507_13v1.4 |
| 객실 승무 관리<br>1203010509_16v2 | **4. 출 · 도착 서류 작성 · 관리하기**<br>1203010509_16v2.4 |

### 6. 상황별 안전 안내 방송하기 수행준거

1 상황별에 따라 안내 방송을 선택할 수 있다.
2 선택된 안내 방송을 즉시 실시할 수 있다.
3 상황 변화에 따른 추가 안내 방송을 할 수 있다.

### 2. 기내 용품 회수하기 수행준거

1 객실 서비스 규정에 의해 서비스한 기내 용품과 회수된 기내 용품의 수량을 파악할 수 있다.
2 객실 서비스 규정에 의해 회수된 기내 용품의 상태를 확인하여, 상태별로 분리할 수 있다.
3 객실 서비스 규정에 의해 기내 용품 소지 승객에 대해 회수를 안내할 수 있다.

### 3. 기내 서비스 용품 및 면세품 재고 확인하기 수행준거

1 객실 서비스 규정에 따라 기내 판매 업무를 종료하고, 면세품 재고를 확인할 수 있다.
2 객실 서비스 규정에 따라 면세품에 대한 상태를 확인하여, 필요 조치를 취할 수 있다.
3 객실 서비스 규정에 따라 서비스 종료 후, 서비스 용품 재고를 확인할 수 있다.
4 객실 서비스 규정에 따라 하기 시 필요한 조치 사항과 교대팀에게 필요한 전달 사항을 기록할 수 있다.

### 2. 승객 하기 지원하기 수행준거

1 도착지 공항 규정에 따라 검역 또는 세관의 허가가 필요한지 확인할 수 있다.
2 객실 서비스 규정에 따라 승객 하기 시, 감사하는 마음으로 하기 인사를 실시할 수 있다.
3 객실 서비스 규정에 의해 승객의 짐 운반 등을 적극적으로 도움을 줄 수 있다.

### 3. 특수 고객 지원하기 수행준거

1 객실 서비스 규정에 따라 지상 직원에게 여객 및 화물 운송 관련 서류(Ship Pouch)를 인계하고, 중요 승객이나 특별 승객에 대한 정보를 구두로 먼저 알려 줄 수 있다.
2 객실 서비스 규정에 따라 응급환자, VIP, F/C, C/C, UM(비동반 소아), Y/C, Stretcher(환자) 승객 순으로 신속히 하기가 이루어질 수 있도록 안내할 수 있다.
3 객실 서비스 규정에 따라 특수 고객을 위해, 적극적으로 게이트(Gate)까지 지원할 수 있다.

### 1. 유실물 점검하기 수행준거

1 객실 서비스 규정에 따라 승객 하기 후 유실물 점검을 최우선으로 하며, 상위클래스일 경우 지상조업 개시 전에 철저히 점검을 실시할 수 있다.
2 객실 서비스 규정에 따라 객실 수화물 선반(Overhead Bin)을 열어 육안으로 확인할 수 있다.
3 객실 서비스 규정에 의해 코트룸 및 승객 좌석 하단, 창측, 승객 좌석 주머니(Seat Pocket) 등을 육안으로 점검할 수 있다.
4 객실 서비스 규정에 의해 유실물 발견 시 상급자에게 보고하고 승무원은 최대한 빨리 승객에게 인계할 수 있다.

### 2. 잔류 승객 점검하기 수행준거

1 객실 서비스 규정에 따라 밀폐 공간(화장실 및 벙크(Bunk)) 내 잔류 승객 여부를 점검할 수 있다.
2 객실 서비스 규정에 따라 각각의 승무원은 담당 존별로 결과를 구두로 보고할 수 있다.
3 객실 서비스 규정에 따라 잔류 승객을 조치할 수 있다.

### 3. 기내 설비 점검하기 수행준거

1 객실 서비스 규정에 따라 객실 내 장착되어 있는 모든 서비스 설비나 장비를 점검할 수 있다.
2 객실 서비스 규정에 따라 객실 설비나 장비를 점검한 후 이상 유무를 보고할 수 있다.
3 객실 서비스 규정에 따라 객실 설비나 장비에 이상이 있을 경우 정비사에게 구두 전달하고 객실 설비장비 수리 요청서에 기록할 수 있다.

### 4. 기내 용품 인수 · 인계하기 수행준거

1 객실 서비스 규정에 따라 기내에 탑재된 서비스 용품 및 면세품을 컴파트먼트(Compartment)에 넣고 봉인(Sealing)할 수 있다.
2 객실 서비스 규정에 따라 조리실(Galley) 담당자가 봉인(Sealing)한 후 인수인계서를 상호 점검할 수 있다.
3 객실 서비스 규정에 따라 지상 종업원과 봉인 확인 및 점검(Seal to Seal) 방법으로 인계 · 인수할 수 있다.

### 4. 출 · 도착 서류 작성 · 관리하기 수행준거

1 객실 서비스 및 객실 안전 규정에 따라 항공기 출발에 필요한 각종 서류를 수량, 종류 등을 점검할 수 있다.
2 객실 서비스 및 객실 안전 규정에 따라 도착지 국가별 요구사항에 따라 입국에 필요한 서류를 요청할 수 있다.
3 비행 중 발생한 기내 안전 및 서비스 설비에 대한 특이사항을 기록할 수 있다.
4 항공기 도착 전, 지상 직원에게 인계해 줄 서류의 이상 유무를 점검할 수 있다.
5 항공기 도착 시, 지상 직원에게 객실 운항 관련 서류를 인계할 수 있다.

| 방송의 종류 | 승무원 업무 |
|---|---|
| 기장 도착 안내 방송 | 갤리 브리핑 |
| | Headphone 회수 및 정위치 보관<br>입국서류 작성 재확인 |
| Approaching Signal에 따른<br>Approaching 방송 실시 | 미회수된 서비스 Item 회수<br>기내 판매 종료<br>승객 보관 물품 반환(의복)<br>좌석 주변 정리<br>Galley 내 유동물 보관 상태 점검<br>Special Care 승객 착륙 준비 협조<br>Inventory List 최종 확인 / Sealing 상태 확인 |
| Landing Signal 후<br>Landing 방송 실시 | 최종 객실 안전 점검 / 객실 조명 Dim 조절<br>승무원 착석 및 30 Seconds Review |

# 1 기장 도착 안내 방송 이후의 업무

### 1) 최종 점검 갤리 브리핑

기장의 도착 안내 방송이 나오면 도착 전에 마무리해야 할 업무를 상호 확인하는 것으로, 승객 요청이나 도움이 필요한 승객이 있는 경우 정확한 서비스가 이루어지도록 한다. 갤리 브리핑은 승객에 대한 서비스 정보를 공유하고 효과적인 업무를 위한 절차이므로 실제 비행에서는 정해진 시점 외에도 필요시 빈번하게 실시한다.

### 2) Headphone 회수 및 정위치 보관

기장의 도착 안내 방송이 끝난 후 Headphone을 회수한다. Zone별로 Drawer를 이용하여 Headphone을 회수하여 전용 Bag에 담아 보관한다. 도착 시점까지 계속 사용하기를 원하는 승객에게는 사용 완료 후 좌석 앞주머니에 넣어 줄 것을 안내한다.

### 3) 입국서류 작성 재확인(입국서류가 필요한 도착지인 경우)

Headphone 회수 후 담당 Zone별로 승객의 입국서류 작성 여부와 소지 여부를 최종 확인한다.

## 2 Approaching Signal 이후의 업무

Approaching Signal(기장이 신호를 주며 통상 고도 20,000피트 지점, 항공기 도착 20분 전)이 나오면 다음과 같은 준비를 한다. Approaching Signal은 Fasten Seatbelt Sign 3회 점멸 후 Off한다.

| Approaching Signal 기준 및 신호 | |
|---|---|
| 고도 20,000피트 지점,<br>대략 항공기 도착 20분 전 | Fasten Seatbelt Sign 3회 점멸 후 Off |

### 1) Approaching 방송

방송 담당자는 Approaching 방송 및 기타 도착 안내 방송(경유지 공항 관련 방송 및 연결편 안내 방송 등)을 한다.

### 2) 객실 점검 및 승객 안내

비행 단계 중 Approaching은 목적지 공항에 접근하기 위해 항공기 고도가 낮아지는 단계이므로 모든 서비스를 마무리하고 승객 안전과 서비스 용품을 회수하고 정리하는 업무가 주로 이루어진다. 구체적인 업무는 다음과 같다. 또한 도착을 위한 안전 점검이 실시되며, 안전 관련 업무는 이륙 시점의 준비사항과 동일하다.

| 객실 점검 및 승객 안내 내용 |
|---|
| 미회수된 서비스 Item 회수 |
| 기내 판매 종료 |
| Jacket 및 Coat 등 승객의 보관 의뢰 물품 반환 |
| Galley 내 유동물 고정 및 정리 |
| 기용품 정리 |
| Inventory List 최종 확인, Seal이 필요한 Item의 Sealing 상태 확인 |

| 객실 점검 및 승객 안내 내용 |
|---|
| 교대팀에게 전달할 내용 기록 |
| Special Passenger에게 착륙 준비에 도움 제공 및 안내 |
| 주요 승객에 대한 도착 안내와 Farewell 인사 |

## 3) 그 외 추가 업무

객실 사무장은 최종적으로 항공기 입항서류 작성을 확인하고, VIP와 상위클래스 승객, 상용 고객 등 중요 고객에게 도착 안내와 함께 탑승 감사 인사를 드린다. 또한 환자 승객이나 불편을 겪은 승객, 도움이 필요한 승객 등 특별히 배려가 필요한 승객에게 관심을 갖고 추가 안내 및 탑승 감사 인사를 한다.

도착지 특성상 살충제(Insecticide Aerosol) 살포가 필요한 노선은 필요 수량만큼 살포하고 비행 중 발생한 특이사항 여부 확인 및 주류와 기판품 Sealing을 확인한다.

▲ Insecticide Aerosol

*To Be More Professional Crews!*

### 방역과 관련 안내 방송

국가별 검역당국의 요청에 의해 해당 국가로 출발하기 전과 도착하기 전에 추가 소독을 실시하기도 한다. 현재 동남아 5개 노선 및 대양주 노선에 대해 기내 안내 방송과 함께 객실 승무원이 추가 방역 스프레이를 살포하고 있다. 기내에서 사용하는 방역 스프레이는 세계보건기구(WHO)에서 승인한 안전 약품이라 인체에 무해하다.

**기내 방송의 예**

안내 말씀 드리겠습니다.
이곳에서는 모든 비행기 내에 방역 소독을 하도록 법으로 정하고 있습니다.
지금부터 승무원이 소독을 하겠습니다.
세계보건기구에서 승인한 안전한 약품이니 안심하시기 바랍니다.
감사합니다.

## 3 Landing Signal 이후의 업무

Landing Signal(기장이 신호를 주며 통상 고도 10,000피트 지점, 항공기 도착 10분 전)이 나오면 다음과 같은 준비를 한다. Landing Signal은 Fasten Seatbelt Sign 3회 점멸 후 On한다.

| Landing Signal 기준 및 신호 | |
|---|---|
| 고도 10,000피트 지점,<br>대략 항공기 도착 10분 전 | Fasten Seatbelt Sign 3회 점멸 후 On |

### 1) Landing 방송

방송 담당자는 Landing 안내 방송을 실시한다.

### 2) 최종 객실 점검

전 승무원은 착륙에 대비한 최종 객실 안전 점검을 수행한다. 좌석벨트, 좌석 등받이, Tray Table, 개인용 Monitor, Footrest 원위치, 화장실 등 모든 객실 내 안전 점검을 실시한다. 승무원은 제반 안전 점검이 끝나면, Jumpseat에 착석하여 좌석벨트와 Shoulder Harness를 착용하고 30 Seconds Review를 실시한다. 이때 객실 조명은 Dim으로 조절한다.

## 4 착륙 이후의 업무

### 1) Taxing 중 승객 착석 유도

착륙 후 터미널까지 이동하는 동안 승객이 일어나는 경우가 있으므로 Fasten Seatbelt Sign이 Off될 때까지 모든 승객의 착석을 유도한다. 안전 업무를 수행하는 승무원을 제외하고, 다른 승무원들도 Jumpseat에 그대로 착석하여 대기한다. 많은 승객이 자리에서 일어나 하기 준비를 하는 경우, 'Taxing 중 착석 안내' 방송을 실시한다.

### 2) Farewell 방송

방송 담당자는 착륙 후 항공기 정지를 위한 Engine Reverse(엔진 역추진)가 끝난 시점에 Farewell 방송을 한다.

*To Be More Professional Crews!*

**Engine Reverse(Thrust Reversal, Reverse Thrust)**

항공기 착륙 시 감속을 위해 엔진에 유입되는 공기의 흐름을 바꾸어 줌으로써 추력을 줄이고 착륙거리를 단축시킴과 동시에 항공기 제동을 돕는 것을 의미하며, 이 과정에서 심한 소음이 동반된다. 따라서 Engine Reverse가 종료되는 시점에 방송을 하는 것이 방송 내용 전달에 효과적이다.

### 3) BGM 재생

Farewell 방송이 종료되면 BGM(Back Ground Music)을 재생한다.

### 4) Safety Check

항공기가 완전히 정지하고 Step Car 또는 Bridge가 연결될 때, 객실 사무장은 PA로 Safety Check을 지시한다. Safety Check 지시에 따라 Slide Mode를 변경하는데, 착륙 후 승객 하기를 위한 시점이므로 정상위치(Disarmed, Manual Position)로 옮겨 놓는다. 사무장은 All Attendant Call로 Slide Mode 변경 여부를 확인한다.

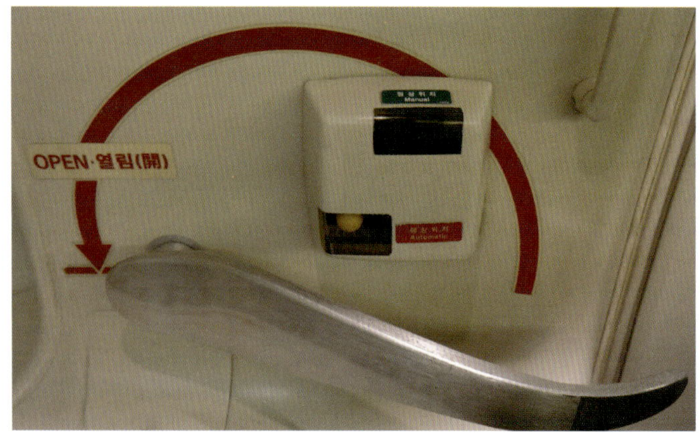


▲ 비행 중 팽창위치에 놓인 Slide Mode Arming Lever

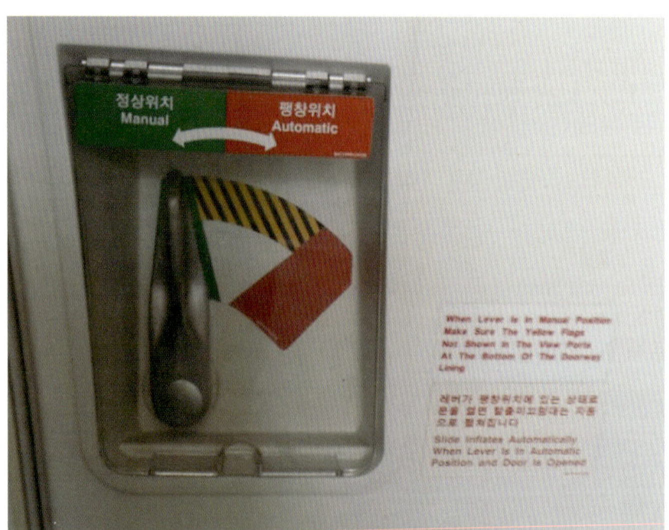


▲ 도착 후 정상위치로 변경한 Slide Mode Arming Lever

## ■ Safety Check 절차

| 주체 | 점검 내용 |
|---|---|
| 객실 사무장<br>PA 방송 | "Cabin Crew! Door Side Stand By!"<br>"Safety Check!" |
| 객실 승무원<br>실행 | 모든 Door 담당 승무원은 Door Slide Mode를 변경한다. 즉 Slide Mode Arming Lever를 **정상위치**로 변경한다. |

| 주체 | 점검 내용 |
|---|---|
| 객실 승무원 실행 | Door 담당 승무원은 반대편 도어의 Slide Arming 상태가 제대로 변경되었는지 Thumb Up으로 Arming Lever를 가리키며 상호 확인한다. |
| 객실 사무장의 All Attendant Call | 사무장은 All Attendant Call을 하여 모든 도어의 Safety Check 상태를 보고받는다. 이때 승무원은 각 항공기의 최후방 L Side부터 보고하고, Upper Deck이 있는 기종은 Upper Deck 상태를 나중에 보고한다. |
| 객실 승무원 보고<br>(이륙 전과 동일) | **B747 기종인 경우(객실 사무장이 L1에 위치한 경우)**<br>"L5 Safety Check했습니다."<br>"L4 Safety Check했습니다."<br>"L3 Safety Check했습니다."<br>"L2 Safety Check했습니다."<br>"UL(혹은 Upper Deck) Safety Check했습니다."<br>이때 L Side 승무원은 R Side의 Safety Check 상태를 포괄하여 보고하는 것이 된다.<br>**A380 기종인 경우(객실 사무장이 L1에 위치한 경우)**<br>"L5 Safety Check했습니다."<br>"L4 Safety Check했습니다."<br>"L3 Safety Check했습니다."<br>"L2 Safety Check했습니다."<br>"UL3 Safety Check했습니다."<br>"UL2 Safety Check했습니다."<br>"UL1 Safety Check했습니다."<br>이때 L Side 승무원은 R Side의 Safety Check 상태를 포괄하여 보고하는 것이 된다. |

▲ 반대편 승무원과 상호 확인하는 Thumb Up의 예

## 5) Door Open

사무장은 Door 개방 전에 다시 한번 Slide Mode가 정상위치인지 확인하고, Door 주변에 장애물이 없는지 살핀다. Fasten Seatbelt Sign이 Off되었는지 확인하고, 외부 지상 직원에게 Door Open 허가 수신호를 준다. Door Open 수신호는 사무장이 대기하고 있는 외부 지상 직원에게 Viewing Window를 통해 Thump Up 등으로 Door 개방 준비가 되었음을 알리는 것이다.

Door Open은 소형 기종을 제외하고 외부 지상 직원이 개방하는데, 이는 Slide Mode 오작동 및 기체 결함으로 인한 Slide Mis Inflation(슬라이드 오작동, 팽창)을 방지하고, 이에 따른 사고를 예방하기 위함이며, 소형 기종을 제외하고 외부에서 개방하는 것을 원칙으로 한다.

| 사무장의 Door Open 절차 |
| --- |
| Slide Mode가 정상위치인지 재확인한다. |
| Door 주변에 장애물이 없는지 확인한다. |
| Fasten Seatbelt Sign이 Off인지 확인한다. |
| 외부 지상 직원에게 Door Open 허가 수신호를 한다.<br>(Viewing Window를 통해 Thump Up)<br>☞ 소형 기종을 제외하고 모두 외부에서 개방한다. |

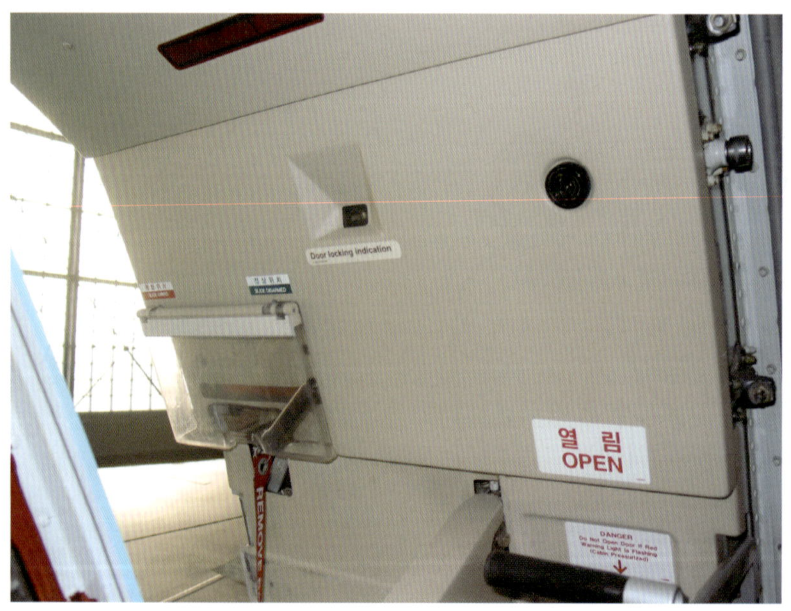


▲ Slide Mode를 정상위치로 변경 후 Door 개방의 예

## 6) Ship Pouch 인계

Door 개방 후 사무장은 지상 직원에게 Ship Pouch(운항에 필요한 서류를 담는 가방)를 인계하고, 중요 승객이나 특별한 Care가 필요한 승객에 대한 정보를 전달한다. Ship Pouch를 이용하여 전달하는 서류에는 GD, PM, CM, 승객 제언, 출발지 공항에서 인계받은 Flight Coupon 등이 있다.

| 지상 직원에게 전달하는 승객에 대한 정보 |
| --- |
| 응급환자 |
| UM, 특별 서비스 요청 승객, 도움이 필요한 환자 승객 |
| 연결편 승객의 특이사항(Meal 관련 요구사항, Delay 불만 등) |
| 비행 중 Cleaning Coupon 발급 승객 |

## 7) 검역, 세관의 하기 허가 확인

지상 직원에게 관련 서류와 승객 정보를 전달했더라도 승객 하기가 바로 이어지지 않는 경우가 있다. 도착지에 따라 혹은 질병 발생 상황에 따라 도착지 국가의 검역 절차가 먼저 수행되어야 승객 하기가 가능한 곳이 있으므로 하기 허가가 필요한지 확인한다. 혹은 세관의 허가가 필요한지 확인한 후 승객 하기를 유도한다. 이런 경우 관련 방송은 사무장이 실시한다.

## 8) 승객 하기

일반적으로 승객 하기는 대형 기종의 경우 L1, L2 Door를 모두 개방하여 상위클래스 승객은 L1 Door를 이용하고 일반석 승객은 L2 Door를 이용하도록 유도한다. Class Divider를 사용하여 혼잡을 피하고 효율적인 하기가 되도록 할 수 있다.

또한 하기 시에는 다음과 같은 우선순위로 하기하실 수 있도록 안내한다. 하기 인사는 Jumpseat 주변에서 실시하며, 도움이 필요한 승객은 적극적으로 돕는다.

| 승객 하기 시 우선순위 |
|---|
| 응급환자 |
| VIP, CIP |
| PF / CL, FR / CL 승객(최상위클래스) |
| PR / CL 승객 |
| UM, Special Care SVC 요청 승객 |
| EY / CL 승객 |
| 제한 승객 |
| Stretcher 승객 |

휠체어 승객이 탑승 시점에 개인용 휠체어를 일반 화물로 처리한 경우에는 항공기 도착 후 지상 조업원이 화물칸에서 탑승구 근처로 승객의 휠체어를 운반해 오므로 천천히 하기하실 수 있도록 한다. 담당구역에 UM이 탑승한 경우 담당 승무원은 UM의 휴대 수화물을 모두 확인하고 운반에 도움을 주며, 지상 직원에게 인계해야 하며, 일반 승객보다 먼저 내릴 수 있도록 조치한다. Stretcher 승객은 의료진의 도움을 받아야 하고 하기 시 많은 시간이 소요되므로 모든 승객이 내린 후 하기 절차가 이루어진다.

## 9) 객실 점검 및 인수인계

### (1) 유실물 점검

모든 승객의 하기가 완료되면 Seat Pocket, Overhead Bin, Lavatory, Coatroom 등을 살피며 유실물 유무를 최우선적으로 신속히 실시한다.

### (2) 객실 점검

사무장은 최종적으로 기내를 순시하며 미회수된 서비스 아이템(Headphone 등) 유무를 확인하고, Slide Mode가 정상위치인지 재확인한다. 그리고 전 승무원은 담당구역별로 보안 점검을 실시한다.

### (3) 인수인계

비행이 종료되면 도착지 Station별로 기내 물품을 정리하고 설비 고장이나 특이사항 전달, 서류 인계 등 각종 인수인계 절차를 수행해야 한다. 해외 도착의 경우와 모기지 도착의 경우에 따른 주의사항은 각각 다음과 같다.

**Out Bound Flight 주의사항**

Out Bound Flight는 모기지에서 출발하는 비행을 말하는 것으로, 장거리 비행인 경우 해외에 도착하는 편이므로 Inventory List를 지상 직원(Catering 담당자)에게 전달하여 교대팀이 서비스 물품을 추가 주문하는 데 참고하도록 한다. 기내 판매물품의 Red Seal 상태를 재확인하고 하기되지 않도록 한다.

기용품(Basket, Tongs류, Pot, Tray 등)은 복편에서 재사용되어야 하므로 하기되지 않도록 Compartment 내에 보관한다. 상위클래스 기물은 일반석보다 종류가 더 다양하므로 교대팀에게 정확히 인계되도록 한다.

**In Bound Flight 주의사항**

In Bound Flight는 모기지로 돌아오는 비행편을 의미하며, 대부분 모든 서비스 용품이 하기되고 해당 항공기의 운항 스케줄이 정해지는 바에 따라 모든 서비스 용품이 새롭게 탑재되므로 지상 조업원에 의해 하기될 수 있도록 협조한다.

기내 면세품 잔량의 인계를 정확히 한다. 고가품을 제외한 물품은 보관장소에 Red Seal을 하여 Seal 번호를 상호 확인하고 고가품은 수량 각각을 상호 확인해 인계한다.

Liquor류는 Red Seal을 하여 Seal 번호를 인수인계서에 작성해 Catering 담당자에게 전달한다.

파손되어 교체가 필요한 Basket류와 모든 기물은 하기될 수 있도록 갤리 선반 등에 올려 둔다. Basket은 대나무로 만들어진 것으로 세척하지 않고 재사용하므로 하기하지 않고 기내에 보관하나, 파손된 경우에는 하기하여 새것으로 교체되도록 조치한다.

▲ Bread Basket의 예

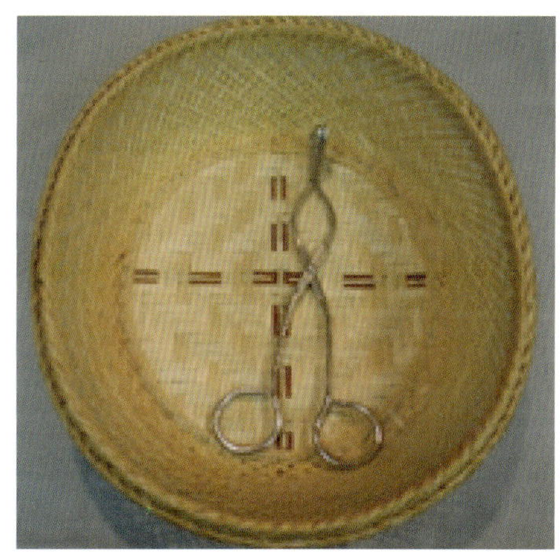

▲ Towel Basket과 Towel Tongs의 예_ Tongs은 하기하여 세척되도록 하고 Basket은 기내에 보관하여 재사용한다.

### (4) Debriefing

#### 실시장소

Debriefing은 비행이 종료된 후 비행 중에 발생한 특이사항을 보고하고 비행 후 업무 처리에 대해 확인하는 것으로, Bridge 근처(Shipside)나 객실 전방에서 이루어진다.

#### 실시기준

객실 서비스와 관련된 것이므로 운항 승무원을 제외하고 객실 승무원 간에 이루어지며, 당일 비행이 여러 편인 경우에는 최종 비행 근무를 마친 후 실시한다.

#### 내용

Debriefing은 비행 중 발생한 특이사항에 대해 정보를 공유하는 것으로 다음과 같은 내용이 해당된다.

| 특이사항 | 비행 후 업무 확인 |
|---|---|
| • 기내 설비 고장(Cabin Squawk 사항)에 대한 Cabin Log 기재 여부 확인<br>• 서비스 불만사항 발생 여부 및 처리 내역<br>• 환자 및 부상 승객 발생 및 처리 내역<br>• VIP, CIP 서비스 특이사항 | • 각종 인수인계서 제출 확인<br>• 기내 면세품 판매대금 이상 여부<br>• Taser 보관 확인 여부<br>• Cabin Report 제출이 필요한 경우 관련 사항 정리 |

*To Be More Professional Crews!*

**Cabin Log(객실 일지) 작성 내용**

CL은 항공기별로 탑재되며 해당 항공기에 할당된 비행에 관한 결함사항을 기재하는 것으로, 사무장은 항공기 탑승 후 이전 비행구간의 결함사항을 확인하고 정비사를 통해 수리가 완료되었는지 확인한다.

CL은 총 3매가 1세트로, 1장을 기재하면 2장이 카피되도록 되어 있으며, Yellow, Pink, Green 순으로 겹쳐져 있다. Green은 해당 Station에서 보관하고, Pink는 정비부서에서 활용하며, Yellow는 Master Sheet로 CL 내에 계속 보관된다.

# 5 비행 완료 이후의 업무

## 1) 모기지(In Bound 편)

도착 후 각 승무원은 Debriefing을 통해 할당된 업무와 Duty별로 정해진 업무를 수행한다. 각종 서류를 제출하거나, 기내 판매 담당자는 기내 면세품 판매대금을 반납하고, 객실 사무장과 부사무장은 회사에 도착 보고를 한다.

## 2) 그 외 지역

비행 종료 후 교대팀이나 지상 직원에게 인계할 사항을 전달한다. 그리고 호텔 도착 후에는 호텔 체류 후 다음 편 근무를 위해 호텔에서 출발할 시간 등을 상호 확인한다. 호텔 픽업 전 호텔 로비 혹은 승무원 전용 라운지에서 객실 브리핑을 실시하므로, 객실 브리핑 장소와 시간을 전 승무원에게 공지한다. 전 승무원은 다음 편 비행을 위해 충분한 휴식을 취하고 재충전할 수 있도록 철저한 자기관리가 필요하다.

이후 나오는 **Quiz**에서 관련 내용을 복습한다. 

1. Approaching Signal에 맞추어 수행하는 객실 승무원의 일련의 업무를 설명해 보자.

2. Landing Signal 이후의 업무를 설명해 보자.

3. Engine Reverse 후에 방송을 하는 이유가 무엇인지 설명해 보자.

4. 도착 후 Door Open 절차를 설명해 보자.

5 승객 하기 후 인수인계 절차를 In Bound와 Out Bound 경우로 나누어 설명해 보자.

6 Debriefing의 내용이 무엇인지 설명해 보자.

# SAFETY **DUTIES**

Chapter 7

# 안전 업무

**학습 목표**

I. 항공기 안전 업무를 이해할 수 있다.

II. 비행 전/ 이륙 전/ 비행 중/ 비행 후 안전 업무를 수행할 수 있다.

| NCS 능력단위 명칭 | 능력단위 요소 |
| --- | --- |
| 기내 안전 관리<br>1203010501_15v2 | **1. 승객 탑승 전 안전 · 보안 점검하기**<br>1203010501_15v2.1 |
| | **2. 항공기 이 · 착륙 전 안전 · 보안 관리하기**<br>1203010501_15v2.2 |
| | **3. 비행 중 안전 · 보안 관리하기**<br>1203010501_15v2.3 |
| | **4. 착륙 후 안전 · 보안 점검 · 관리**<br>1203010501_15v2.4 |

## 1. 승객 탑승 전 안전 · 보안 점검하기 수행준거

1 항공기 안전 규정에 따라 승객 탑승 전, 항공기 객실의 안전장비를 점검할 수 있다.

2 항공기 안전 규정에 따라 승객 탑승 전, 항공기 객실의 보안장비를 점검할 수 있다.

3 항공기 안전 규정에 따라 항공기 안전 운항에 관계되는 의심스러운 물건에 대해 신속히 보고할 수 있다.

4 항공기 안전 규정에 따라 기내 작업 인력에 대한 동향을 파악하여, 이상 발생 시, 보고할 수 있다.

## 2. 항공기 이 · 착륙 전 안전 · 보안 관리하기 수행준거

1 객실 안전 규정에 따라 승객에게 좌석벨트 착용 안내를 정확하게 할 수 있다.

2 객실 안전 규정에 따라 미착석 승객을 확인하고, 착석을 유도할 수 있다.

3 객실 안전 규정에 따라 객실 수화물 선반(Overhead Bin) 잠금 상태를 확인하고, 조치할 수 있다.

4 객실 안전 규정에 따라 설비 잠금 상태를 확인하고, 조치할 수 있다.

5 객실 안전 규정에 따라 비상시 관련 정보를 제공할 수 있다.

6 객실 안전 규정에 따라 해당 항공기 문 Slide 상태를 비상 상태(Automatic Position)로 변경할 수 있다.

7 객실 안전 규정에 따라 비상구 위치에 착석한 승객에게 비상시 행동 요령과 업무 협조를 안내할 수 있다.

8 객실 안전 규정에 따라 창문덮개(Window Shade)를 원위치하도록 안내할 수 있다.

9 객실 안전 규정에 따라 좌석 등받이와 좌석 앞 선반(Tray Table)을 원위치하도록 안내할 수 있다.

10 객실 안전 규정에 따라 좌석벨트 착용을 확인하고, 점검할 수 있다.

11 객실 안전 규정에 따라 비상 시 탈출 요령에 대한 절차를 이미지 트레이닝(Image Training)을 할 수 있다.

12 객실 안전 규정에 따라 항공기 탑승 후 다시 하기를 원하는 승객에 대해 신속히 보고할 수 있다.

13 객실 안전 규정에 따라 의심스러운 승객 또는 돌발 상황에 대해 선임자에게 보고할 수 있다.

14 객실 안전 규정에 따라 승객에게 전자기기 사용 금지 안내 방송을 하고, 조치할 수 있다.

### 3. 비행 중 안전 · 보안 관리하기 수행준거

1 객실 안전 규정에 따라 승객에게 상시 벨트 착용 여부를 확인하고, 안내를 할 수 있다.

2 객실 안전 규정에 따라 승객의 기내 흡연 여부를 확인하고, 제지할 수 있다.

3 객실 안전 규정에 따라 밀폐공간 내부 상태를 확인하여, 조치할 수 있다.

4 객실 안전 규정에 따라 항공기 운항 중 행동이 의심스러운 승객의 동태 및 이상 물건에 대해 신속히 보고할 수 있다.

5 객실 안전 규정에 따라 난기류(Turbulence) 발생 시 승객에게 안내 방송을 하고, 필요 조치를 할 수 있다.

### 4. 착륙 후 안전 · 보안 점검 · 관리 수행준거

1 객실 안전 규정에 따라 이동 승객을 제지하고, 착석 상태 유지를 안내할 수 있다.

2 객실 안전 규정에 따라 승객의 유실물을 점검하고, 조치할 수 있다.

3 객실 안전 규정에 따라 기내 설비 이상 유무를 점검하고, 보고할 수 있다.

# 비행 전 안전 업무

객실 승무원은 서비스 업무 외에도 비행 시점별로 다양한 안전 업무를 수행해야 한다. 또한 일상적인 비행 안전 업무뿐만 아니라 비상사태가 발생했을 경우를 대비한 훈련을 정기적으로 이수하여 객실 승무원의 자격을 유지해야 한다. 비행 단계별로 준수해야 하는 안전 업무는 다음과 같다.

## 1) 상시: 항공기 지상 이동 및 비행 중

객실 승무원은 비행 근무 시 항상 항공기 주변 상황에 주의를 기울여야 한다. 특이한 냄새나 소리가 나거나 엔진 주위에 불꽃 등이 발생한다면, 즉각 정확한 위치를 기장에게 보고한다. 또한 지상에서 급유 중 심한 냄새나 연기가 발생한다면, 기장 또는 지상 직원에게 통보한다.

항공기가 지상에서 대기하거나 이동하는 경우, 객실 승무원은 담당 Zone의 Door 주변에 각각 분산하여 위치한다. 승객들이 Passenger Sign을 준수하도록 하며 전자기기 사용에 대한 규정을 준수하도록 안내한다. 승객의 기내 업무 방해 행위에 대해서는 규정에 따라 응대한다.[1)]

## 2) 승객 탑승 전

| 객실 승무원 업무 | 객실 사무장 업무 |
|---|---|
| • 승객 탑승 전, 규정된 곳에 승무원의 짐을 안전하게 보관해야 한다.<br>• 담당구역의 비상장비와 보안장비를 점검하고 이상 여부를 사무장에게 보고한다. | • 승객 탑승 전, 규정된 곳에 승무원의 짐을 안전하게 보관해야 한다.<br>• 사무장은 기내 장비와 시스템 이상 시 기장에게 보고하고 정비사에게 알린다.<br>• 보안장비에 이상이 있는 경우 선 비행 후 조치가 가능하나, 안전장비에 이상이 있는 경우 기장은 MEL에 의거하여 조치사항을 결정한다. |

1) CHAPTER 4의 '3. 이례 상황 대처'를 참조한다.

| 객실 승무원 업무 | 객실 사무장 업무 |
|---|---|
| | • 항공기 보안검색 체크리스트에 의거하여 보안검색을 실시한다.<br>• PA 상태를 확인한다.<br>• Evacuation Command Switch를 작동하여 이상 여부를 확인한다.<br>• Emergency Light Switch를 작동하여 이상 여부를 확인한다. |

*To Be More Professional Crews!*

### MEL(Minimum Equipment List)

기종별로 비행이 가능한 최소 설비 및 상태를 규정한 근거로, '최소장비목록'을 의미한다. 운항 전에 항공기 장비나 시스템에 결함이 발견된 경우 안전에 지장이 없는 한도 내에서 운항을 허용하도록 하는 기준서로, 발견된 결함은 수리가 불가능한 경우 정비 이월(defer) 조치를 하고 출발시킬 수 있다.

항공기 제작사에서 항공기별로 제작국 정부가 인가한 MMEL(Master Minimum Equipment List)을 운용하며, 항공기를 운영하는 항공사는 MMEL을 근거로 MEL을 제정하여 자국 항공 당국의 인가를 받는다.

즉, Boeing 항공기는 FAA가 인가한 MMEL을 운영하고 우리나라 항공사가 Boeing 항공기를 운영할 때에는 MMEL을 근거로 MEL을 지정하고 국토교통부의 인가를 받아 운영한다.

## 3) 승객 탑승 중

| 최소 탑승인원의 예: 국제선의 경우 |
|---|
| A330-300(333P): 6명 |
| 착석 위치(DP / L2 / L3 / L4L / R2 / R3) |

• 기종별 승무원의 최소 탑승인원을 유지해야 하며, 해당 승무원은 항공기를 이탈할 수 없다.
• 승객 탑승상황과 휴대 수화물 규격, 수화물이 규정에 맞게 보관되었는지 확인한다.
• 무단으로 상위클래스 좌석을 점유한 승객을 발견했다면 승객의 탑승권을 검사하여 그 여부를 확인하고, 해당 승객에게 본인의 좌석으로 이동해 줄 것을 요청한다. 3회 이상의 고지에도 복귀에 응하지 않는 경우에는 기내 업무 방해 행위에 해당함

을 알리고 운송 직원에게 연락하여 조치되도록 한다. 그리고 이런 상황이 비행 중에 발생했다면 기장에게 보고하고 조종실 내 위성통신 장비(Company Radio)를 이용하여 회사에 알리고 도착 후 운송 직원에게 인계되도록 한다.

- 비상구 주변은 비상시 승객이 탈출하는 데 방해가 되는 요소가 없도록 항상 정돈된(Clear) 상태를 유지해야 한다.
- 초과 휴대 수화물을 발견했을 때에는 운송 직원에게 알려 조치하며 기내 반입을 규제해야 한다.
- 비상구 좌석 승객의 적합성을 확인하고 비상구 좌석 승객에게 개별 브리핑을 실시한다.

## 4) Push Back 전

| 객실 승무원 업무 | 객실 사무장 업무 |
|---|---|
| • Cart 및 기물, 서비스 용품의 정위치 보관 여부를 확인한다.<br>• Safety Check 지시에 따라 Slide Mode를 팽창위치로 변경한 후, 상호 확인한다.<br>• All Attendant Call에 응답한다.<br>• 승객 착석을 유도한다. | • PA로 Safety Check을 지시한다.<br>• All Attendant Call로 Safety Check 상태를 확인한다.<br>• 최종적으로 객실의 이륙 준비를 확인하고, 기장에게 Push Back 준비 완료를 보고한다. |

## 5) Taxi Out 중

| 객실 승무원 업무 | 객실 사무장 업무 |
|---|---|
| • 비행 안전 취약 단계 규정을 준수하나 비정상 상황 발생 시 기장에게 연락할 수 있다<br>• Safety Demonstration을 실시한다.<br>• Demo 실시 동안 전 승무원은 담당 Zone 비상구 주변에 위치한다.<br>• 안전 업무 종료 후 Jumpseat에 착석하고, Shoulder Harness를 착용하고 이륙 준비 자세를 취한다. | • 비행 안전 취약 단계 규정을 준수하나 비정상 상황 발생 시 기장에게 연락할 수 있다.<br>• Safety Demonstration이 실시되도록 조치한다.<br>• Demo 실시 동안 전 승무원은 담당 Zone 비상구 주변에 위치한다.<br>• 안전 업무 종료 후 Jumpseat에 착석하고, Shoulder Harness를 착용하고 이륙 준비 자세를 취한다. |

### 6) 이륙 전

| 객실 승무원 업무 | 객실 사무장 업무 |
| --- | --- |
| • 승객 좌석 원위치 및 좌석벨트 착용 상태 점검 및 객실 안전 점검을 마무리한다.<br>• 화장실 잔류 승객을 확인한다.<br>• 이륙 준비 자세를 한 채로 30 Seconds Review를 한다. | • 승객 좌석 원위치 및 좌석벨트 착용 상태 점검 및 객실 안전 점검을 마무리한다.<br>• 화장실 잔류 승객을 확인한다.<br>• 객실 조명을 조절한다.<br>• 이륙 준비 자세를 한 채로 30 Seconds Review를 한다.<br>• Take Off Signal이 나오면 이륙 준비 완료를 기장에게 보고한다.<br>• 이륙 안내 방송을 한다. |

## 2 비행 중 안전 업무

### 1) 비행 중

이·착륙 시점에는 '비행 중요 단계'(Sterile Cockpit) 규정을 준수한다. 비행 중 Fasten Seatbelt Sign이 On되면 객실 안전 점검을 실시하며, 승객의 좌석벨트 착용 상태 확인이 용이하도록 객실 조명은 Dim으로 조정한다.

화장실과 Door 주변 등 객실 전체를 주기적으로 확인한다. 비상구 주위는 비상시 승객의 탈출에 방해가 되는 요소가 없도록 항상 Clear한 상태를 유지하고 승객이 비상구에 기대거나 짐을 올려두는 일이 없도록 살핀다.[2)] 사용하지 않는 Cart는 Locking을 하여 정위치에 보관한다. 조종실 주변의 보안을 유지한다. 조종실 출입 시 정해진 출입절차를 준수한다.

▲ Locking Pedal을 밟아 고정한 후 Compartment에 넣어 보관하는 Cart

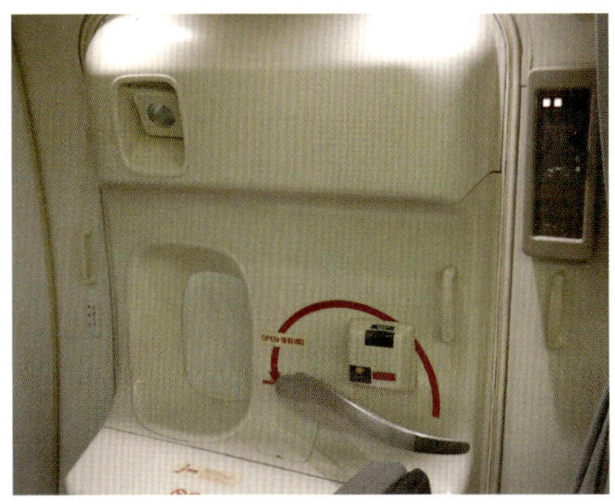

▲ 비행 중 Door와 팽창위치에 놓인 Slide Mode Arming Lever

▲ Slide Bustle의 승객 착석 금지 표시

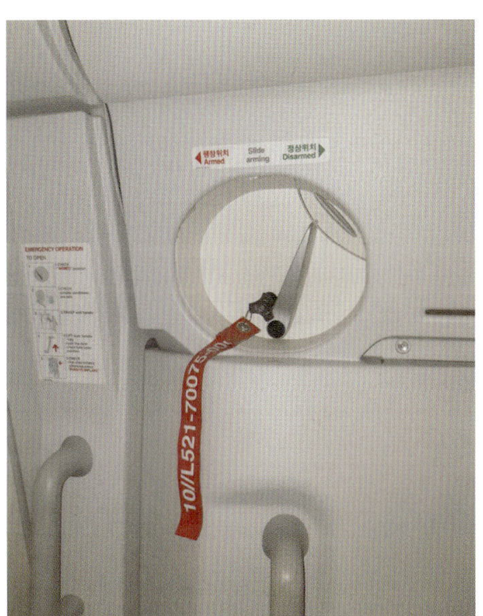


▲ 항공기 지상에서 Slide Mode Arming Lever의 위치와 Safety Pin

2) QR 코드를 찍어 항공기 Door 설명을 참조한다.

*To Be More Professional Crews!*

### Sterile Cockpit

항공기가 지상을 이동하여 고도 10,000피트 이하에서 운항하는 시점을 '비행 중요단계'(비행 안전 취약단계라고도 한다)로 규정하고 있으며, FAA 규정인 비행 중요단계(Critical Phases Flight)에서는 운항 승무원의 업무에 방해가 되는 객실 승무원의 어떠한 행위도 금지하고 있다. 단, 비정상 상황이 발생하여 안전에 필요하다고 판단되는 사안인 경우, 비행 중요단계에서도 연락을 취할 수 있다. 이러한 안전관리 개념을 일컬어 'Sterile Cockpit'이라고 한다.

To Be More Professional Crews!

### CRM(승무원 자원 관리)

국토교통부 고시 운항기술기준(FSR)에 의하면 '승무원 자원 관리(Crew Resource Management) 프로그램'이라 함은 승무원 상호협력 및 의사소통의 개선을 통해 인적 자원, 하드웨어 및 정보를 가장 효과적으로 사용하게 함으로써 안전 운항 능력을 제고할 수 있도록 설계된 프로그램을 말한다.

승무원 자원 관리인 CRM은 인적 요인에 의한 항공기 사고 발생을 방지하기 위해 개발된 교육 프로그램으로, 미 연방항공법에 의거하여 전 승무원은 교육을 이수하도록 되어 있다.

실제로 항공기 안전사고의 가능성을 없애기 위해서는 운항 승무원과 객실 승무원 간의 업무 이해와 긴밀한 협조가 절대적으로 필요하다는 인식을 토대로, 각 항공사에서는 전 승무원을 대상으로 CRM 훈련을 매년 실시하고 있다.

To Be More Professional Crews!

### Critical 11[마(魔)의 11분간]

통계에 따르면, 항공기 사고는 이륙 후 3분과 착륙 전 8분을 합친 11분에 집중되어 있어 사고의 70% 이상이 이 시점에 발생하는 것으로 밝혀졌다. 따라서 운항 승무원을 비롯하여 전 승무원이 안전 업무에 집중해야 하는 이 시점을 'Critical 11'이라고 한다.

## 2) 착륙 전

이륙 전 안전 업무와 동일한 기준으로 실시한다. 모든 Galley 장비의 잠금장치는 Latching과 Locking 상태를 재확인하고, 객실 내 유동물질이 없는지, 모든 수화물이 정해진 곳에 보관되었는지 확인하고, 객실 조명을 Dim으로 조절한다. 전 승무원은 Jumpseat에 착석하여 30 Seconds Review를 한다.

## 3) Taxing 중

항공기가 착륙한 후 터미널로 이동하여 완전히 멈춘 후 Fasten Seatbelt Sign이 Off 될 때까지 승객이 착석하고 있도록 안내한다.

▲ 착륙 준비를 위해 정리 중인 Galley 모습

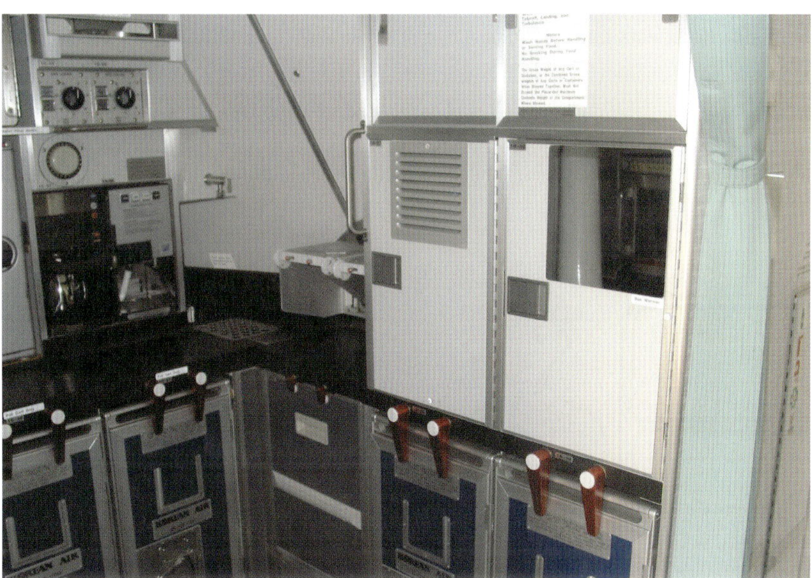

▲ 착륙 전 Locking이 완료된 Galley 모습

# ❸ 비행 후 안전 업무

| 객실 승무원 업무 | 객실 사무장 업무 |
|---|---|
| • 기종별 승무원 최소 탑승인원을 유지한다.<br>• 사무장의 Safety Check 지시에 따라 Slide Mode를 변경하고, Thumb Up으로 상대편 승무원과 상호 확인한다. 이때 Slide Mode는 정상위치로 변경한다.<br>• 사무장의 All Attendant Call에 응답한다. | • 승무원 최소 탑승인원을 유지한다.<br>• Safety Check을 PA로 지시한다.<br>• All Attendant Call로 Safety Check 상태를 보고받는다.<br>• 객실 사무장 담당 Door를 포함해 모든 Door의 Slide Mode가 정상위치임을 재확인하고, Seatbelt Sign이 Off되었는지 확인한다.<br>• Door 개방 시 소형 기종을 제외하고 항공기 외부 지상 직원이 Open하므로 Door Open Sign을 통보한다. |

모든 승무원은 담당 Door의 Slide Mode가 정상위치에 있는지를 상대편 도어를 포함하여 상호 확인하고, Safety Pin을 장착하는 기종인 경우 Safety Pin까지 장착하여 Red Flag가 보이도록 표시한다.

▲ Slide Mode 변경 후 상호 확인 자세의 예

▲ 도착 후 정상위치에 놓인 Slide Mode Arming Lever

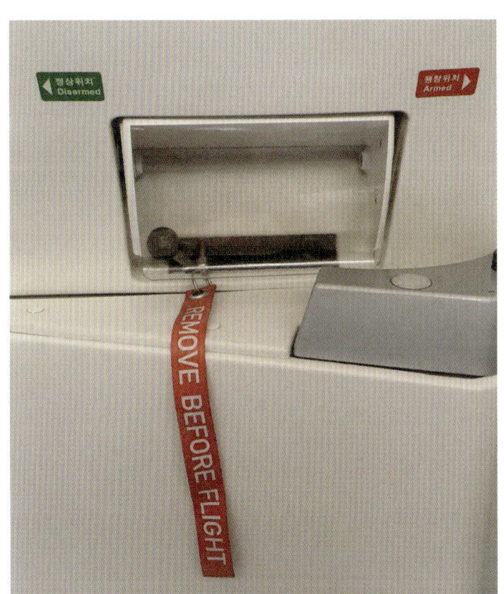


▲ Safety Pin(with Red Flag) 장착 모습

소형 기종의 경우 Slide Mode Arming Lever 대신 Door 하단에 장착된 Girt Bar를 이용하여 정상위치와 팽창위치를 조정하도록 되어 있고, 외부에서 도어를 개방하는 것이 아니라 객실 승무원이 개방할 수 있다. 이때 Girt Bar 조정 상태를 외부에서 식별할 수 있도록 하기 위해서 Red Flag를 윈도우에 걸쳐서 드리우거나(팽창위치임을 표시) 윈도우 상단에 올려(정상위치임을 표시) 고정해 둔다.

▲ 내부에서 개방할 때 목격되는 항공기 Door 외부 모습

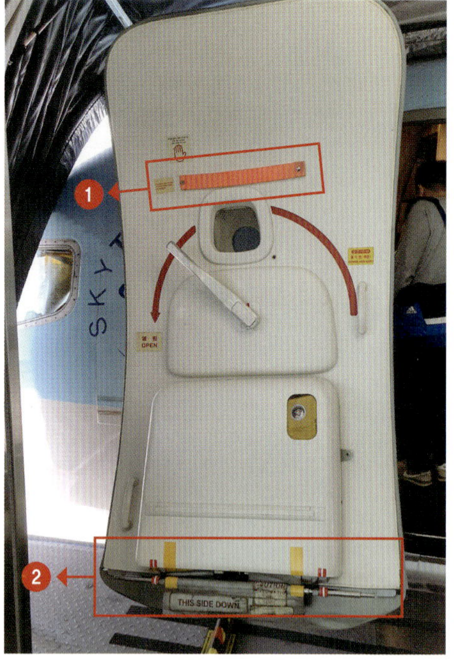


▲ 외부에서 본 Door 개방 모습

❶ Red Flag: 윈도우 상단으로 올려 고정함으로써 Slide Mode가 정상위치임을 표시한다.

❷ Girt Bar: 객실 바닥 Bracket에 고정하거나 도어 하단 Bracket에 고정하는 것으로, 정상위치와 팽창위치를 조정한다. 도어 하단 Bracket에 고정하는 경우, Slide Mode가 정상위치임을 의미한다.

승객 하기 후, 전체 객실, 선반, 코트룸, 갤리, 화장실, 벙크 등 위험물질 여부, 잔류 승객 여부 등 보안 및 안전 점검을 한다. 설비 이상이 있는 경우, Cabin Log 기재 확인 및 객실 정비사에게 관련 정보를 전달하는 등 추가 조치를 한다.

이후 나오는 **Quiz**에서 관련 내용을 복습한다. 

1. 승객 탑승 전 안전 업무를 설명해 보자.

2. MEL(Minimum Equipment List)이 무엇인지 설명해 보자.

3. 착륙 후 Safety Check 절차를 설명해 보자.

4. Sterile Cockpit 개념을 설명해 보자.

# 부록

## 1) SHR(SSR) 약어

| 약어 | 내용 | |
|---|---|---|
| ALGY | Allergy Information | 알레르기 승객 |
| AVIH | Animal In Hold | 화물칸에 반입된 반려동물 |
| BLND | Blind | 시각 장애 승객 |
| BRDC | Bird in Cabin | 객실에 반입된 새 |
| BSCT | Bassinet/Carrycot/Baby Basket | 유아용 침대(요람) |
| CBBG | Cabin Reserved Seat Baggage | 좌석 예약 휴대 수하물 |
| CHLD | Child | 어린이 |
| CIP | Commercial Important Passenger | 거래처 중요 인사 |
| CRDH | 유아용 고정 벨트 | Baby Harness 서비스 |
| CRDS | 유아용 안전의자 | Baby Seat 서비스 |
| CREW | Crew | 승무원 |
| DEAF | Deaf | 청각 장애 승객 |
| DEPA | Deportee–Accompanied by an Escort | 호송관 동반 추방자 |

| 약어 | 내용 | |
|---|---|---|
| DEPU | Deportee-Unaccompanied | 호송관 비동반 추방자 |
| ESAN | Emotional Support/Psychiatric Assistance Animals | 감성적, 정서적 장애 고객 보조동물 |
| EXST | Extra Seat | (보유공간 확보를 위해) 추가 좌석 구매한 (경우) |
| FMLY | Family Care 서비스 | 특화서비스의 일종 |
| GTR | Government Travel Request | 공무항공운송의뢰 |
| I/U | Involuntary Up Grade | 비자발적 승급 |
| IFS | Inflight Sales | 기내면세품 사전 주문 서비스 |
| INAD | Inadmissible Passenger | 입국 또는 통과 상륙이 거절된 승객 |
| INFT | Infant | 0~2세 미만 유아 |
| L/O | Lay Over | 승무원이 모기지에서 하루 이상 휴식 후 비행하는 것 |
| M/A, MAAS | Meet and Assist | 특별 고객에 대한 공항 영접 및 지원 |
| M/D | Main Deck | 객실 1층 |
| MAINT | Maintenance | 정비 |
| MCT | Minimum Connecting Time | 최소연결시간(환승) |
| MSG | Message | 메시지 |
| NOSH | No Show | 예약을 하고 발권하지 않은 경우(예약 부도) |
| NOSUB | Not Subject To Load | (무임 또는 할인 항공권임에도) 예약 확약이 되는 조건 |
| NRC | No Record | 예약이 확약된 항공권을 소지한 승객의 정보가 항공사 예약 시스템에 없는 것을 의미 |
| OBD | On Board | 탑승하다 |

| 약어 | 내용 | |
|---|---|---|
| OXYG | Oxygen | 스트레처 승객용 산소 장비 |
| P/P | Passport | 여권 |
| PAX | Passenger | 승객 |
| PETC | Pet in Cabin | 객실 반입 반려동물 |
| PRST | Preferable Seat | 선호 좌석 |
| PTN | Portion | 구간 |
| QLTY | Quality | 품질 |
| QNTY | Quantity | 수량 |
| R/C | Ramp Controller | 주기장 관제사 |
| RCFM | Reconfirm | 재확인하다 |
| RMKS | Remarks | 참고사항 |
| RPA | Restricted Passenger Advice | 운송 제한 승객 |
| RSVN | Reservation | 예약 |
| RTN | Return | 되돌리는 것(Ramp Return은 탑승구로 다시 돌아오는 것을 의미하며 운항 중 Return은 회항을 의미함) |
| S/U | Show Up | 정해진 지점에 도착하는 것(예약 승객이 해당 항공편에 정시 발권 및 탑승하는 것) |
| STCR | Stretcher Passenger | 앉아서 이동이 어려운 환자 승객 |
| SUBLO | Subject To Load | (무임 또는 할인 항공권임에도) 예약 확약이 되는 조건인 NOSUBLO와 달리 무임 또는 할인 항공권인 관계로 예약 확약이 되지 않는 조건 |
| SVAN | Service Animal | 장애인 보조동물 |
| TWOV | Transit Without VISA | 무비자 환승 |

| 약어 | 내용 | |
|---|---|---|
| UMNR | Unaccompanied Minor | 성인 비동반 소아 |
| VIP | Very Important Passenger | 중요 인사 |
| VOCP | VOC Received PAX | 고객 제언이 채택된 승객(Voice of Customer, 즉 고객의 불만 및 칭송 사항을 회사에 제언한 고객) |
| WCHC | Wheelchair for Cabin | 객실 이동 시 휠체어가 필요함 |

## 2) 국외 항공사 IATA 코드와 국적

| 항공사 | IATA 코드 | 국적 |
|---|---|---|
| Aero Mexico | AM | Mexico |
| Aeroflot | SU | Russia |
| Aerolineas Argentinas | AR | Argentina |
| Air Canada | AC | Canada |
| Air China | CA | China |
| Air Europa | UX | Spain |
| Air France | AF | France |
| Alaska Airlines | AS | United States |
| Alitalia | AZ | Italy |
| British Airways | BA | United Kingdom |
| Cathay Pacific | CX | Hong Kong |
| China Airlines | CI | Taipei |
| China Cargo Airlines | CK | China |
| China Eastern Air | MU | China |

| 항공사 | IATA 코드 | 국적 |
|---|---|---|
| China Southern | CZ | China |
| Czech Airlines | OK | Czech Republic |
| Delta Airlines | DL | United States |
| Egypt Air | MS | Egypt |
| Emirates | EK | Arab Emirates |
| Garuda Indonesia | GA | Indonesia |
| Hawaiian Airlines | HA | United States |
| Japan Airlines | JL | Japan |
| Kenya Airways | KQ | Kenya |
| KLM Royal Dutch Airlines | KL | Netherlands |
| Korean Air | KE | Korea |
| Lan | LA | Chile |
| Lufthansa | LH | Germany |
| Malaysia Airlines | MH | Malaysia |
| Miat Mongolian Airlines | OM | Mongolia |
| Rossiya Airlines | FV | Russia |
| Saudi Airlines | SV | Saudi Arabia |
| Shanghai Airlines | FM | China |
| Uzbekistan Airways | HY | Uzbekistan |
| Vietnam Airlines | VN | Vietnam |

### 3) 국외 항공사 IATA 및 ICAO 코드와 국적

| IATA 코드 | ICAO 코드 | 공식 명칭 | 로고 |
|---|---|---|---|
| | | Korea | |
| KE | KAL | Korean Air Lines Co. Ltd. | KOREAN AIR |
| OZ | AAR | Asiana Airlines, Inc. | ASIANA AIRLINES |
| BX | ABL | Air Busan | AIR BUSAN |
| 7C | JJA | Jeju Air Co. Ltd. | JEJUair |
| TW | TWB | T'Way Air Co. Ltd. | t'way |
| RS | ASV | Air Seoul, Inc. | AIR SEOUL |
| ZE | ESR | Eastar Jet Co. Ltd. | EASTAR JET 이스타항공 |
| LJ | JNA | Jin Air Co. Ltd. | JINAIR |
| | | Canada | |
| AC | ACA | Air Canada | AIR CANADA |
| | | United States of America | |
| DL | DAL | Delta Air Lines, Inc. | DELTA |
| WN | SWA | Southwest Airlines Co. | Southwest |
| AA | AAL | American Airlines | American Airlines |
| | | China | |
| CA | CCA | Air China Limited | AIR CHINA |
| MU | CES | China Eastern Airlines | 中國東方航空 CHINA EASTERN |
| CZ | CSN | China Southern Airlines | 中国南方航空 CHINA SOUTHERN AIRLINES |

| IATA 코드 | ICAO 코드 | 공식 명칭 | 로고 |
|---|---|---|---|
| CK | CKK | China Cargo Airlines Ltd. | 中國貨運航空 CHINA CARGO AIRLINES |
| | | Hong Kong | |
| CX | CPA | Cathay Pacific Airways Ltd. | CATHAY PACIFIC |
| | | Indonesia | |
| GA | GIA | Garuda Indonesia | Garuda Indonesia |
| | | Thailand | |
| VZ | TVJ | Thai Vietjet Air Joint Stock Co., Ltd. | Thaivietjetair |
| | | Vietnam | |
| VN | HVN | Vietnam Airlines Corporation | Vietnam Airlines |
| VJ | VJC | Vietjet Aviation Joint Stock Company | vietjetair.com |
| | | United Arab Emirates | |
| EK | UAE | Emirates | Emirates |
| | | Netherlands | |
| KL | KLM | KLM Royal Dutch Airlines (Koninklijke Luchtvaart Maatschappij N.V.) | KLM |
| | | France | |
| AF | AFR | Air France | AIRFRANCE |
| | | Qatar | |
| QR | QTR | Qatar Airways (W.L.L.) | QATAR AIRWAYS القطرية |

| IATA 코드 | ICAO 코드 | 공식 명칭 | 로고 |
|---|---|---|---|
| | | Germany | |
| LH | DLH | Deutsche Lufthansa AG | Lufthansa |
| | | Malaysia | |
| MH | MAS | Malaysia Airlines Berhad d/b/a Malaysia Airlines | malaysia airlines |
| | | United Kingdom | |
| 7C | COY | Coyne Airways Ltd. | coyne Airways |
| BA | BAW | British Airways P.L.C. | BRITISH AIRWAYS |

## 4) 국내 항공사 IATA 및 ICAO 코드

| 항공사 | IATA 코드 | ICAO 코드 |
|---|---|---|
| Korean Air Lines Co. Ltd. | KE | KAL |
| Asiana Airlines, Inc. | OZ | AAR |
| Air Busan | BX | ABL |
| Jeju Air Co. Ltd. | 7C | JJA |
| T'Way Air Co. Ltd. | TW | TWB |
| Air Seoul, Inc. | RS | ASV |
| Eastar Jet Co. Ltd. | ZE | ESR |
| Jin Air Co. Ltd. | LJ | JNA |

## 5) 국내 공항코드와 소재지

| 공항코드 | 공항 | 소재지 |
| --- | --- | --- |
| ICN | 인천 | 인천 |
| GMP | 김포 | 서울 |
| PUS | 부산 김해 | 부산 |
| CJU | 제주 | 제주 |
| CJJ | 청주 | 청주 |
| HIN | 진주/사천 | 진주 |
| TAE | 대구 | 대구 |
| USN | 울산 | 울산 |
| KPO | 포항 | 포항 |
| KWJ | 광주 | 광주 |
| RSU | 여수/순천 | 여수 |
| KUV | 군산 | 군산 |
| WJU | 원주/횡성 | 원주 |

## 6) 국외 공항 및 도시코드와 소재지

### 미주

| 공항코드 | 도시코드 | 소재지 | 공항명 |
| --- | --- | --- | --- |
| ANC | ANC | Anchorage | Ted Stevens |
| ATL | ATL | Atlanta | Hartsfield Atlanta |
| DFW | DFW | Dallas | Fortworth |
| GRU | SAO | Sao Paulo | Guarulhos |

| 공항코드 | 도시코드 | 소재지 | 공항명 |
|---|---|---|---|
| HNL | HNL | Honolulu | |
| IAD | WAS | Washington D.C. | Dulles |
| IAH | HOU | Houston | George Bush |
| JFK | NYC | New York | John F. Kennedy |
| LAS | LAS | Las Vegas | McCarran |
| LAX | LAX | Los Angeles | |
| MIA | MIA | Miami | |
| ORD | CHI | Chicago | O'hare |
| SEA | SEA | Seattle | Tacoma |
| SFO | SFO | San Francisco | |
| YVR | VAN | Vancouver | |
| YYZ | TOR | Toronto | Lester B. Pearson |

## 유럽

| 공항코드 | 도시코드 | 소재지 | 공항명 |
|---|---|---|---|
| CDG | PAR | Paris | Charles De Gaulle |
| FCO | ROM | Rome | Leonardo Davinci Fiumicino |
| FRA | FRA | Frankfurt | Main |
| IKT | IKT | Irkutsk | |
| IST | IST | Istanbul | |
| LED | LED | St. Petersburg | Pulkovo |
| LGW | LON | London | London Gatwik |
| LHR | LON | London | Heathrow |

| 공항코드 | 도시코드 | 소재지 | 공항명 |
|---|---|---|---|
| MAD | MAD | Madrid | |
| MXP | MIL | Milan | Malpensa |
| ORY | PAR | Paris | Paris Orly |
| PRG | PRG | Prague | Ruzyne |
| SPL | AMS | Amsterdam | Schipol |
| SVO | MOW | Moscow | Sheremetyevo |
| TLV | TLV | Tel Aviv | Ben Gurion |
| VIE | VIE | Vienna | |
| VVO | VVO | Vladibostok | |
| ZRH | ZRH | Zurich | Kloten |

## 중국

| 공항코드 | 도시코드 | 소재지 | 공항명 |
|---|---|---|---|
| CAN | CAN | Guangzou | Baiyun |
| CSX | CSX | Changsa | |
| DLC | DLC | Dalian | Zhoushuizi |
| HKG | HKG | Hongkong | |
| KMG | KMG | Kunming | |
| PEK | BJS | Beijing | |
| PVG | SHA | Shanghai | Pudong |
| SHA | SHA | Shanghai | Hong-qiao |
| SHE | SHE | Shenyang | |
| SYX | SYX | Sanya | Sanya Pheonix |

| 공항코드 | 도시코드 | 소재지 | 공항명 |
|---|---|---|---|
| SZX | SZX | Shenzhen | |
| TAO | TAO | Qingdao | Liuting |
| TNA | TNA | Jinan | |
| TSN | TSN | Tianjin | Binhai |
| URC | URC | Urumqi | Diwopu |
| WEH | WEH | Weihai | Da Shui Po |
| WUH | WUH | Wuhan | |
| XMN | XMN | Xiamen | |
| YNJ | YNJ | Yanji | |
| YNT | YNT | Yantai | Yantai Laishan |
| TXN | TXN | Huangshan | Tunxi |
| NKG | NKG | Nanjing | Lukou |

## 일본

| 공항코드 | 도시코드 | 소재지 | 공항명 |
|---|---|---|---|
| AOJ | AOJ | Aomori | |
| AXT | AXT | Akita | |
| CTS | SPK | Sapporo | New Chitose |
| FSZ | FSZ | Shizuoka | |
| FUK | FUK | Fukuoka | |
| HKD | HKD | Hakodate | |
| HND | TYO | Tokyo | Haneda |
| KIJ | KIJ | Niigata | |

| 공항코드 | 도시코드 | 소재지 | 공항명 |
| --- | --- | --- | --- |
| KIX | OSA | Osaka | Kansai |
| KMQ | KMQ | Komatsu | |
| KOJ | KOJ | Kagoshima | |
| NGO | NGO | Nagoya | |
| NGS | NGS | Nagasaki | |
| NRT | TYO | Tokyo | Narita |
| OIT | OIT | OITA | Oita |
| OKJ | OKJ | Okayama | |

## 동남아

| 공항코드 | 도시코드 | 소재지 | 공항명 |
| --- | --- | --- | --- |
| BKI | BKI | Kota Kinabalu | |
| BKK | BKK | Bangkok | |
| CEB | CEB | Cebu | |
| CGK | JKT | Jakarta | Soekarno-Hatta |
| DPS | DPS | Denpasar Bali | Bali Ngurah Rai |
| HAN | HAN | Hanoi | |
| HKT | HKT | Phuket | |
| KTM | KTM | Kathmandu | Tribhuvan |
| KUL | KUL | Kuala Lumpur | Subang-Kuala Lumpur |
| ROR | ROR | Koror | Airai |
| MFM | MFM | Macau | |
| MNL | MNL | Manila | Ninoy Aquno |

<table>
<tr><th>공항코드</th><th>도시코드</th><th>소재지</th><th>공항명</th></tr>
<tr><td>PEN</td><td>PEN</td><td colspan="2">Penang</td></tr>
<tr><td>PNH</td><td>PNH</td><td colspan="2">Phnom Penh</td></tr>
<tr><td>REP</td><td>REP</td><td colspan="2">Siem Reap</td></tr>
<tr><td>SGM</td><td>SGN</td><td>Hochiminh</td><td>Tansonnhat</td></tr>
<tr><td>SIN</td><td>SIN</td><td>Singapore</td><td>Chang I</td></tr>
<tr><td>TPE</td><td>TPE</td><td>Taipei</td><td>Chang Kai Shek</td></tr>
<tr><td>ULN</td><td>ULN</td><td colspan="2">Ulaan Baatar</td></tr>
<tr><td>DAD</td><td>DAD</td><td colspan="2">Da Nang</td></tr>
<tr><td>RGN</td><td>RGN</td><td colspan="2">Yangon</td></tr>
<tr><td>MAA</td><td>MAA</td><td colspan="2">Chennai</td></tr>
<tr><td>CNX</td><td>CNX</td><td colspan="2">Chiang Mai</td></tr>
<tr><td>CMB</td><td>CMB</td><td>Colombo</td><td>Bandaranaike</td></tr>
<tr><td>MLE</td><td>MLE</td><td colspan="2">Male</td></tr>
</table>

## 중동아프리카

<table>
<tr><th>공항코드</th><th>도시코드</th><th>소재지</th><th>공항명</th></tr>
<tr><td>DXB</td><td>DXB</td><td colspan="2">Dubai</td></tr>
<tr><td>RUH</td><td>RUH</td><td>Riyadh</td><td>King Khalid</td></tr>
<tr><td>JED</td><td>JED</td><td>Jeddah</td><td>King Abdulaziz</td></tr>
<tr><td>CAI</td><td>CAI</td><td colspan="2">Cairo</td></tr>
<tr><td>NBO</td><td>NBO</td><td>Nairobi</td><td>Jomo Kenyatta</td></tr>
</table>

## 대양주

<table>
<tr><th>공항코드</th><th>도시코드</th><th>소재지</th><th>공항명</th></tr>
<tr><td>AKL</td><td>AKL</td><td colspan="2">Auckland</td></tr>
<tr><td>BNE</td><td>BNE</td><td colspan="2">Brisbane</td></tr>
<tr><td>CHC</td><td>CHC</td><td colspan="2">Christchurch</td></tr>
<tr><td>SYD</td><td>SYD</td><td colspan="2">Sydney</td></tr>
<tr><td>NAN</td><td>NAN</td><td>Nandi</td><td>Nadi</td></tr>
</table>

# 찾아보기

## 한글

ㅁ



ㅂ



ㅅ

ㅍ



ㅎ



## 영문

A

## D



## E



## F

# 참고문헌

대한항공 객실승무원을 위한 항공상식

대한항공 기내방송집

대한항공 신입사원 입사교육교재

대한항공 항공업무 일반

대한항공 홈페이지 http://www.koreanair.com

대한항공 Cabin Service Manual

박혜정(2010). 항공객실업무, 백산출판사

이수경(2018). 항공객실서비스 업무론, 지식인

이수경(2019). 객실승무원 기내방송 실전, 센게이지러닝코리아

이수경(2020). NCS 항공객실서비스 비행준비부터 이륙 전 서비스, 센게이지러닝코리아

오상은(2020). 항공사 전략적 제휴의 성과에 관한 설명적 연구, Tourism Research, 45(3), 한국관광산업학회

http://monthly.chosun.com/client/news/viw.asp?nNewsNumb=200710100048

http://www.jejuair.net/jejuair/kr/serviceinfo/airport/baggage_service.do

http://www.lgeri.com/report/view.do?idx=2387

https://knowledge.wharton.upenn.edu/article/beware-of-dissatisfied-consumers-they-like-to-blab/

https://www.koreanair.com/kr/ko/airport/baggage/carry-on